U0813447

《走近科学》精选丛书

身边的秘密

郭之文 主编

上海科学技术文献出版社
Shanghai Scientific and Technological Literature Press

图书在版编目（CIP）数据

身边的秘密 / 郭之文主编．—上海：上海科学技术文献出版社，2019（2021.8重印）
（《走近科学》精选丛书）
ISBN 978-7-5439-7967-3

Ⅰ．①身…　Ⅱ．①郭…　Ⅲ．①科学知识—青少年读物　Ⅳ．①Z228.2

中国版本图书馆 CIP 数据核字（2019）第 168480 号

策划编辑：张　树
责任编辑：付婷婷　曹　惠
封面设计：合育文化

身边的秘密
SHENBIAN DE MIMI
郭之文　主编
出版发行：上海科学技术文献出版社
地　　址：上海市长乐路 746 号
邮政编码：200040
经　　销：全国新华书店
印　　刷：常熟市文化印刷有限公司
开　　本：720×1000　1/16
印　　张：14.5
字　　数：212 000
版　　次：2021 年 8 月第 2 次印刷
书　　号：ISBN 978-7-5439-7967-3
定　　价：58.00 元
http://www.sstlp.com

目录 CONTENTS

生死置换

52 岁的宋永乐因突发呼吸困难入院抢救。起初，宋永乐的入院并没有引起家人的警惕，他们以为这是上了年纪引起的一般疾病，只要吃点药，在医院疗养几天就能痊愈。

但是，随后的检查让他们如闻晴天霹雳。入院检查结果显示，宋永乐有先天性主动脉瓣狭窄（重度）并关闭不全（中度）、主动脉瓣钙化、二尖瓣反流、三尖瓣反流、肺动脉高压、全心衰竭，心功能 2—4 级。最终，医生诊断结论为终末期心脏病。

1. 两条处于危难之中的生命

最初的震惊过后，家人接受了事实，开始准备治疗事宜。医生原本的方案是进行心脏换瓣手术，但经过两次检查，这套方案因为危险性过大而被推翻，主治医生因此询问宋永乐的爱人，是否同意做心脏移植手术。

老宋一家人听说医生要给老宋进行心脏移植，立刻慌了神。他们不愿相信自己的亲人会得这么严重的疾病，更愿意相信是医生夸大其词。为了稳妥起见，他们带着老宋跑遍了北京几家比较著名的大医院，但检查的结果全都一样。医生的诊断说得很明白，老宋的心脏病非常严重，已经到了医学上所说的终末期，处于这个阶段时想通过小修小补的手术来挽救患者的生命已经是不可能的了，最切合实际的办法只能是整体移植置换，也就是心脏移植。老宋只有进行这个手术，才有可能保住他的性命。

老宋一家人听完这个消息就彻底懵住了，毕竟心脏移植不是像切阑尾那种简单的手术，风险较大，有可能导致老宋的人生在手术台上完结。老宋一家人面临的无疑是一个艰难的生死抉择。

在反复权衡之后，老宋一家人最终同意了心脏移植的建议。但手术并没有像他们希望的那样很快进行，因为缺少合适的 B 型血供体，老宋的心脏移植手术迟迟无法进行，而时间越耽搁，对老宋的身体就越不利。

为了尽快给老宋寻找到合适的供体，北京向全国发出了寻求信息。

10 天过去了，北京没有收到任何信息反馈……1 个月过去了，没有任何供体的消息……2 个月过去了，还是找不到合适的供体……在这漫长的等待中，老宋又多次濒临死亡，尽管最终都被抢救了过来，但他的身体状况却是越来越差，

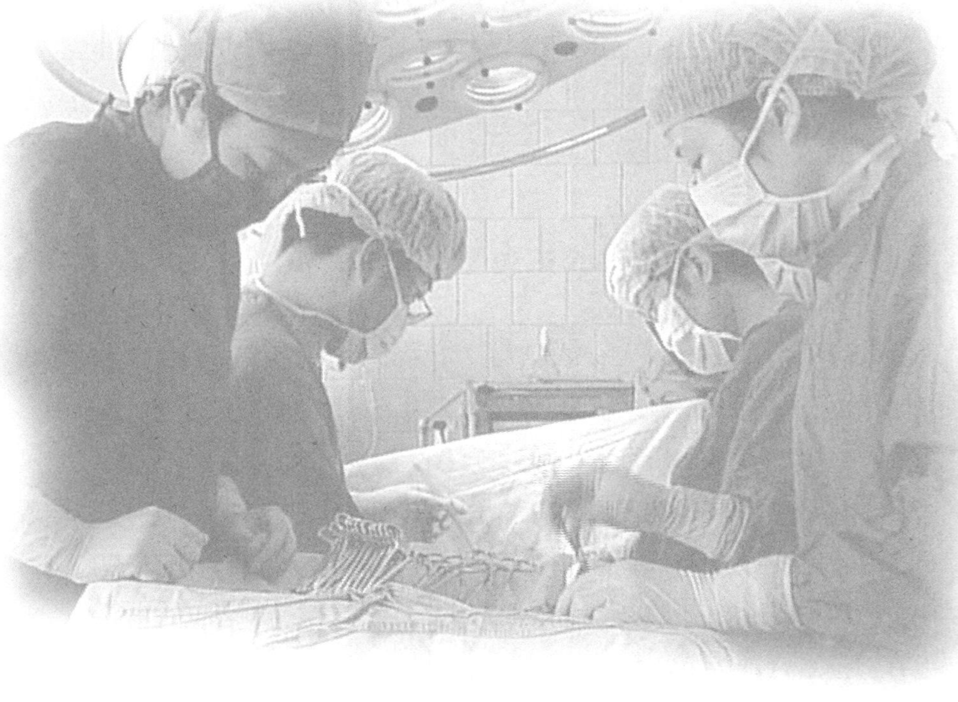

假如还找不到合适的供体的话，能活 1 年已经是最乐观的估计。不断逼近的死亡气息让老宋一家人越来越绝望。

就在老宋一家人在北京对心脏供体望眼欲穿的时候，远在江苏的任美芬的女儿也不得不做好失去妈妈的心理准备，她的妈妈此刻正躺在医院的病房里，靠氧气艰难地维持着生命。从十几岁开始，任美芬就感到呼吸困难，随着时间的推移，她的病情越来越严重，微弱的呼吸甚至不能支持她正常行走，住院诊断结果为终末期肺病，要想继续生存，必须要进行肺移植。可由于合适供体的缺乏，手术也一直无法开展，而等待的结果只能是死亡。

妈妈的生死难卜，让女儿长久地陷在痛苦不安的等待中。每晚念及躺在病床上的妈妈，都会让女儿偷偷流泪。

宋永乐和任美芬所面对的情况，实际上是每一个心肺移植病患都无法回避的问题。在我国，因为移植不及时，每年大概有 20% 左右需要进行心肺移植的患者死于默默地等待之中。而更加残酷的现实是，对于他俩现在的情况而言，恰恰正是一个进行心肺移植非常好的时机，也就是他们所患疾病的终末期。如果没有进入终末期的话，心肺功能尚可继续维持生机，没有必要进行移植，而如果过了终末期，就进入到临终期，也就是说到了不可挽回的境地，进入临终期时换器官的意义已经不大了。

时间在一天天流逝，谁都不能确定任美芬和宋永乐还要等待多久。

北京寻求供体的信息已经发出去 8 个月了，B 型血的心脏供体还是没有找到，此时距离老宋的生命大限仅余不到 6 个月的时间，他的生命已经可以按天来倒数计时了。如果还是等不到合适的供体，老宋凶多吉少。

在距离北京寻求信息发出了 9 个月零 12 天之后，一个令人振奋的消息终于从海滨城市大连传来。当地一个供体捐献者的

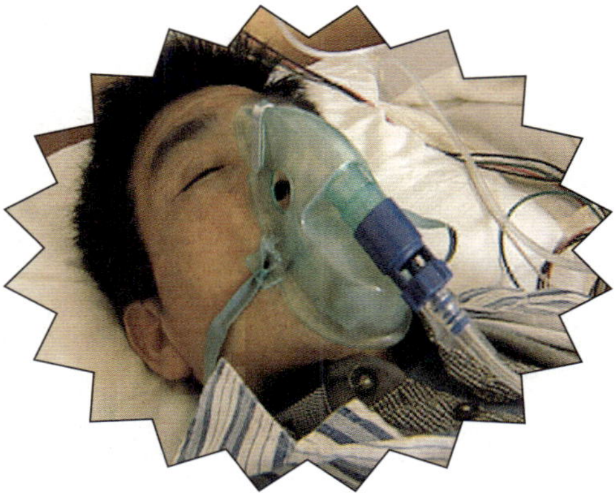
宋永乐因突发呼吸困难入院抢救

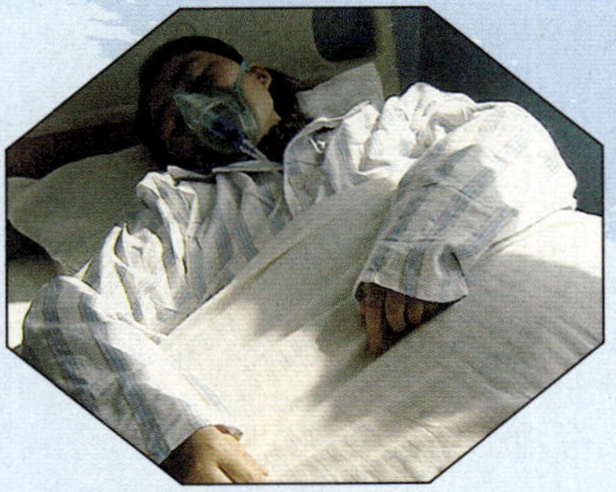

躺在医院病房里的任美芬

血型与宋永乐相同，身高体型也相近，有可能成为合适的心脏供体。得到消息后，北京立即将老宋的血样送往大连，进行配型比对实验。

2 月 24 日，配型结果显示，两份血样多个位点相接近，可以进行移植手术。

2 月 25 日，经过北京、大连两地医院的会商，为确保移植的质量，决定将手术放在大连进行。

2 月 27 日上午，宋永乐抵达大连，旋即被送往手术医院——大连大学附属新华医院。

北京的患者赶往供体捐献者所在地大连进行心脏移植手术，这是因为其中包含一个时间问题。

心脏移植和一般的肝肾移植不同，肝肾移植的时间范围要求比较宽，而心脏移植要求移植的心脏从捐献者的体内取出，至移植到患者体内的时间不得超过 6 个小时，一旦超过这个时限，移植心脏的质量就会大打折扣。把手术地点选择在大连进行就是基于手术时间的限制。

3 月 1 日下午，大连大学附属新华医院的专家们根据宋永乐在大连的各种检查情况讨论了具体的手术方案，一切都进展顺利，手术定在 3 月 4 日进行。这让宋永乐恢复了乐观的情绪，他开始兴致勃勃地和家人讨论病愈后的计划。

2. 同时进行两台移植手术？

3 月 1 日下午 2 点，大连大学附属新华医院胸外科主任许凝结束宋永乐手术讨论，回到自己办公室后，在邮箱中发现了一封电子邮件。

发邮件的正是那家为任美芬治疗的江苏医院，让许凝动心的是，任美芬的血型与大连的心脏供体志愿者相同，身高体型也与之相近，这意味着志愿者的肺同样有移植给这个患者的可能。出于医生的职业本能，许凝马上与江苏进行了联系，要求进行配型实验。

3月2日，从江苏运来的任美芬的血样被迅速地送往血液中心，配型结果令人十分满意，这位志愿者的肺脏可以移植给任美芬。得到消息后的任美芬一家人异常高兴，他们的家人终于有希望了。

但是，任美芬家人的高兴劲头很快就被泼上了一盆冷水，他们被告知这个机会可能并不会落到他们头上。

由于心脏和肺脏是关系最紧密的两个器官，血管密布交错，互为关联影响，在切取分离的过程中，稍有不慎就会导致供体的损坏，使手术在一开始就失败。因此长久以来，对同一供体，不同受体进行心肺移植的手术一直都是医生们不敢涉及的领域。大连的供体心脏已经决定移植给宋永乐，是否能再冒险将他的肺脏移植给任美芬，这还需要进行更细致的论证。

许凝（大连大学附属新华医院胸外科主任，主任医师）：“以往做肺移植手术的时候，不需要移植的心脏去掉就可以了，做心脏移植手术的时候，往往

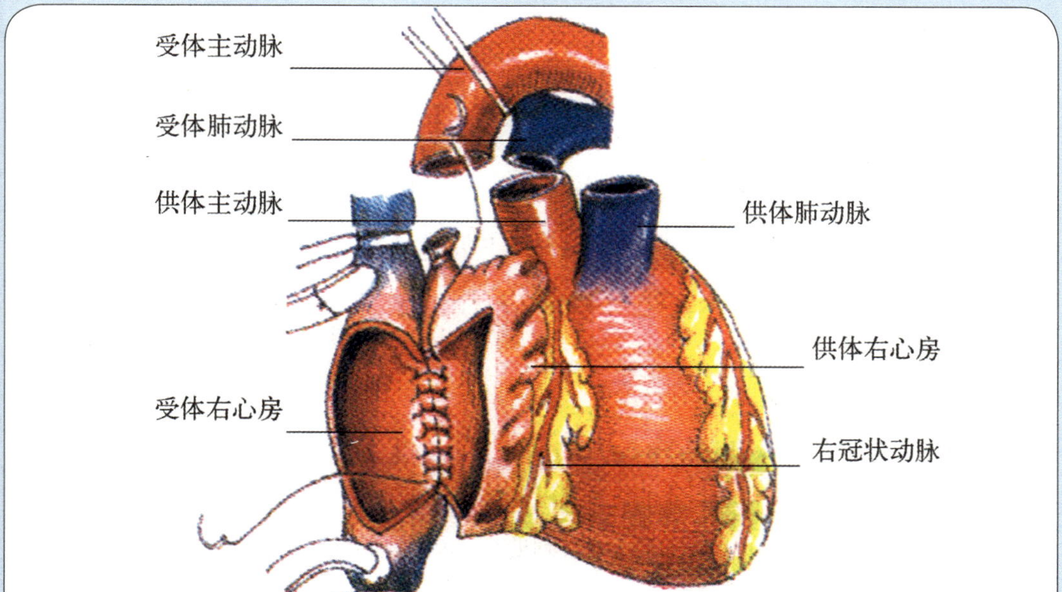

心脏器管移植示意图

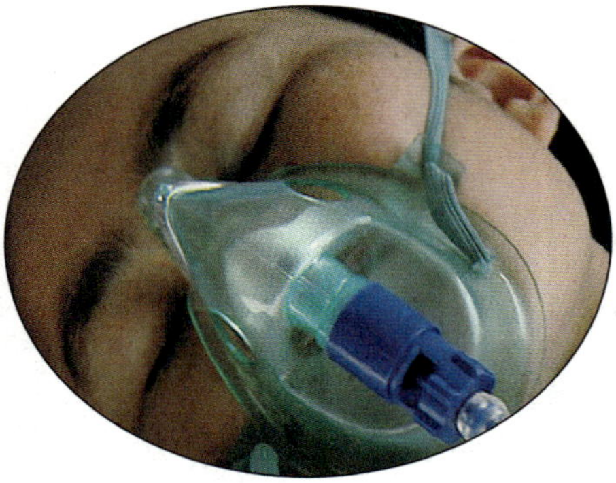

任美芬靠氧气艰难地维持着生命

肺脏是不需要的，这时候就把肺脏处理掉了。现在我们同时需要心脏和肺脏两个供体，这种情况下就既要照顾好肺脏这边的血管和气管，也要照顾好足够的心脏的肺动脉，要留下足够的组织，所以相对来说会有一定的难度。”

3月2日下午3点30分，医院就要不要接任美芬来大连，能否同时实行两台移植手术等问题展开了激烈的争论。

心脏外科的专家们强烈反对同时移植这一想法。大连大学附属新华医院主任医师吕树梁提出手术中如果碰到心脏灌注不好，热缺血、冷缺血时间中保护不好，或者组织取的不适当，这些问题都会对术后造成影响。

心脏外科专家的担忧不是没有原因的，要做好一个器官移植手术，不仅医生要具有相当高的技术水平，医院还得具备最起码的一些硬件条件，另外一个关键因素就是时间。

时间是极其重要的一个影响因素，捐献者脑死亡后取出他的捐献器官，这个时间必须控制在几分钟之内，最长不得超过8分钟，这就是热缺血时间，否则这个器官的价值就会大打折扣。另外就是冷缺血时间，所谓的冷缺血时间就是指将捐献器官从捐献者的体内拿出来，再移植到患者体内的这段时间。

在这个过程当中器官断绝了所有血液营养的供给，这种情况之下就要用一些特殊的液体来对它进行灌注，保持它的活性。心脏和肺脏是两个不同的器官，需要用两种不同的溶液来进行灌注，需要两个不同专业的医生，灌注的方法不一样，这也制造了相当大的难度。

另外一方面，心脏和肺脏在捐献者的体内彼此联系在一起，现在要把他们移植到两个不同的人身体里面，就必须要把心脏和肺脏分离开。可是到底该怎么分离？分离的时候谁多一点谁少一点？这诸多疑难问题任何一个没有解决好，都有可能导致其中一个移植者得不到自己想要的器官，甚至两个手术全都失败。

然而，如果只对心脏病患者移植，无疑浪费了异常宝贵的供体资源，远在江苏的任美芬错过了这个机会之后，可能将再也等不到另一个救治的机会了。

许凝是支持同时进行两台移植手术的一方，他希望在供体资源极其短缺的现实情况下，两个患者能同时获得新生。

许凝的心愿虽好，但那些随时都可能出现的问题怎样规避，两个都做不好怎么办，远在江苏的任美芬身体已经相当虚弱，离开医院到大连这一段路途出现危险怎么办……这种种摆在面前的难题让专家们各持己见，难以互相说服。

3 月 2 日 17 点，这个时间距离原定宋永乐的手术时间还有不到 60 个小时，这时候大连的医生已经在为宋永乐的手术做着各种必要的检查和准备，而远在江苏的任美芬一家人也在焦急地等待着大连医生的裁决，这或许就是任美芬最后一线生机。

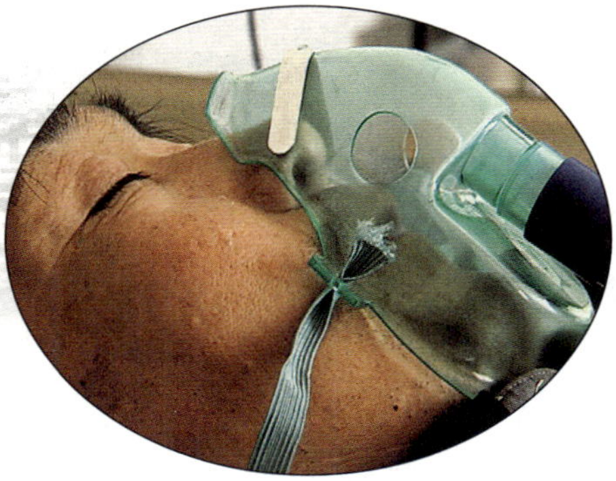
老宋的生命已经可以按天来计算了

3 月 2 日 17 点 30 分，院长王江宁教授最后拍板做出决定，接任美芬到大连，成立指挥协调小组优化手术方案，举全院之力确保心肺移植手术的成功。

得知这一消息的任美芬一家人终于松了一口气。

王江宁院长很清楚自己做出的决定充满了风险，但是为了拯救患者的生命，他们愿意冒风险，前提是手术必须在科学合理地设计每一个步骤之后才能进行。

紧张的前期准备工作开始了，由院领导亲自主持选定了领导小组成员，具体分工为心脏移植组、肺脏移植组，把每一项供体和受体可能出现的风险预案都做了详细周密的安排。

专家们的讨论还在继续，最终决定宋永乐的原定手术方案不变，但是考虑到任美芬的具体情况，最后决定只给她做右肺的移植手术。

手术的讨论过程异常艰难，首先要考虑的一个困难就是移植器官的离体时间，也就是热缺血时间。要在 8 分钟之内把器官从供体中取出来，取出来之后心脏和肺脏还需要灌注不同的液体保证活性，这都需要非常高的技术。如果取供体的时间太长，或者是灌注的时候出了少许问题的话，那这个手术还没开始就已经提前中止了。

另外一个难点在于，供体的捐献者本身所在的医院和进行移植的医院并不在一个地方，这就隐含了一个运输的安全问题。即便运输安全问题解决了，下一个难点又会接踵而来，拿到心肺之后需要进行心肺分离的修剪过程，在此过程中如果血管或气管留的不够长，很可能只能保证一个手术，或者甚至两个都保不住。如果安全过了心肺分离修剪这一关，还有一个难关，就是真正进行移植了。

北京大连两地医院会商

移植的过程当中同样充满了风险。手术伤口缝合的时候出现大出血的可能性、患者感染的可能性、手术结束后出现严重排异反应的可能性等等这一系列的可能遭遇的难关一一摆在了大家的面前。

虽说因为供体紧张，国内国外都进行过一个供体分给多人的手术先例，但这种手术毕竟危险重重，有着难以逾越的险关，谁都不能确定这次大连的医生们能否创造奇迹。

3 月 3 日上午 9 点，几乎一夜未眠的许凝坐上了开往机场的汽车，他将要乘搭飞往南京的第一班飞机，去接任美芬到大连。由心胸外科主任、手术的主刀医生亲自去外地接患者，这在任何一家医院都是不太可能出现的情况。虽然完全可以派一名护士或者一名普通医生去接，但是院里考虑到患者危重，让主刀医生接患者，如果路上出现意外情况的话，处理起来会相对比较方便一些。

可是，尽管进行如此的保险，这位临床经验丰富的医学教授仍然对自己能否顺利地把任美芬接到大连不敢抱有太多的自信。一想到江苏医院传给他的患者的胸片，许凝的心就一阵紧缩，从胸片上几乎看不到一点好的组织，而健康的肺应该是饱满而充实的。任美芬的肺一旦呼吸衰竭，别说是在缺少医疗条件的飞机或火车上，就是在医疗条件齐备的医院里也没有什么好办法。许凝只能暗暗地祈祷，希望患者的实际状态比片子上反映出来的情况好一些。

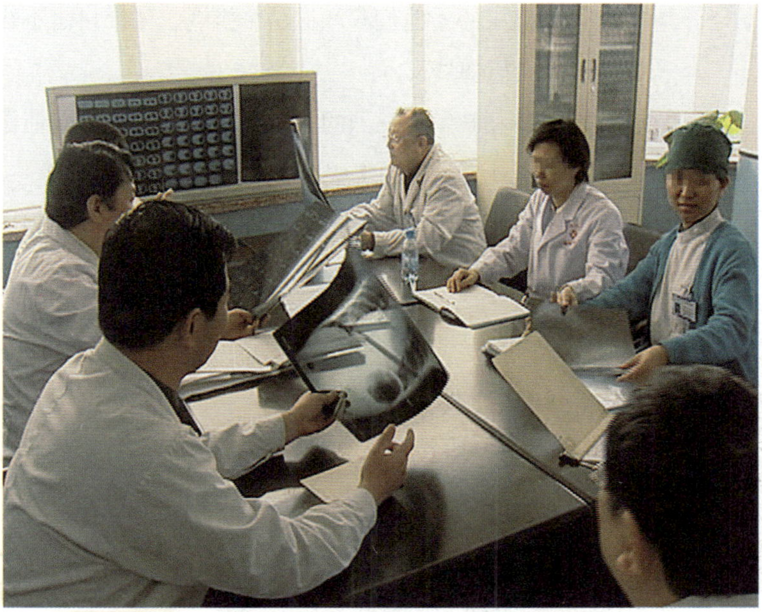

专家组讨论手术计划

然而当飞机落地，许凝在医院里真正看到任美芬的实际状态时，这最后一点侥幸也破灭了。当时任美芬在两天前才拔掉胸腔的闭式引流瓶，肺功能严重减损。许凝看到患者的这种状态，别说手术，就连能不能到达大连他都觉得心里没有把握。

江苏医院为任美芬做了肺功能测试，预测值是像任美芬同年纪和身形高度应该达到的标准，而她的实测指标远远低于这个标准。其中一个测试是 6 分钟行走，测试的结果是任美芬 6 分钟行走仅仅达到 40 米，一般正常人的行走速度是每秒 1 米，6 分钟应该可达 360 米。任美芬这样的情况连静卧都呼吸困难，更不用提运动了。

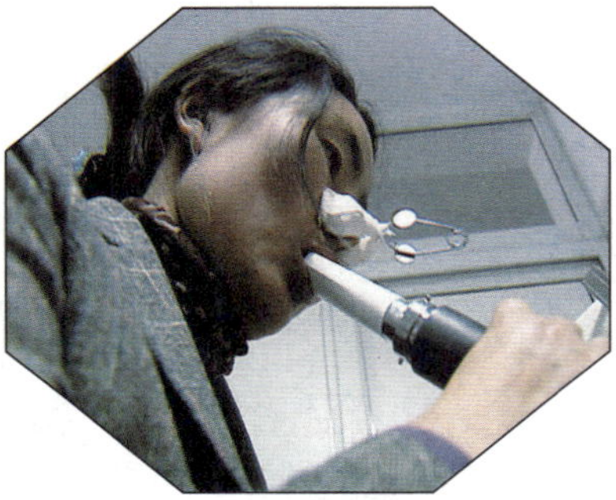

江苏医院为任美芬做肺功能测试

而更让许凝感到事态严重的是，由于肺部化脓感染，任美芬必须做双肺移植。这一方面增加了手术的难度和时间，另一方面又增加了路途的困难，使得通往大连的路程危机四伏。到底带不带任美芬回大连，许凝不由踌躇起来。

但这份犹豫对患者一家来说是不存在的，他

们早已铁定了心。他们深知这是个机遇，如果自己不努力争取这个机遇的话，以后一定会后悔莫及。

任美芬和其家人强烈的求生愿望感动了许凝，他作为一个医生，感到自己必须冒风险来完成她的愿望。

3 月 3 日下午 4 点 16 分，在江苏医疗部门的通力协助下，靠着加大吸氧量和呼吸兴奋剂的维持，任美芬终于如愿以偿来到了大连。此行的结果不管是死是活，对她来讲都是唯一的机会，她必须要抓住。

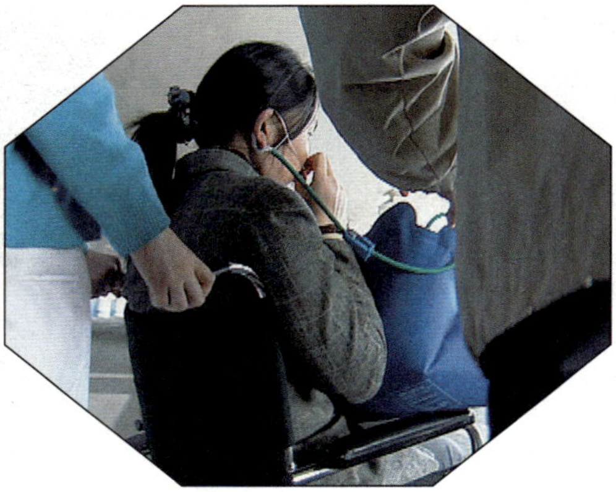
任美芬终于如愿以偿地来到了大连

而此时，在医院的宋永乐妻子却忧心忡忡。此时她已经得知了医院的计划，增加了一个肺移植的患者，老宋的心脏移植手术还能成功吗？这个平素少言寡语的农村妇女开始不断地向医生打听手术的安全性。

尽管医生反复向她保证，要相信医院，相信医生，可老宋的妻子心中还是直打鼓，这么一个高难度的手术，医生们靠什么样的手段来保住她爱人的生命呢？她不知道的是，这时候医生们也正在进行紧张的讨论，讨论的焦点主要是任美芬的双肺移植该怎么进行。

双肺移植是肺移植手术中的一个瓶颈，平时所说的肺移植一般指的都是单肺移植。这个手术需要耗费大量的时间，6 个小时的时间对于单肺移植来说已经不算富裕，更不要说双肺移植了。但是任美芬现在只能做双肺移植，因为她的肺部已经被完全感染，仅进行单肺移植的话，新移植的肺也很有可能会被感染，然后遭到破坏，所以她只能进行双肺移植，这无疑又增加了手术的风险和难度，让这次手术变得更加危机四伏、扑朔迷离。

此外，终末期肺脏疾病和终末期心脏疾病的患者，随时都有生命的风险，更何况做这么大的一个置换手术，患者可能在手术台上，在全麻的过程中不幸去世。同时也可能出现供体在获取的过程中失败，移植心脏可能移植不到患者身上，也可能在供体修剪的过程中，修剪的失败使供肺不能移植到患者身上，此时供心和供肺已经被切除，那么患者的结局只能是死亡，因此整个手术的风险都相当大。

风险并没有到这里停止，一般意义而言，心脏移植手术要在6个小时之内完成是最理想的，而肺脏移植手术也是如此。但是那是指单个肺的移植而不是指双肺移植，双肺移植势必会增加一些时间。

怎么去解决这个矛盾？手术过程当中会不会出现心肺功能意外？会不会出现心脑血管意外？会不会出现大出血等这一系列的问题？这些都是手术当中需要克服的众多难题。人们经常说，手术台对于患者而言就是一个鬼门关，其实静下心来仔细地想一想，这不仅是对患者来说如此，从另一方面来说，对于医生同样也是一个巨大考验。

手术究竟能不能顺利地进行下去呢？

3月4日上午8点，离预定的手术时间已经不到24个小时，宋永乐的老伴心情难以平静，这次手术是老宋的最后机会，最后的一搏。那天，老宋妻子从心底告诉自己一定要拼这一回。

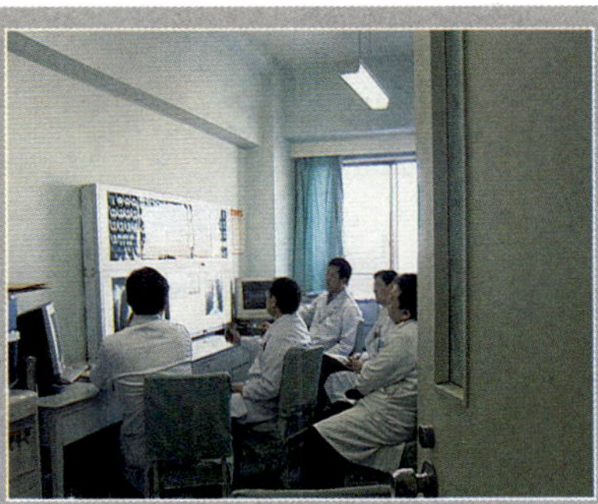
院领导亲自主持制定了领导小组的具体分工

此时，远在江苏的任美芬的女儿也心神不宁，无法平静地学习。明天将是影响她命运的关键一天，失去妈妈或许只在手术的那么一个瞬间，而这一瞬间就会是她的永远。人们常说，有妈妈疼爱的世界是彩色的，没有了妈妈的世界则失去了色彩，明天，大连的医生叔叔将要带给她一个怎样的世界呢？她在心里暗暗许着愿，希望妈妈能成功归来，早日回来和她团聚。

许凝教授进行着例行的查房，这位留法归来的医学博士此前已经成功地完成了多例肺部移植手术，明天的手术对于他将是更艰难的挑战。但在这天，他却要尽量显得按部就班和若无其事，因为他知道患者和家属都在看着他，他要用这种方式来缓解患者和家属紧张的情绪，让他们感觉明天进行的只是一个普

对可能出现的风险都做了详细周密的安排

通的手术，没有什么克服不了的险关。

而这个时候，院长王江宁正在医院主持另外一个会议，善于组织协同作战的他对明天的方案充满了信心。箭在弦上，要射就一定要射好。作为手术的总协调和总指挥，他甚至有些许兴奋。他对手术有把握，最低的保证是两个中成功一个，他才会决定开始做手术，如果取供体两个都失败了，他就通知手术台停止开台，这样就不会给患者造成损失，这是医院的底线。

3．生死一线间

3 月 5 日早上 7 点，大连大学附属新华医院中，宋永乐和任美芬分别被推进了各自的手术室，他们将要在这里进行一系列术前的监测和处置。而负责摘取患者病心和病肺的两组医生也做好了准备，等得到供体成功获取的消息之后，他们将开台摘取患者的病心、病肺，为手术赢得时间。

与此同时，在另一家医院，许凝和吕树梁二位主任正在进行摘取供体前的术前准备，这次手术许凝负责肺脏，吕树梁和另外一位主任负责心脏。供体的获取是至关重要的第一步，从供体离体到灌注停止，一系列复杂的操作必须准确无误地在 8 分钟之内完成。而心肺的组织结构极其复杂，以往单纯地取心或取肺时，失误都很难避免，何况是心肺共取，谁都不知道移植的第一步能否顺利完成。

7 点 55 分，取供体手术正式开始。

8 点整，心肺成功取出，分别被灌注进不同的保护溶液，这是容易出现意外的关口。手术现场，院长王江宁寸步不离，万一不幸出现了一些差错，他将放弃一个供体，无论是放弃肺还是放弃心脏，他一定要救一个人。

8点03分，供体灌注成功，心脏和肺脏都没有出一点意外，王江宁通知患者那边的手术医生，可以对移植患者进行手术，摘除病心和病肺。

王江宁院长的手术决定刚下达，取供体组就把灌注好的心脏和肺脏通过密闭的保护液容器保护好，运往另一个医院手术室。运输路线都是事先设计好的，以保证最短的运输时间。

8点06分，运送供体的救护车拉响着急救警报，在大连的道路上狂奔，到了医院一切都为他们让道先行，电梯也早已提前开着等在那里。

从这时开始，宋永乐和任美芬的生命已进入了倒计时。

心肺移植对时间的要求非常高，按照国际医学界的认定，从供体开始灌注那一刻起，到移植到受体身上恢复血液循环，心脏和肺脏都不能超过6个小时，也就是应该在14点之前完成，而这次手术的难度和风险都是以往少有的，他们能完成吗？

8点25分，供体箱被送进了手术室，分离手术随即进行。

而在另外的两个手术室，宋永乐和任美芬的心肺摘取手术正在进行中，宋永乐的心脏摘取工作进行得非常顺利，而任美芬虽然由于手术各个工种的配合良好，到目前为止各项生命指征平稳，但由于肺部反复性炎性渗出，使得胸膜广泛地粘连，摘取手术进展困难。

在分离室，许凝和吕树梁正在对供体的心肺进行小心地分离，这是手术最关键的一步。由于心肺血管紧密相连，同一供体、不同受体同一时间进行心肺移植历来就是一个医生们轻易不敢涉及的高危地带，通行的做法从来都是要心不要肺，要肺不要心，这样就能够保证相应血管和气管的长度，为下一步修剪和移植留出一个富余量，而这一次医生们却没有给自己留下回旋的余地，做心肺同时移植的时候，只能一次就让双方都合适，完全凭经验行事。

人们都说医生的手术刀，刀刀关人命。尤其在这样的场合下，一刀下去切得精准，两个患者都能得救，两个家庭都有重新恢复幸福生活的希望；如果一刀下去，哪怕只差上丁点，也可能造成其中一个患者无法继续手术，等待他的只会是死亡；而第三种可能没有一个人乐于所见，那就是一刀切下的结果是两

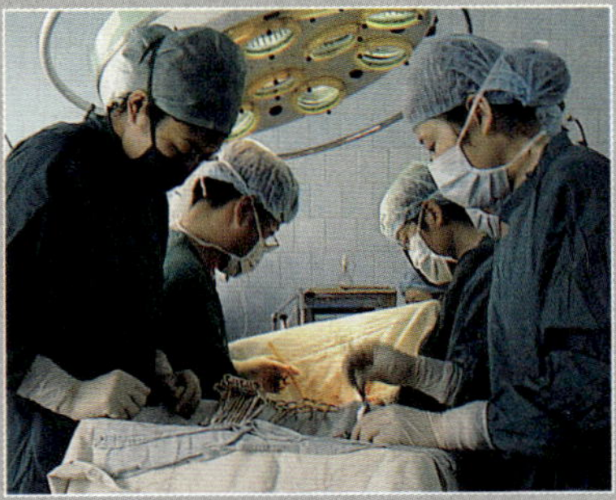
取供体手术正式开始

个器官都不能用，两个人都救不了，这对所有人来说都是最悲恸的结局。

此时的许凝和吕树梁，精神高度集中，时间容不得他们多考虑，第一刀、第二刀、第三刀……手术室除了刀与脏器的接触声之外，听不到其他声音。

上午 9 点 15 分，心脏分离成功，许凝和吕树梁紧捧着供体疾走向各自的手术室，作为主刀医生，他们还要继续完成下一步的移植工作。

此时，宋永乐的病心已经摘取成功，手术室里包括体外循环等一系列辅助设备已经准备妥当，内外急救科医生已经做好准备，心脏移植手术正式开始。此时距离 14 点还有 4 个多小时的时间。但对主刀医生来说，下午 14 点只是最后不得已的期限，完成手术的时间越短越好，时间越短，供体的心脏质量就会越好，若耽搁时间长了，缺氧时间延长，心脏本身消耗，移植以后心脏功能将会受到影响。

上午 10 点，心脏手术仍在进行中。心脏在移植过程中最容易出现的问题是心脏或大血管破裂、心律失常导致心脏骤停、体外循环出现故障、气栓塞等，而这些情况都会导致患者在手术中死亡，宋永乐现在也面临着这些风险。

手术室外，宋永乐的老伴感到心绪格外烦乱，她无法在外面的长椅上平静地等待。这天大连的天气晴朗，阳光充足，但阳光下的宋永乐老伴仍然感到浑身发冷，抑制不住地颤抖。她曾听人说过，医生越不找家属，就越证明患者的手术进行得越好，因为一旦要找家属就是手术发生了风险危险，所以她自始至终都祈祷着不要有医生来找她。

同一天，江苏，任美芬的女儿也没有上学，独自一人坐在院子里发呆。屋内任美芬的姐夫也忐忑不安，揣摩着大连的手术此时进行得怎么样了。

上午 10 点 30 分，任美芬的左肺被切取了下来，肺移植手术终于可以进行了。手术计划如下，先切除左肺，保留右肺，等左肺移植完后，再切除右肺，进行移植。

肺脏移植的风险在于心肺功能意外、心脑血管意外、大出血休克等，而双肺移植就更是风险倍增，从医生到家属，大家都捏着一把汗，不知任美芬是否能挺过去。

双肺移植先吻合完的一侧供肺，很可能出现再灌注损伤，同时它的负担也会相对很重，因为它是一个外来体，要用仅一半的功能来完成患者的整个代谢。移植肺是否能适应这种状态，完全是一个未知数。

当任美芬丈夫询问医生有没有危险的时候，医生给了一个实事求是的回答，他说，随时都可能有危险。

10 点 35 分，宋永乐的心脏移植手术已经接近尾声。手术进展顺利，血管缝合后没有出现大出血、气栓塞等现象，恢复循环后，心脏复调良好。主刀医生吕树梁主任尤其满意心脏复苏情况，当主动脉一开放，心脏就自动复跳，甚至没用到电除颤，这说明供体质量保护得非常好。

11 点 55 分，宋永乐被顺利地推出了手术室。从供体取出到移植心脏恢复工作，共历时 2 个小时 35 分钟。而此时，任美芬的肺移植手术仍在紧张地进行中，这是一次对技术和耐力的检验，绝不允许有丝毫的失误。

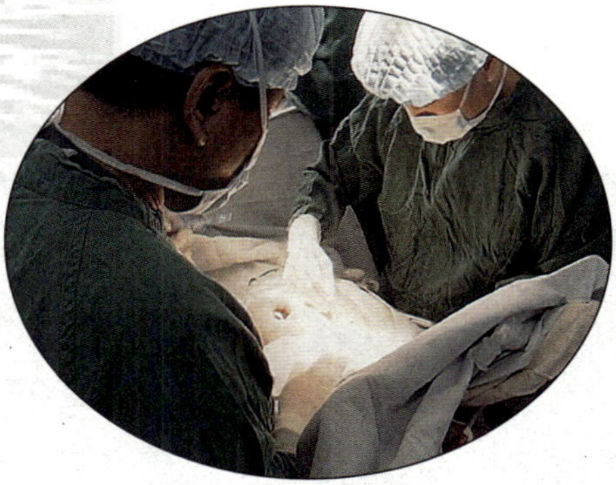
摘除病心和病肺

肺移植手术的主刀医生许凝主任明白，手术吻合必须一次成功，如果不是一次成功，再去掉一段血管后，它的长度可能就不够了，那很可能将导致整个手术的失败。

时间一分一秒地过去，远在江苏的任美芬亲属急切地盼望着手术的消息。任美芬的姐夫接连拨打了几个电话给陪在医院里的连襟，却迟迟得不到回音，直急得他守在电话机旁不敢离开片刻。

此时，手术室里的医生也已感到了时间的紧迫，这时距离 14 点只剩下 2 个多小时了，他们能在这个时间之前做完手术吗？

台上的医生和台下的医护人员都感受到了紧张的气氛。但是此时不能急躁，

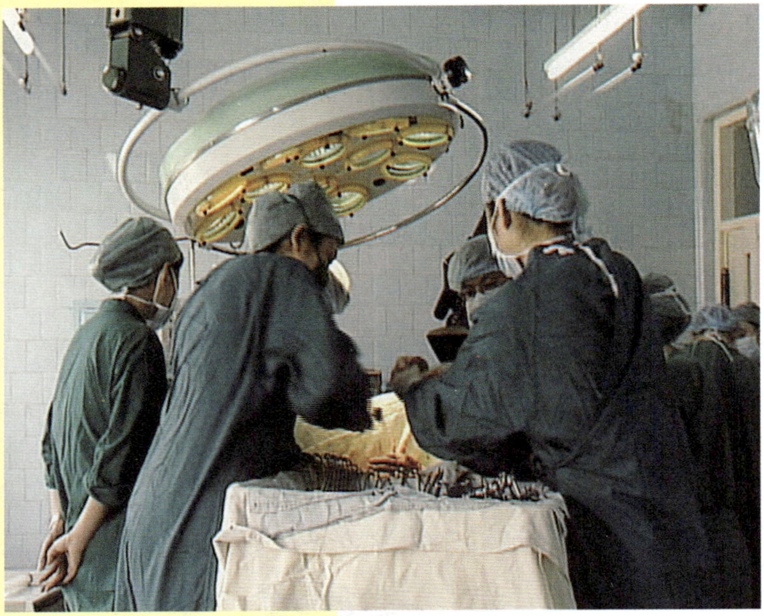

对供体的心肺进行小心的分离

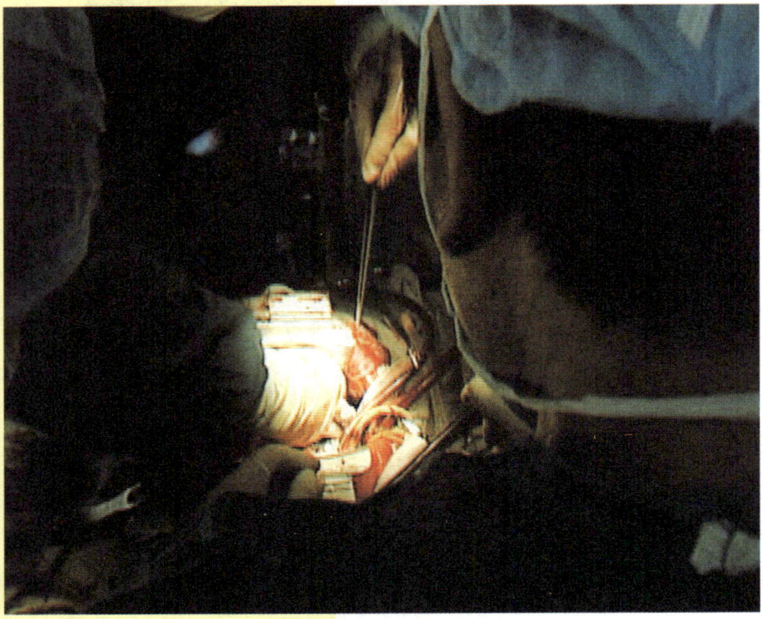

移植手术正在紧张进行

越着急，就越可能造成手术操作步骤的不规范，因此大家只能互相鼓励。镇静、迅速、保证手术规范，这成了所有人的目标。

12点05分，任美芬的左肺移植完毕。

12点40分，右肺被顺利切除。由于供肺比任美芬的胸腔更大，在切去了供肺的两个肺叶之后，右肺才被顺利地移植了进去，双肺移植手术接近尾声。

13点58分，双肺移植手术完成，移植手术历时5小时58分。在进行了相关的处置之后，任美芬终于在15点38分被推出了手术室。

但手术做完并不意味着患者很快就可以康复出院，因为对于患者而言，他还要面临排异、感染、功能衰竭、并发症等考验，这一系列的艰难险阻都在等待着他们。不少患者的手术完成得很不错，但接下来的这几关没有熬过去而不幸死亡了。只有度过这个危险阶段之后，患者才有可能康复出院，对于进行双肺移植的任美芬来说更是如此。

像肾脏、肝脏、心脏这些密闭与外界不通的器官移植之后，由于服用抗排斥药，降低了患者的免疫力，随时都可能发生感染。而肺脏是与外界相通的器官，更容易发生一系列的感染，例如病毒感染、细菌感染、真菌感染、结核感染，所以它的后续管理、排斥反应，以及肺对于缺血时间的耐受都相对较差，因此肺移植做起来相对难度更大一些。

术后 30 天，是肺脏移植患者最容易出现意外的时期，所有人都忐忑不安地等待着任美芬挺过这 30 天。

3 月 6 日，任美芬各项指标接近正常，随即拔管，患者清醒后能开口讲话。

3 月 9 日，任美芬开始进食。

3 月 10 日，任美芬已能够下床走路。

3 月 20 日，任美芬移出 ICU 病房。

4 月 6 日，任美芬终于挺过了术后的 30 天。同时，宋永乐的这 30 天也安然度过。同一供体，不同受体心肺移植手术终于获得了成功。

5 月 22 日，在入院 55 天之后，任美芬和宋永乐康复出院。欢送仪式上，获得了新生的他们喜极而泣，并因为这一段特殊的经历而结为了义兄妹。

一年后的 3 月 6 日，这一对共同经历过患难的义兄妹又在大连重新相聚，庆祝他们的重生，并交换了这一年各自的经历。

宋永乐前些日子还在游泳，在游泳池中玩跳台跳水，仰游能游一个来回，游泳的时候没有发生什么问题，也没有特别的感觉。他还特意为记者表演了各种需要用力的动作，引体向上、俯卧撑，这位 54 岁的心脏移植患者做起来毫不费力，而平常他最愿意进行的活动是找人角力掰腕子。他说以前没得心脏病的时候，没事不会去掰手腕子，而现在是当作做完手术后试试自己的劲，更令人惊讶的是，一般的小伙子还比不过宋永乐。

而任美芬恢复得也非常好，如今她已经能够操持各种家务，照顾上学的孩

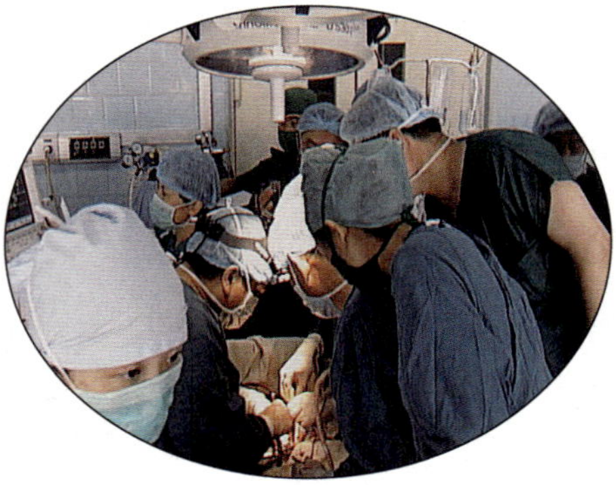

移植手术顺利完成

子了。

发生在宋永乐和任美芬身上的圆满的结局，是全体医护人员的努力，是他们自己对于生命的渴望，以及现代医学先进的技术条件所创造的一个生命奇迹。当然，更不能忘记那位没有留下姓名的器官捐赠者，如果没有他的无私奉献，那这美好的一幕都将不复存在。

（张四新）

生死呼吸

4月的一天清晨，山东省宁津县城关镇绳庄村中，张文娟和往常一样一大清早就从家里出发，前往工厂上班。中午时分，家人突然给她打了一个急电，电话中父母语焉不详，只说家里出了大事，嘱咐她赶紧回家一趟。

当下她心急火燎赶回家，却被眼前的景象惊呆了。

1. 义捡“丑儿”

家中大门洞开，张文娟的第一反应是家里遭了贼。她继续往里走，发现院子里散布着凌乱的车辙痕迹，张文娟心生疑惑，不解哪里来这么多车辙。最后当她踏进家门，首先映入眼帘的却是一辆婴儿小车，这更让她犯了疑，心里把亲朋好友数了一个遍，最后确定他们家中都没有婴儿，那这辆婴儿车是从哪儿来的？

在门外捡到了这个孩子

接下来的一幕，将张文娟的惊讶再度推

弃婴是个男孩

姐弟合影

孩子的嘴上有一个洞

上一个台阶。她发现在家等着她回来的并不只有父母，在他们的怀里还沉睡着一个婴儿。仔细端详之下，张文娟在孩子脸上发现了不协调的影子。

他的嘴唇严重裂开，猛见之下会误以为开着一个口子。张文娟心弦骤然收紧，隐隐有些明白这个孩子为什么会出现在自己家中，这是个身带残疾的弃婴。唇腭裂畸形可算是先天性畸形中最为常见的病症之一，也就是人们通常说的“兔唇”，这个孩子的症状表现为唇部和上颚部裂开。

张文娟的继父张长岭告诉她，孩子是他发现的。

张长岭是宁津县县城某工厂的木匠工，这天出门却在门外捡到了这个嗷嗷待哺的小婴儿。小男孩白白净净，睁着眼睛看着张长岭，他一时心软，便抱着襁褓里的孩子返回自家屋檐下，唯一担心的是家人的态度。

原本猜测的家庭风暴并没有随之到来，妻子和女儿对张长岭没有同她们商量就抱回来一个弃婴毫无抱怨，她们以女性的温柔和包容接纳了这个不幸的孩子。

张文娟说：“我看着孩子就觉得可怜，他没了爸爸妈妈。我觉得他挺可怜的，就养着吧。”

张文娟的母亲张桂芬说：“现在看着也挺好的，除了这张嘴，等孩子懂事了，动手术把他这张嘴缝好了就没事了。”

就这样，孩子被新的家庭收养了，他有了新的家、新的亲人、新的名字。

新妈妈给孩子取了一个小名叫“丁丁”，她想借着这个名字把苦命的孩子“钉”在这个家中。

张桂芬决定收养丁丁有她自己的原因。回想当年，她其实和丁丁一样是个孤儿，从小也是吃百家饭长大的。16 年前，张桂芬和前夫离婚，带着 5 岁的女儿，嫁给了张长岭。婚后，夫妻感情很好，丈夫对没有血缘关系的女儿同样疼爱有加，但是张桂芬一直因为没有给张长岭生下一男半女而觉得愧疚在心。丁丁的出现，让张桂芬喜出望外，她确信这是老天爷特意送来的礼物，因此她把整颗心都扑在了孩子身上。那股溢出的母爱甚至让张文娟都大叫吃醋，开玩笑地抱怨不公平，她的新弟弟有姐姐，又有爸爸妈妈那么呵护他，她小时候却没有人呵护。

张桂芬感慨地说："我有时候想，我命苦，人家孩子也命苦，你看苦命的全碰到一块儿成一家人了，苦命的人更会替这个孩子抱屈。"

对于张家决定收养遗弃病儿的举措，并不是所有人都能理解，不少人都曾在私底下劝张桂芬打消这个主意。在他们看来，张文娟早已长大成人，张桂芬更已上了年纪，收养一个毫无关系的病孩完全是给自己添个累赘。

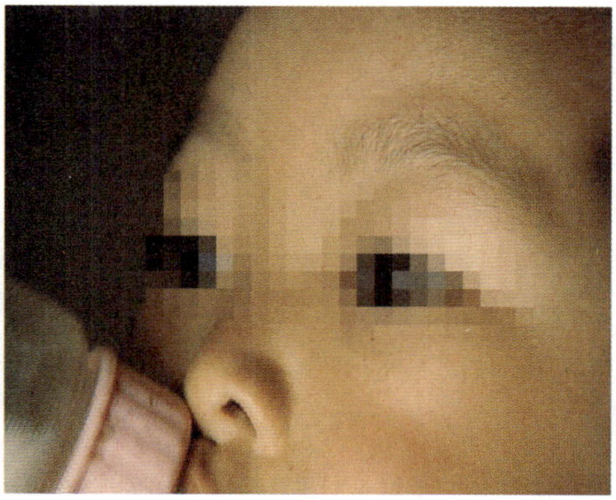

患唇腭裂的丁丁

可是平日和善好说话的张桂芬这次却铁定了心，不论谁说什么，她都抱着丁丁不松手。她说孩子已经到了他们家，已经是张家的一份子，当年是没有血缘关系的人们将她抚养长大，这次轮到她把丁丁抚养长大了。

2．恶疾缠身

丁丁的到来给三人带来了更多的忙碌，但同时也带来了更多的笑声和温馨。张桂芬仿佛再一次体验着初为人母的那股巨大的喜悦，丁丁每一点小小的成长都让她兴奋不已。但是日子一久，张桂芬就发现，丁丁的体质似乎比外表看上

家人把一颗心都扑在了孩子身上

去的更弱，这孩子很容易感冒。更奇怪的是，丁丁一旦感冒，就会脸色青紫，喘不上气。已有一次育儿经验的张桂芬开始怀疑孩子得的不是普通感冒，而是有别的顽疾隐藏在这个孩子小小的身体里。担忧之下，张桂芬带着丁丁来到了宁津县人民医院。

宁津县人民医院儿科主任赵玉兰回忆当时的场景："当时他们母子俩来医院看病，她说孩子是她抱养的，我一看那孩子，面部发绀，呼吸急促，非常地难受，而且还有唇裂、腭裂，我说这个孩子可能病得不轻，我告诉孩子妈妈快打开襁褓，让我给他看病。"

张桂芬发现孩子似乎很容易感冒

诊断之下赵主任大吃一惊，凭着她多年的临床经验，判断孩子患的很可能是先天性心脏病，因此她安排丁丁做了彩超检查。检查结果显示，小丁丁的心脏和别人长得不一样，是先天性右心室双出口。

正常人的心脏分为左右两个心室，左心室连接主动脉，右心室连接肺动脉。而丁丁的主动脉和肺动脉均发自右心室，室间隔缺损是左心室唯一的出路。他的左心室处于闲置状态，而右心室却超负荷运转负担两倍的工作，这就导致右心室负担过重，血液含氧量低，所以经常出现脸色青紫、呼吸急促等症状。

先天性心脏病是所有先天性疾病中最为严重的一种，在新生儿中的发病率为0.6%～0.9%，光是先天性右心室双出口一种病就够一个幼儿受得了，但噩耗还没有结束。进一步的检查发现，丁丁的肺动脉还特别细，这就导致他喘不上气来，即医学上所说的肺动脉狭窄。此外，一般人的主动脉长在后面，肺动脉长在前面，可丁丁却相反，他的主动脉长到了前面，肺动脉长到了后面，这就会导致肺瘀血和心力衰竭，医学名称为完全性大动脉转位。

在丁丁的身上同时出现了三种疾病，婴儿如果有这三种疾病的其中一种，就会在出生一两天内出现缺氧症状，以后病情急剧恶化，一般活不到1周岁。而当时，丁丁去医院检查的时候，已经有10个月大了。也就是说，按照病情发展，这个孩子两个月后就会永远地离开他的新家人。

这个消息犹如晴天霹雳，令张桂芬六神无主。她不敢相信，孩子竟会得上了这种病？她不知道自己是怎么迷迷糊糊抱着孩子出了医院，又是怎么深一脚浅一脚回到家里。连着好几顿饭，张桂芬水米都没有粘牙，抱着孩子发呆。她在心底问自己，难道就要眼睁睁地看着

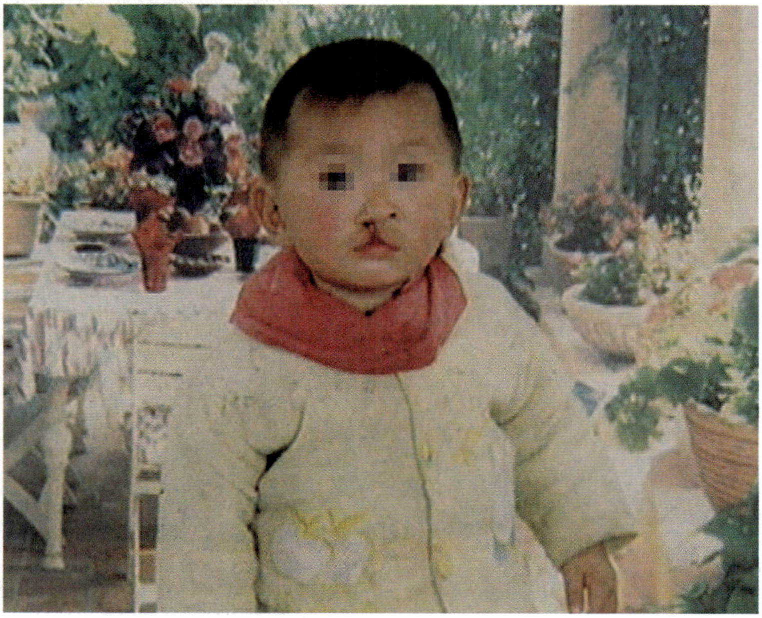

白白净净可爱的丁丁

合影留念

这个孩子死在自己的怀里吗？

张文娟陪着母亲一起为了小弟弟不幸的命运而哭泣，在悲伤的同时，她们也犹豫着接下来该怎么办。张桂芬第一次在收养丁丁的事情上有了动摇，他们的家境普通，多一张嘴尚可应付，但现在孩子需要进行无数次大小手术，这个无底洞就不是他们家有能力填补得了。

这次，是女儿坚定了妈妈的信心。张文娟说就算是承担不起也要把孩子抚养长大，即使无法治愈丁丁的疾病，也要让他长大成人。

女儿的支持，让张桂芬重新燃起了希望。从此，她开始抱着丁丁，东奔西走，去德州、走济南、上北京、下广州，四处为孩子求医。可是，每多一次诊断，都让她再经历一次失望。这种右心室双出口是一种非常凶险的疾病，发病率极低，而手术死亡率却很高，目前我国几乎还没有类似病例的成功手术记载。

十几家大医院都不敢接治这个孩子，劝张桂芬放弃治疗。医生们大多直言不讳，告诉她丁丁的心脏病太厉害，存活率很低，活不了多久。他们对张桂芬如此的坚持也感到迷惑，不明白为什么她在有自己的孩子的情况下，还要抚养别人家的孩子。

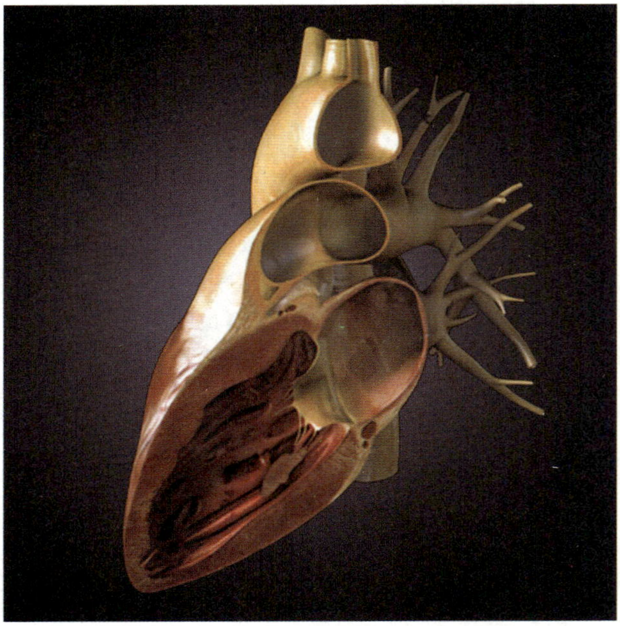
人体心脏模型

尽管希望渺茫，医生的态度也毫不乐观，但张桂芬已经铆上了劲，她带着丁丁回了家，把自己全部的精力都注入照料丁丁这件事上。

丁丁第一次开口，奶声奶气喊叫“妈妈”的那一刻，张桂芬的心中悲喜交加。喜的是孩子越来越懂事，越来越可爱，悲的是孩子长大一天，就离死亡越近一步。难道自己费了这么多心血，仍然只能无力地看着孩子撒手而去？

眼看孩子活过了 1 岁的关口，但是张桂芬的心丝毫没有放松。丁丁的病情一天比一天严重，一得病就脸色青紫，呼吸困难，要喘好几口才能喘上气来。张桂芬最害怕的就是孩子哭，只要他一开始哭，就会憋得喘不上气，随时可能因为窒息而死亡。因为担心孩子的状况，她甚至在夜里握着他的手睡觉，以防最坏的情况发生。

据赵玉兰主任介绍，先天性心脏病肺瘀血的临床的症状就是反复的感冒和肺炎，这是由肺瘀血和肌体免疫力低所造成的。而在丁丁的病情中，还要加上他本身有唇腭裂的残疾，所以更加重了感染的可能，因此更容易得感冒和肺炎。

现在对于张桂芬来说，每一个白天，每一个黑夜，都成了一道关卡，她在提心吊胆中度过了一天又一天。但是，悉心的照顾，无微不至的关爱，这些终究还是不能替代医疗诊治，张桂芬一直担心的事情最终还是发生了。一次来势凶猛的感冒，让丁丁又开始了喘息，还没等张桂芬把他送往医院，孩子就出现了呼吸困难，还昏厥了过去，眼看就要活活闷死在张桂芬的怀里。

情急之下，张桂芬居然想出了一个她以前从来没有用过的办法。她俯身对着丁丁的嘴用力吹气，希望这个举措能让孩子舒坦一些，结果就这么靠着嘴对嘴吹气的方法，硬把丁丁从死亡线上拉了回来。这无形中给张桂芬增添了莫大的信心，日后每当孩子发病呼吸困难的时候，她就如法炮制给孩子吹气，居然每一次都让孩子转危为安。其实这就是医学上常用的一种急救方法——人工呼吸。虽然只有小学文化的张桂芬并不清楚这一点，但母爱已经让她做到了无师自通。

丁丁所患诸多疾病的主要临床表现，就是由于血液供氧不足，导致呼吸困难，严重的时候出现窒息，甚至死亡。一旦病情发作，最好的办法是吸氧，或者保持通风。如果是在条件比较简陋的情况下，那么人工呼吸也是一种比较有效的

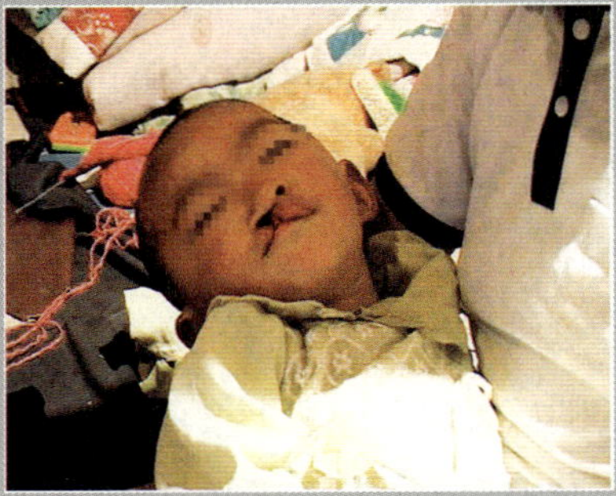

孩子脸色青紫，喘不上气

急救方法。但是，这终究只是暂时性的缓解，而非长久之计。而对于没有受过专门急救训练的张桂芬来说，能以人工呼吸把丁丁给救回来，不能不说是有着莫大的幸运成分在其中。

就这样，丁丁在张桂芬精心呵护下，一次次地闯过鬼门关，磕磕碰碰地走到了3岁，任何一个了解丁丁身体情况的人都会用“奇迹”来形容他的生存。但即使是奇迹也有走到尽头的时候，随着孩子长大发育，心脏负荷进一步加大，缺氧症状越来越严重，情况越来越危险。死神的脚步，正在一步步地逼近。

3年来，张桂芬操碎了心。平日里一家人省吃俭用，努力打工挣钱，家里的粮食也卖了，可还是填不平给孩子看病的无底洞。更让她难受的是，有些街坊邻居在一边冷眼旁观，闲言冷语地笑话着她，说她捡回来一个“讨债鬼”，迟早会人财两空。这些话，就像刀子一样扎着张桂芬的心。

丈夫张长岭被艰苦的日子和邻人的闲语压低了头，他早出晚归辛苦奔波，换来的却只有看不到希望的明天和风凉话。越来越多的烦心事郁结在张长岭胸口，他想着自己没有足够的钱治愈孩子的病，想着不可以带孩子出门，想着不可以让孩子听到背后的闲话，想着孩子以后长大了、懂事了，该怎么办。这些蜂拥而来的念头渐渐让张长岭丧失了坚持的勇气，他犹豫着和孩子的妈妈商量，放弃丁丁。

那一天，张桂芬做出了一件日后永远都无法原谅自己的事，她趁着孩子熟睡，悄悄地抱着他出了门，把他留在了一片小树林里。很快，就有人发现了这个孩子，但是他们只是围观了片刻，最终都叹息着走开了。谁又愿意收留这个外貌破相又重病缠身的孩子呢？偷偷守在一边的张桂芬心都要碎了，她又悄悄把孩子抱了回去。从此，她下定决心，母子两人再也不会分开。

3. 幸运的孩子

张桂芬时常觉得自己亏待了丁丁，她认为孩子跟着她一天福也没享到，反要跟着她要饭、跟着受气。她不想让别人看出她心中的委屈，因此常抱着丁丁，给他讲故事唱歌，就这么慢慢把委屈咽了下去。

就在这个时候，传来了一个意外的好消息。宁津县民政局了解情况以后，和张桂芬签订了代养协议，帮助她渡过难关。更重要的是，他们打听到济南军区总医院对治疗类似疾病已有成效，因此上报了德州市民政局，同意出资给小丁丁做手术。这真是天大的喜讯！

可是喜讯依然遮掩不住张桂芬的担忧，这些年下来那么多大医院都说不能做手术，这一次能行吗？

抱着试试看的想法，12 月，张桂芬抱着孩子来到了济南军区总医院。心外科主任梁家立组织专家联合会诊，对孩子做了全面的检查，检查结果让临床经验丰富的专家们也大吃了一惊。

郑晓舟（济南军区总医院心外科主治医师）说："这是非常罕见的（先天性右心室）双出口加上肺动脉狭窄，从这种情况来看，如果不进行及时治疗的话，这个孩子肯定没法成人。能够活到这么大，应该算是非常不容易，可以说是一个小小的奇迹。"

一个个问题随即摆在了主治医生梁家立的面前。

以往治疗类似疾病，都是采用在心脏上架设人工管道的办法，也就是在左心室上用人工材料再造一个主动脉。但是人工材料不会生长，而丁丁年龄太小，随着身体发育，人工管道就会变得狭窄，势必要继续做手术。丁丁本来就弱小的心脏，能经得起几次手术刀呢？

张桂芬为孩子的未来担忧

手术中的问题就更多了。由于长时间搁置不用，左心室已经严重退化，如果手术把主动脉接回去，血液突然流回去，突然让它恢复到正常的搏动，左心室是否能够承受？

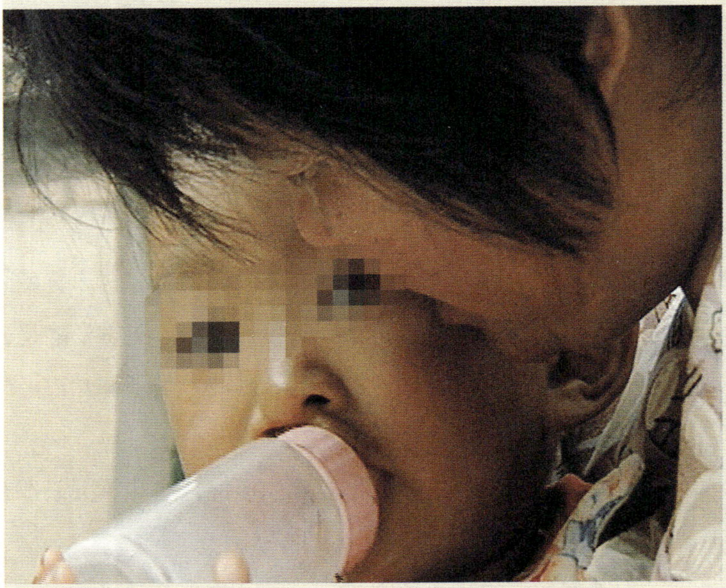

可怜的孩子

诸如此类的问题，只要有一个解决不好，丁丁就很有可能下不了手术台。经过深思熟虑，一个大胆的想法在梁家立医生的脑海里逐渐成形。

梁家立医生决定使用心内隧道，在右心室里打一个隧道，然后将右心室加宽，达到和同龄幼儿基本一样的宽度，这样的效果会比传统方式更好一些。

心内隧道，就是在左心室和右心室之间挖一条沟，把右心室的血流引到左心室来，再把主动脉连接到左心室，让左心室也起作用，这样就减轻了右心室的负担，加大了血流的供氧量，再也不会出现呼吸困难的症状。

眼看3年来威胁小丁丁生命的疾病，就要得到治疗，张桂芬觉得一直压在心里的那块大石头“嘭”的一声终于落了地。她高兴得就像换了一个人似的，就连吃饭的胃口都好了很多。

但出炉的方案却遭到了专家组大多数人的反对。心内隧道的手术风险很大，特别是对这个从未接触过的病例，对丁丁这么幼小的孩子，在心脏里挖洞，实在太危险。稍有不慎，丁丁就有可能遇到不测。张桂芬知道这个消息以后，本来兴奋的心情再次跌回了谷底。

终于有一天，孩子会叫“妈妈”了

摆在张桂芬面前的是两难的抉择：不做手术，孩子终究难逃一死；做手术，有可能下不了手术台。她左右为难，最终还是咬牙下了决心，在手术协议书上签下了自己的名字。签完了字，她当场给医生跪下了，仿佛把所有的希望都寄托在对医生的信任上，这已经是最后的机会了。

12月23日上午8点，手术开始。

手术室的门隔开了母子，随着时间的流逝，张桂芬开始焦急不安。为什么这么长时间还不见出来？手术会不会失败？丁丁会不会有什么危险？种种可怕的想法撕咬着张桂芬的心，时间越长，她就越觉得希望渺茫。

手术室里，丁丁正在闯过凶险的三道关口。

第一关是麻醉。麻醉过后，血压会降下来，而丁丁属于严重缺氧，血压下降会加剧缺氧，缺氧进一步降低血压，造成恶性循环。第二关是开胸。打开以后，要马上建立体外循环，时间上稍有耽搁，就会造成致命后果。第三关就是矫正。在丁丁幼小的胸腔里，做如此复杂的大手术，位置有丝毫偏差，手术就会遭遇失败。

孩子越来越可爱

张桂芬最害怕的就是孩子哭

一次来势凶猛的感冒，让丁丁昏厥过去

丁丁成了漂亮的小帅哥

这三道关口，只要有一处出现纰漏，就会成为丁丁的“鬼门关”。

心脏手术本身就是风险很大的一种手术，对丁丁来说更是如此，一方面他年龄比较小，另一方面是病情比较重，畸形矫正以后的恢复对他也是一种考验。

终于，梁家立医生做完心内隧道，拆除体外循环管道，鲜红的血缓缓流入左心室，丁丁的心脏再次开始了跳动。这一次，跳动得是那么轻快，那么有力，而他的呼吸也开始变得平缓而悠长。

6个月后，丁丁到济南军区总医院复检，检查报告良好。

仿佛开了头就停不下来，好事一桩接着一桩，摆脱了心脏病困扰的丁丁又在山东大学附属第二医院做了唇腭裂的矫正手术。现在他不仅是一个健康的孩子，也是一个漂亮的孩子。而对于张桂芬来说，最大的喜悦还是在孩子重新睁开眼睛，口齿清楚地叫出“妈妈”的那一刻。因为无论贵、贱、贫、富、美、丑、康、病，母爱始终如一。

（宋前进）

变脸的烦恼

多年前，北京顺义的彩虹桥上，曾有一个名叫刘萌萌的女孩痛不欲生，想从桥上跳下去了此一生。因为一个漂亮女人出现在她和男友之间，使她非常自卑。萌萌于是听信“高科技”广告的宣传，做了两次整容——“纳米隆鼻”和“高分子双眼皮”，但结果如何呢？“纳米”和“高分子”能不能使她脱胎换骨？能不能帮她找回爱情呢？

1．痛心的回忆

刘萌萌：“我不想要这张脸了，要不就改好，要不我就毁了它。”

这里是北京顺义的彩虹桥，多年前，曾经有个女孩在此痛不欲生。

痛不欲生的刘萌萌

刘萌萌：“我那时绝对想过死，桥上的风吹着我的脸，我站在很高的位置看着下面，想着人一掉下去，就彻底完了。”

刘萌萌之所以这么想不开跑到大桥上面去，是因为两次失败的整容手术。可能谁也

萌萌两年前认识男友

想不到，这位刘萌萌做的整容手术，其实不过就是双眼皮和隆鼻手术。可就是这样的手术，也确实像噩梦一样，把她的生活弄得一团糟。

萌萌是一名高尔夫球教练。两年前，她在球场上认识了现在的男友，两人爱好相同，性格上互相欣赏，只是有一件事情一直让萌萌的内心非常不自在。

男友从来没夸过她漂亮

“我们在一起那么久了，他从来没夸过我漂亮。有时偶尔我们坐车出去玩，然后看见大街上有个漂亮女孩，他说，‘你看看人家，你看看人家！’他就是这么一个人。”

相处两年之后，爱情走到了边缘。萌萌痛苦地发现，另一个女人出现在他们的生活中。“他和那女孩靠得很近，女孩挽着他的胳膊，当时我看了特别气愤，但我当时很理智，没有冲上前质问他那女孩是谁。”

事后当萌萌婉转地责问男朋友时，男朋友的回答却让她非常难过。

男友说：“看你那小眼睛，低鼻梁，又这么胖。”

萌萌开始关注整形手术

男朋友的评价，深深地刺伤了萌萌的心。萌萌认为是长相不好让自己的爱情出现了危机，她为此感到深深的自卑。

“那个跟他在一起的女孩，人长得漂亮。为什么我就长成这样。我想变，当时心里面特别郁闷，自己的心火烧得挺旺，我觉得不整形就不行，不整形我就什么都干不下去。当时就是这种心态。”

2．高分子双眼皮？

在那种极度焦虑的心态下，萌萌在朋友的介绍下走进了一家美容院，开始了整形。

第一次做双眼皮是说5分钟就完成，于是萌萌就做了。做完了以后效果只有一点点，就一点点的双眼皮，看着有一道印，其实并不是双眼皮，只是一道纹印。萌萌很不满意。

双眼皮太浅让她不满意，之后做的隆鼻也因为垫进去的假体太小没让鼻梁变高。但是不管怎样手术做完了。萌萌满心欢喜地赶快去见她的男朋友，没想到男朋友居然没有看出来，而且依旧在和那个女孩来往。眼看男友对自己越来越冷淡，萌萌一天比一天心急。她想不通，难道让那么多人有了神奇变化的整形手术，就改变不了自己的命运吗？她在各种报刊的美容广告上寻找办法，终于一些看着很神奇的词汇——“高分子”“纳米”吸引了她。

美容院内景

刘萌萌并不知道纳米技术是怎么回事。“虽然听起来一头雾水，肯定是好的吧。纳米技术啊，前两年也特别流行，我

各种报刊杂志上的美容广告

想那肯定是绝对的高科技，包括高分子、微创，手术后几分钟你就可以出去，没有任何伤痛。”当时她就信了。

带着对高科技的景仰，也带着新的希望，按照广告上的指点，萌萌进行了第二次眼睛和鼻子的整形。本来以为高科技的整形会带给她一次又简单又能脱胎换骨的变化，但是，这第二次整形带来的却是一场灾难，鼻子歪了，眼睛坏了，萌萌连门也不敢出，最后和男朋友分了手。就是在那时，几近绝望的萌萌差点寻了短见。

萌萌说，她后来做的那两项手术，都是高科技的，一个是高分子的双眼皮，一个是纳米的隆鼻，可都失败了。萌萌被家人从大桥上救回来后，还是一直想不通。她不明白，在整形前，自己千挑万选选中的高科技的整形，为什么说失败就失败了。于是她找到了中央电视台的记者，想请记者帮忙搞清楚这里面的名堂。当记者见到萌萌时，萌萌还处于非常绝望的状态中，不希望让大家看到她那失败的面容。但是她非常想弄明白，自己的整形到底是什么地方出了问题。难道整形手术会有这么难做吗?

带着萌萌的问题，记者找到北京美容与整形修复援助中心的专家进行了咨询，想搞清楚这种高科技整形的原理。没想到专家告诉我们，萌萌所说的高分子双眼皮，在学术上根本就没有这么一说。

北京美容与整形修复援助中心主任医师陈继革表示，对于什么叫高分子整形技术自己都很迷茫。

北京美容与整形修复援助中心博士安波也介绍，在学术上是肯定没有这么说的，做双眼皮，就只有两种方法，一种埋线，一种切开。

这两位接受采访的专家，都是在正规医院多年从事医疗整形的医生，竟然也被这种高分子双眼皮搞得很迷茫。那么，这个高分子双眼皮到底是什么，萌萌当初接受了一次什么样的手术呢?

刘萌萌太期盼这个双眼皮了，所以不管是什么手术类型，只要双眼皮能变深、变大就好。

萌萌并不知道她的双眼皮手术到底是怎么做的，但是做完后，当时的效果确实明显多了，宽宽的双眼皮让人很远就能看见。可不久后，她的那个双眼皮就开始往外冒水。

刘萌萌：“我这个眼睛往外冒白水。当天我就去揩那个小皮，有块皮掉了以后，突然间出现了一个线头，然后一揪，揪出来一个大的黑线头。”

双眼皮上突然出来了一段线头，这让萌萌非常紧张，她并不知道这根线有什么作用，只是觉得不能让它就这样待着。

当时萌萌任何消毒工具都没有。可那时候实在是太怕了，要不就把它全弄出来，那眼睛不就完了吗？最后萌萌自己找了一把剪子，上边抹一下爸爸喝的白酒，就这么剪了一下，这一剪子不要紧，线断了。“断了以后，我就往前这么扶着它往前捋平那条线，就是自己弄的，就是前边有一点纹，后边全都平了，平上去了。后来又过了是三个礼拜，大概消肿了以后，这眼睛就实在是难看得没法看了。”

萌萌讲述的，就是她做的那个高分子双眼皮的经历。当记者把这段经历转述给医生后，医生分析，她所做的很像普通手术中的一种，就是一种叫作“埋线法”的双眼皮手术。可如果是普通手术怎么叫成了高分子双眼皮呢？它和高分子有什么关系呢？要调查这件事，就要先弄清所谓的高分子到底是什么。真正意义上的高分子科学研究可能是尖端的，但是，在我们的生活中，其实到处都是高分子的东西，比如棉花，比如橡胶，还有尼龙绳，还有用得最普遍的塑料袋等。很多人可能不知道，这些都是高分子材料。那么，在萌萌的手术中，有没有类似的东西在起作用呢？

在朋友的介绍下她走进了一家美容院

医生讲解了萌萌所做的双眼皮手术的基本原理，埋线法就是在上眼皮的皮肤中埋进一根手术线，针从皮肤出来后，再从

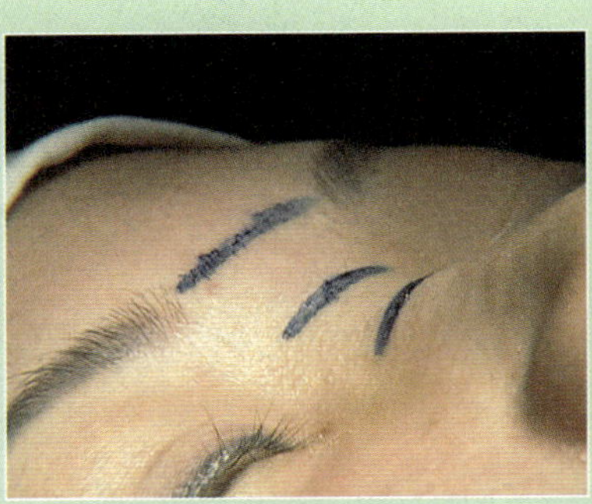

纳米隆鼻手术的感觉很难受

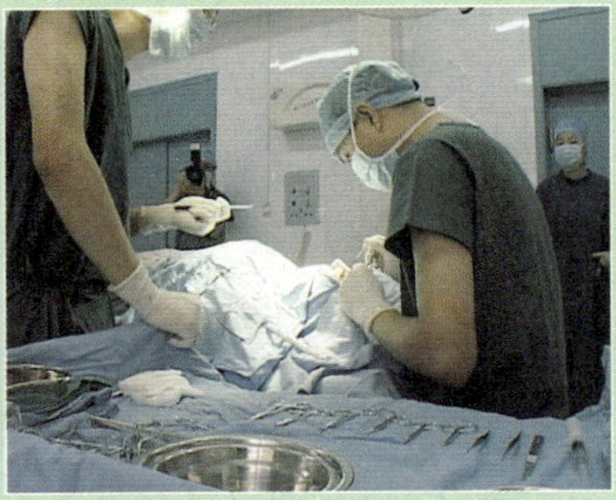

手术时鼻子剧烈地疼痛起来

鼻子越来越往左边歪

萌萌的整容手术再次失败了

同一个针眼进去，将皮肤和下面的脂肪连同一小点肌肉，在表皮之下缝在一起，就形成了人为的双眼皮。那么，在这个过程中有没有高分子的东西存在呢？医生告诉我们，那根埋在皮肤下的手术线是尼龙的，也就是可以说，它是高分子的。

陈继革说："这实际是一根缝线而已，就是我们刚才所说的埋线法重睑术，里面有根线，是一种尼龙线。"

原来，广告上宣称的所谓高分子的概念，不过是来自于一根手术线，因为一根手术线是尼龙制成的，就把这种手术叫作高分子双眼皮手术了。那么，既然广告中强调了高分子，是不是只有萌萌做的这种双眼皮手术是用的尼龙线，其他手术都不用这种线呢？

陈继革对此也做出了解释："现在做这种埋线法重睑术一般都是用尼龙线，而且都是比较细的尼龙线。"

这样看来，萌萌所做的双眼皮手术实际上就是一次常规的手术，广告不过是借着一根普通的手术线，加上一些高深莫测的名词来故弄玄虚。那么既然只是一次普通的手术，这次手术出现的问题是什么原因呢？专家们也进行了分析。

陈继革：“那可能是感染了，线结从埋针眼的地方就露出来了，就是埋的深度不够。”

安波：“一半脱落，一半没脱落。可能就有一半的双眼皮。”

陈继革：“还是技术的问题。”

现在，高分子双眼皮的调查结论出来了，按照医生的说法，萌萌的双眼皮不仅谈不上高科技，而且连手术的技术都成问题，所以造成了这个结局。高分子双眼皮的谜团解开了，那么萌萌做的另一项整形手术——纳米隆鼻，又是怎么一回事呢？尼龙线可能算不上高科技，可纳米总应该是高科技了吧？

3．纳米隆鼻？

在双眼皮手术做完之后，萌萌按照广告的指引还做了一次纳米隆鼻。萌萌说，本以为高科技的手术会很简单，可是这个纳米隆鼻当时做起来就很难受。

刘萌萌：“当时他弄我鼻子的时候，已经非常非常不舒服了，我说怎么这么疼啊，我身上直冒冷汗，疼得喊出声了。他说手术很快，当时我都恨不得起来了。我后背全是汗，特别疼。然后，他说很快，他拿着鼻子上的肉就剥离开了，剥离的部分很大。后来放进填充物以后，特别费劲，也不知道怎么他就老是放不好。完了以后，

形形色色的美容机构

当时他和我说了一句话，让我回家好好休息，去输液什么的。”

手术之前萌萌可没有料到，手术之后还要经历这么长时间的输液。

“我是整整输了一个礼拜的液呀，那个头孢曲松（菌必治）啊，花了好些药钱。”

输液时，萌萌就急切地盼着鼻子消肿。她想知道，这一次她的鼻子是不是够漂亮？可是，事情总不从人愿。

“天哪，消了肿以后，怎么看着越来越往左边歪呀。当时，我就给他打电话，问怎么回事，鼻子歪啦。美容院说了很不负责任的话：你的鼻子要有点歪呢，就用手自己捋捋，捋一捋，并一并，给它往直了并。”

安波博士对此并不认同：“你放歪了，你再去靠患者回去自己捋，那不太可能，不现实。”

果然，萌萌怎么捋也没有把鼻子捋正。而且，捋来捋去才发现，鼻子里的填充物竟是活动的。

“这块填充物可以动，都快顶出来啦，根本就没在骨头上面，就是在这层肉里面。”

安波：“从做手术的解剖层次上来讲，首先我们看到的是皮肤层，皮肤下面有腱膜、肌肉，再下面就是软骨或者骨头，填充物应该正好放在骨头的上面，骨膜的下面，这个位置它不怎么晃动，你要放在皮肤和浅筋膜之间的话它可能就晃动了，就是放浅了。”

整容手术就像噩梦一场

广告上宣称的是高科技的手术，做完后鼻子不仅晃，怎么还是歪的呢？专家说，隆鼻手术如果技术不好，就很可能做歪。

安波：“把这个假体雕平衡了，做出的鼻梁才会正，那个假体都没雕正，那你放进去就不可能正。也可能美容院打的腔道没有打正。如果打得偏向一侧，偏向放入鼻子中，即使假体可能雕正了，打的腔道不一样，就有可能歪。”

医生讲的都是隆鼻操作过程中的情况，不了解手术就不容易听懂。这时候正好萌萌要在一家正规医院进行鼻子和眼睛的修复手术，为了弄清楚这个问题，征得同意后，记者走进手术室记录了隆鼻手术的全过程。

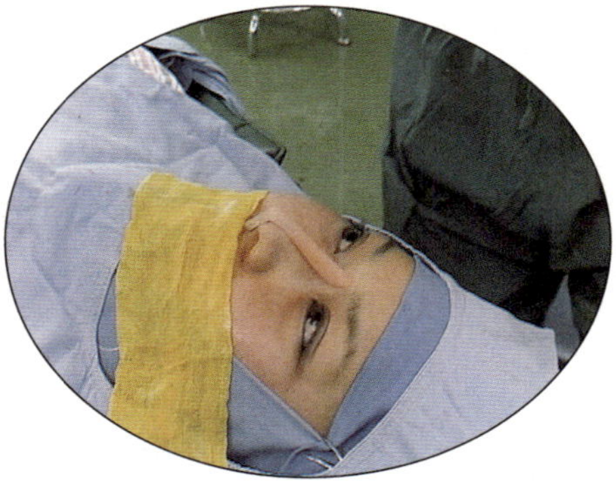

即将重新垫高鼻子的萌萌

医生在消毒后，并没有马上开始手术，而是精心地雕刻着一个东西，这就是即将垫进萌萌鼻子里边去的那个假体。花了近半个小时时间，这项工作才完成。医生介绍说，这个过程要很精心，除了要雕刻出合适的形状，首先要保证的就是假体的对称，否则，鼻子就会变歪。

不仅假体雕刻不好会使鼻子变歪，还有一个更重要的环节，就是给这个假体做一条腔道，也就是开辟一个放置的空间，腔道打歪也会使鼻子变歪。

腔道打成后，把假体放入腔道的过程中也还可能出现问题，医生说，如果腔道小而假体大，放置后一样会被顶歪。

据医生判断，萌萌当初所做的隆鼻，一定是美容师的技术不合格，才在刚才说的这几个环节中出了问题，这其实跟纳米不纳米没有关系。不过，萌萌一直想知道，使她的鼻子变歪的那次手术，到底是不是纳米的手术。

要探讨这个问题，还是先来说说纳米是什么。其实纳米就是一个长度单位，它就像我们常说的米、厘米、毫米一样，只是它比毫米还要小很多而已。科学家发现，当物质只有以纳米为度量那么小的时候，它会出现一些平常不具有的特殊功能，比如说它就不沾水了，或者变得能导电了等，这确实是一种全新的技术。可是这种技术在隆鼻手术中是怎么应用的呢？当记者请教专家时，没想到专家的答案依然还是学术上没有这么一说。

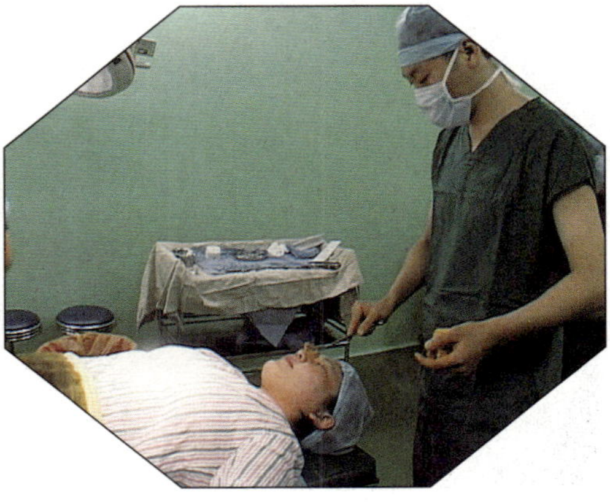

给假体做一条腔道

陈继革：“这个纳米隆鼻在医学界，就我们的学识来讲，还没有出现，我们不太懂这个，根本没听说过，应该是没有的。”

广告遍地都是，每个都赫然醒目，怎么会依然是一个学术上没有的概念呢？

看一下隆鼻手术的过程，每次手术都要往鼻子里填充一个假体，会不会广告上说的纳米就是指这个呢？在研究广告时，记者看到了一个和纳米紧挨着的名词——膨体。

陈继革介绍：“膨体是一种材料，这种材料可以用于心脏外科手术，就是说，比如说间隔缺损那一类的一种补片。它的组织相容性比较好，就是说有很多微孔可以长进毛细血管。”

这个膨体是不是就是那个“纳米”呢？专家介绍说，用膨体修补心脏已经五六年了，它并不是纳米材料，人们平常用的保鲜膜就是这种材料的。而且就

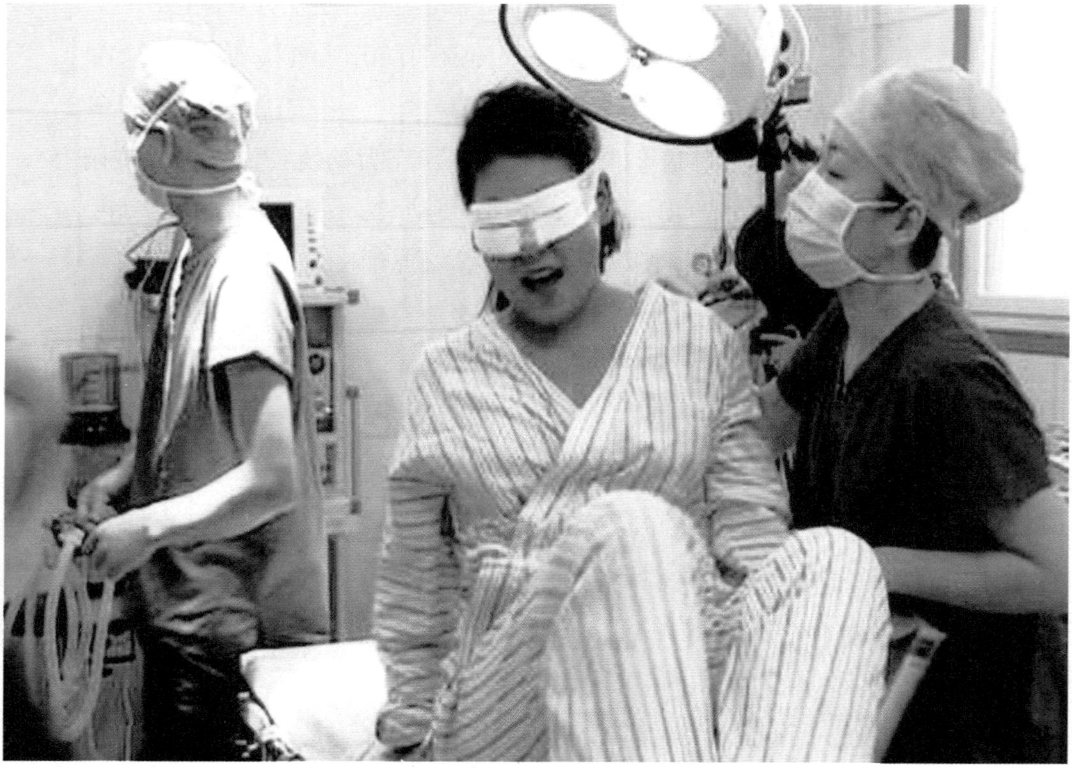

从手术台上下来

算是这种材料，用在隆鼻上也还是处在研究阶段，不会在一般的小美容院里使用。

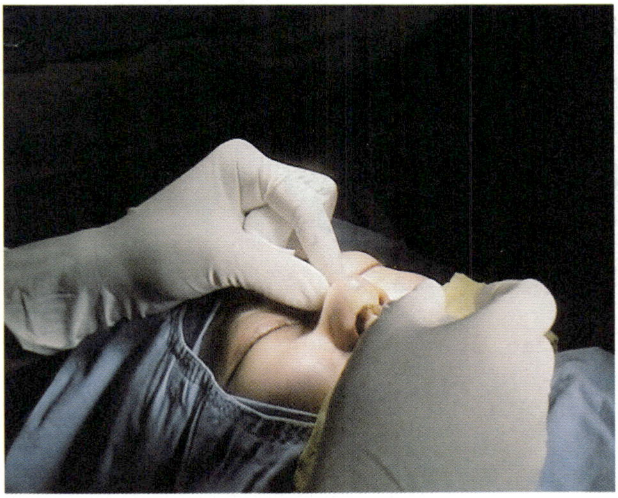

将假体置入鼻腔

从萌萌隆鼻一系列的情况看，医生断定，她所做的隆鼻手术，竟然和双眼皮手术一样，都不过是一次被别有用心地安上了一个高科技名称的常规手术，而且都是由技术不过关的美容师做的，所以都失败了，萌萌听说了这个结论后非常难过。

刘萌萌这才认识到，在整形方面自己懂的知识太少了。

经过了正规整形医院的修复手术和心理专家的辅导，现在的萌萌已经摆脱了整形失败的阴影，也敢于面对镜头了。她，正向着自己的职业目标努力。“一步一步来嘛，就是职业球员，也要慢慢地去发展”，萌萌现在的目标就是考职业球员。

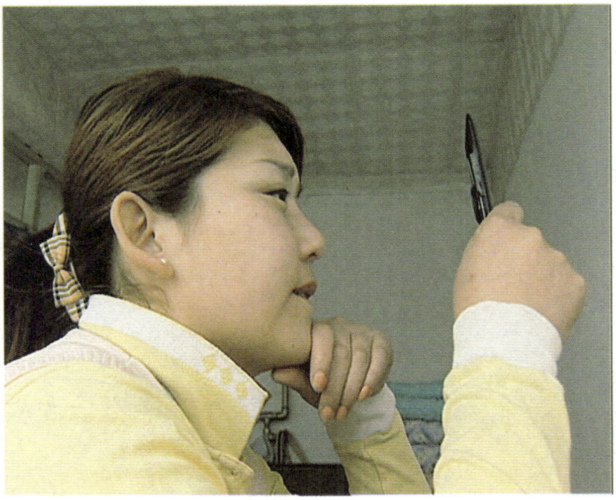

萌萌听说了医生结论后非常难过

在采访的最后，萌萌想要转告大家，要从她的经历中吸取教训。想做整形的话，一定要弄明白整个手术的道理，去正规的整形医院做。千万不要听信那些虚假

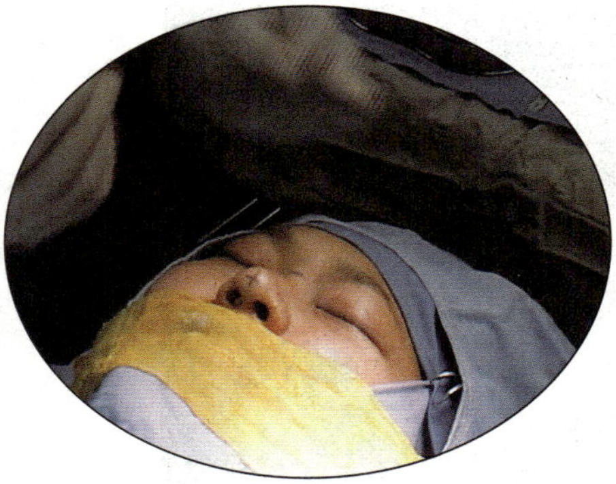

把假体放入腔道的过程中也还可能出现问题

的宣传，以为那就是高科技，就去那些没有资格做手术的小美容院乱来，那样的话会给自己带来很多的烦恼。

（李苏）

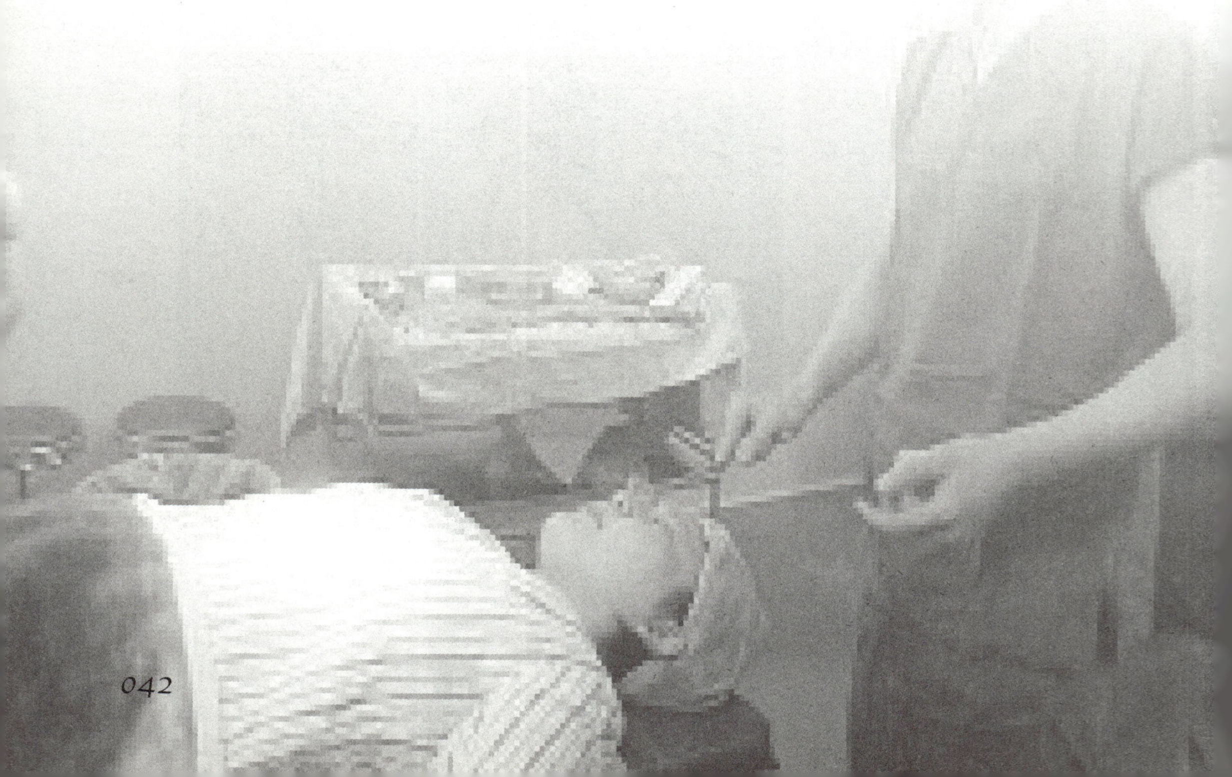

爱的延续

51 岁的高龄产妇，将要产下双胞胎，
而多种疾病正在危及母亲和孩子的生命，
高龄产妇能否渡过难关？

1. 51 岁怀上双胞胎

辽宁省抚顺市是雷锋同志曾经工作和战斗过的地方，有一座建筑物就是以雷锋的名字命名的——雷锋体育场。但就在这个体育场旁边的浑河水里，很多年前，曾经发生过一件至今让人难以忘怀的事情。一个年仅 19 岁的大学生李峰，为了抢救一个失足落水的女孩，不幸献出了自己宝贵的生命。

应该说，19 岁对任何人来说都是如花一般的年华，但是 19 岁的李峰就这样永远地离开了人世，他的去世让家人沉浸在了无尽的痛苦之中。

《爱的延续》片头

那年 5 月 9 日，辽宁省沈阳市中国医大

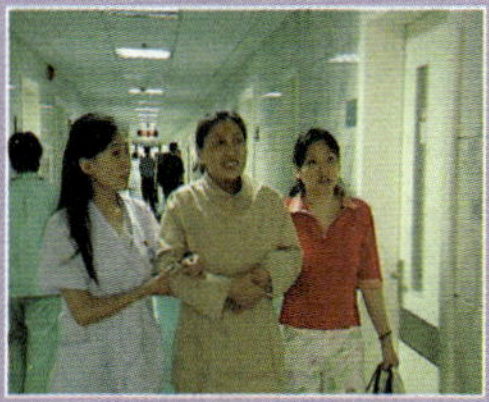
高龄产妇吕凤琴

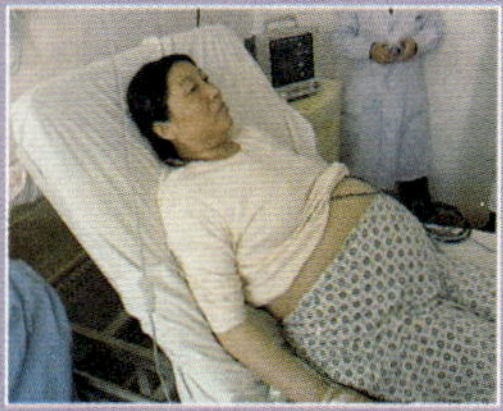
经检查医生发现她的病情非常严重

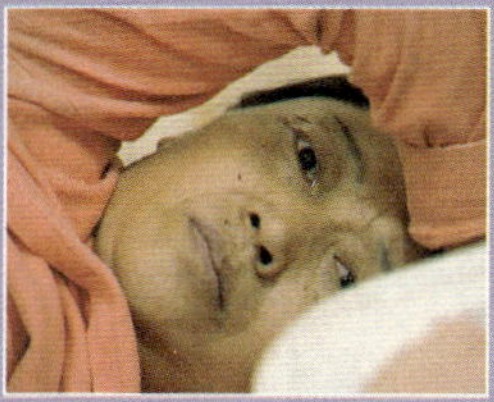
坚持冒险的吕凤琴

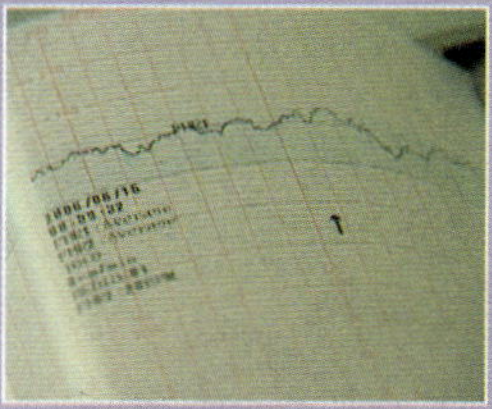
产妇接受心电、超声等检查

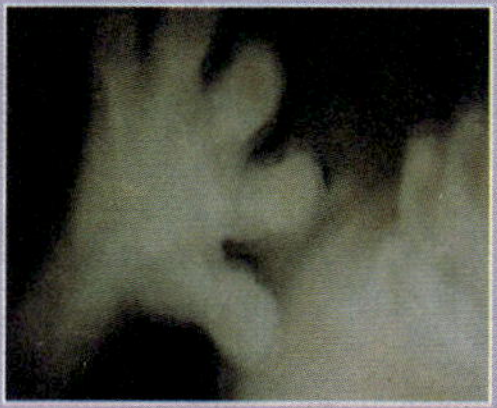
患者是双胎妊娠

盛京医院妇产科来了一位特殊的患者。

刘彩霞医生当时正在出专家门诊，孕妇名叫吕凤琴，来自辽宁抚顺。在检查的过程中，医生发现她的病情非常严重。

刘医生很清楚地记得当时的情景：“孕妇已是51岁，而且说她最近有将近1个月不能平卧，在家睡不了觉，呼吸困难，血压还高。所以当时给我的第一个印象是，这个孕妇是非常高危的。我进一步询问了一下病史，孕妇说她还是双胎妊娠，现在已经是33周了。”

51岁的吕凤琴需要进行超声心电图、血液等多项检查，可由于双胞胎造成的沉重负担以及引发的呼吸困难，不堪重负的她，甚至连做检查的力气都没有了。

面对这样一个高危的产妇，医院当时的处理就是开通了一切绿色通道，因为这样的孕妇要是在门诊进行一系列的检查，例如做B超、做超声心电图、做胎心监护等等，体力的大量消耗可能导致病情进一步加重。

为了争取治疗时间，最大限度地节省患者的体力，医院专门安排两个年轻医生全程陪同吕凤琴前去检查，原本需要大半天功夫才能完成的各项检查，不到两小时就完成了。

检查结果显示，孕妇不仅51岁高龄还是双胎妊娠，并患有风湿性心脏病，伴有妊娠高血压综合征，浮肿、尿蛋白。所有的这些高危因素对于她们母子都是非常危险的。

面对这样一个患者，人们不禁要问，她这么大年龄为什么还要拼死拼活生孩子，难道她不知道其中的危险吗?

吕凤琴想得很简单：“我想现在医学这么发达，一般情况下不会出事。女性生孩子是天性，我没想太多，我想反正肯定要遭点罪。”

莫非是她低估了高龄怀孕生产的难度，才做出了这样的决定？

其实，当初怀孕的时候，当地医生就跟吕凤琴讲了，说这个妊娠可能坚持不到5个月，肯定不行。

盛京医院产科总住院医生刘川认为：一个50多岁的孕妇，就像一部机器，到50多岁各个零件、各个器官都已经老化了，何况还有风湿性心脏病的病史，再加上怀孕，对她的身体来说应该是不堪重负的。

2．令人落泪的缘由

既然这么危险，51岁的吕凤琴为什么要铤而走险，以生命为代价换取腹中小生命的出世呢？医护人员在给吕凤琴治疗的过程中，意外地了解到了这其中的原因。

原来她曾经有一个幸福美满的家庭，这个家庭却因为一场意外而被拆散了。那时，吕凤琴有一个19岁的儿子叫李峰，当时正在大学读书，在学校还是一名优秀的学生干部。3月28日，他在抚顺市雷锋体育场旁边的浑河边，为了救一名落水的女孩儿献出了自己年轻的生命。

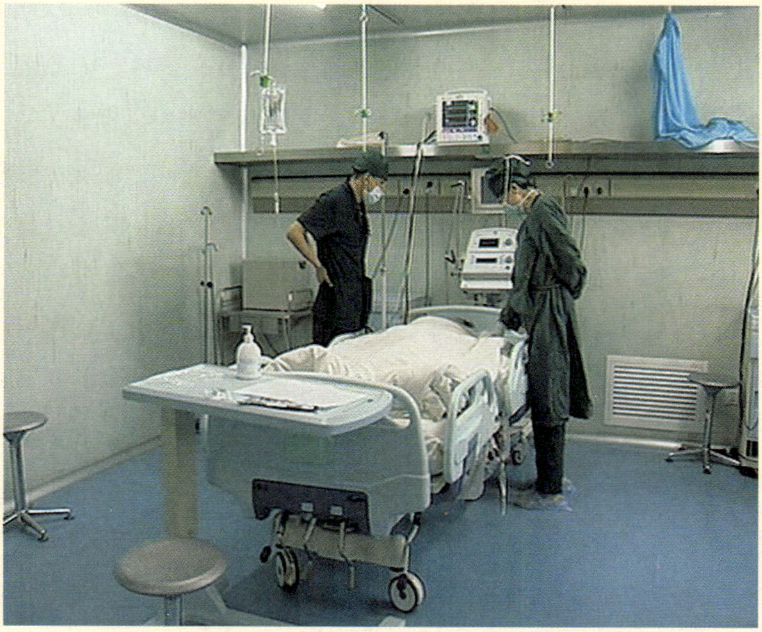
医生和护士们都格外关照这个特殊的病人

吕凤琴无法接受儿子的离去，对

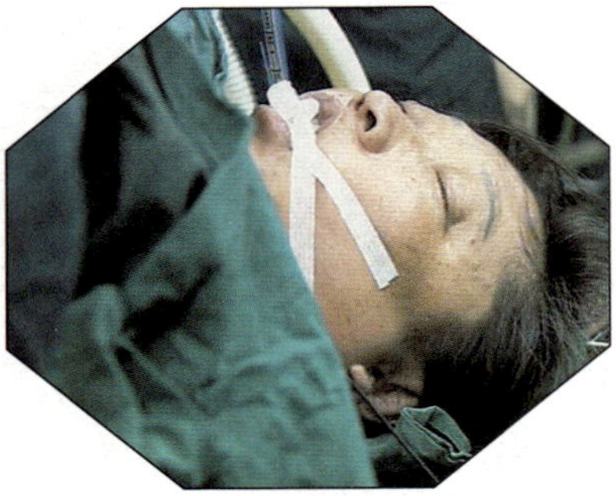

吕凤琴被送进重症监护室

儿子的思念，成了吕凤琴迈不过的一道坎。

吕凤琴觉得家庭没有孩子不是一个完整的家。“我和我爱人感情非常好，我觉得没有孩子是愧对于他。我觉得没有孩子的话，我们俩一到过年过节挺悲伤的。”

上天会眷顾这个可怜的母亲，让她如愿以偿吗？

根据现代医学的观点，年轻女性 20 ~ 30 岁是最佳的生育年龄。因为这个时候，无论是身体条件还是心理素质都是达到了一个很高的峰值，非常适合怀孕生子，这样，一来能够保证宝宝的身体非常健康，二来母亲的身体也能得到迅速地恢复。

高龄产妇也就是指年龄在 30 岁以上的产妇。她们怀孕要经历很多很多的困难。第一，在怀孕期间可能会面对种种并发症；第二，可能孩子的身体状况要受到一定的影响。据统计资料显示，在高龄产妇所生的孩子当中，患有先天愚型这种非常可怕的疾病的比例也要比年轻的产妇高。另外就是高龄产妇自己的身体也并不容易恢复，所以医生并不建议高龄产妇怀孕生子。可是现在出于种种原因，高龄产妇生子这种现象还是比较普遍，然而像吕凤琴 51 岁还要怀孕生子，这样的事情是很少见的。不过人们也可以理解，经过了白发人送黑发人的中年丧子之痛，她急需有一个孩子来弥补自己心灵上的创伤。所以，在李峰走后不久，吕凤琴还怀孕过一次，不过那次孩子两个月就流产了。现在吕凤琴 51 岁了还决定生孩子，她要面对太多的困难了。

在医生的安排下，吕凤琴很快住院了。但高血压、心脏病随时都可能夺去她和孩子的生命。

吕凤琴永远忘不了那段日子：“精神也不好，下半夜睡觉非常困难，翻身也翻不动，一翻身觉得浑身都不舒服。”

刘川提起当时的情形更是心有余悸：“入院之后，她的病情实际是在往不好的方向发展的，最开始她是半卧位姿势还可以，然后晚上还能睡上三四个小时，到第二天好像就只能睡一两个小时了，而且有的时候半夜就得坐起来。”

休息不好越发加重了她心脏的负担，对这个特殊的患者，医生和护士们都格外关照。

贾显静（护士长）：“我正好去查房，她说护士长，我怎么突然感觉有点呼吸困难，有点头晕。我就立即通知医生赶紧给她进行血压脉搏监测，给患者半卧位紧急吸氧半个小时以后，症状就缓解了。在她住院过程中，类似的情况发生了好多次。”

看到吕凤琴情况越来越严重，产科、新生儿科、循环内科等各科专家立即会诊，希望能够尽快拿出有效方案。

护士也赶紧为吕凤琴做胎心监护，正常胎儿的心率应该在 120 ~ 160 次 / 分，伴随着母亲心率的变化，胎儿的心率也会随之加快，在 20 分钟的胎心监护过程中应该有 2 ~ 3 次的胎动，而吕凤琴肚子里的孩子却没有什么变化，莫非肚子里的孩子发生了什么不测？

在 32 ~ 34 周之间是心脏负荷最重的时候，要是经过抗心力衰竭的治疗病情能有好转的话，医院还是希望让孩子尽量孕足月。但是经过抗心衰的治疗，吕凤琴的病情并没有好转，而是进一步加重了。这种情况如果再继续妊娠的话，很有可能胎死宫内。

如果这时候不果断中止吕凤琴的妊娠，母子都会有生命危险，到底是保大人，还是保孩子？如果提前终止妊娠，让孩子在没受到母亲病情影响之前提前出世，会不会让她们转危为安？

吕凤琴的爱人李玉铭心里其实也没有底，这个年龄生的孩子，孩子能不能健康？大人有没有危险？

经过仔细会诊，专家们决定立即对吕凤琴实施剖宫产手术，可是没想到，吕凤琴却死活也不同意。

吕凤琴：“那一天是阴历 14 日，孩子生下来还是 14 日，我就讨厌这日子，我就坚持不做，

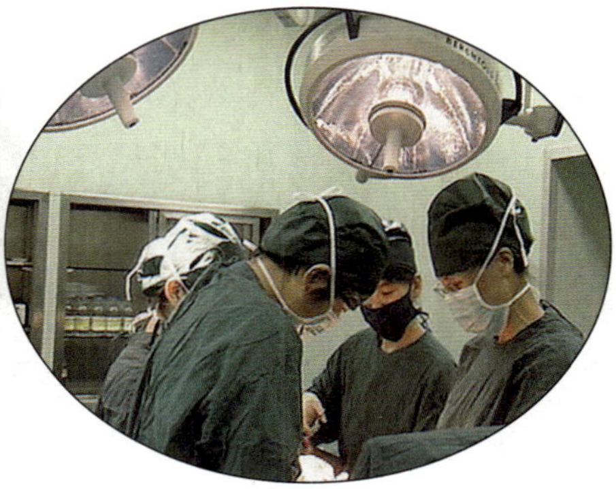

手术小组开始进行剖宫产

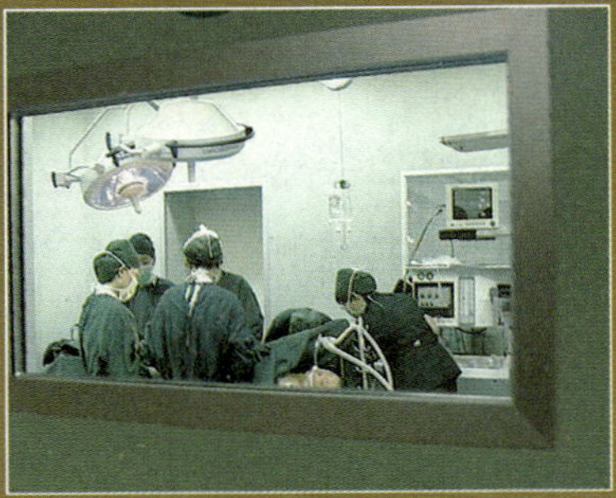

限定在5分钟之内完成的手术

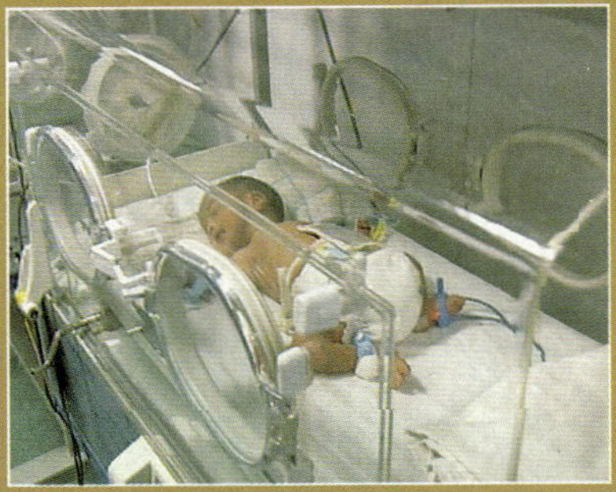

婴儿被送进重症监护室

还得挺一天，我说实在不行再说。”

李玉铭：“这一切有个原因，5 月 11 日阴历是 14 日，我原来孩子牺牲时候就是阴历 14 日，就忌讳这事，就一直往后推迟，想赶在 12 日做手术。当时我心里挺矛盾，我就做我爱人工作，耽误一天增加一天危险。”

而医生们所能做到的，当然就是想尽力地帮助她顺利度过妊娠分娩的这个过程。

手术拖延一天，对胎儿就意味着更大的风险，这也是所有的人都不愿看到的。有没有这么一种可能，在不危及孩子生命的情况下，手术推迟一天呢？医生们处在两难之中。

吕凤琴不愿意在李峰，也就是她死去儿子的忌日那天做手术，从感情上任何一个人都觉得可以理解。但是这可给医生们出了一个难题。母子平安，是既要保证产妇的安全又要保证孩子的安全，可是现在因为这个想法，孩子要被迫在母亲的肚子里再多待一天，在这种情况下，可能就会带来非常大的危险，可能会造成很可怕的后果。

十月怀胎一朝分娩，37 周的时候，孩子一切发育正常，就可以来到这个人世间了，有两个办法，一个是自然分娩，一个是剖宫产。但是现在，因为种种原因，吕凤琴不得不终止妊娠，孩子还没有到足月，不足月的孩子是不可能自然分娩的，所以只能采取剖宫产。可是现在吕凤琴是名 51 岁的高龄产妇，还患有多种疾病，孩子又不足月，各个身体器官可能都没有发育好，在这种情况之下，两个孩子来到人世间，能否存活下去呢？

人的精子和卵子结合之后，受精卵大约要经过 5 周的时间，才能在子宫中安家，7 周左右，胎儿的骨骼开始出现，到了 12 周，嘴、眼睛、各个脏器分裂完成，大脑开始发育。18 周的时候，母亲第一次能够感觉到胎动。28 周，脑的发育基本完成，但是，胎儿肺部发育还不成熟。如果这个时候胎儿早产，很容易引起新生儿窒息，造成死亡。因此，28 周之后，胎儿主要是在完善肺部功能。直到 35 周以后，胎儿的肺功能和其他各器官的功能发育才能基本完善。而对于刚刚怀孕 33 周的吕凤琴来说，她的孩子肺部的功能是否已经发育完全呢？

刘彩霞医生介绍：“为了预防这种情况，我们一般在预测这个患者要出现早产的情况下，就早早地用一些糖皮质激素促进胎儿的肺成熟，就在吕凤琴入院以后马上就用了。”

正当手术紧锣密鼓地准备时，吕凤琴心脏功能却出现了衰竭的迹象，她的呼吸越来越困难，医生赶紧把吕凤琴送进了重症监护室。

这种心力衰竭的患者，随时都可能出现心跳骤停，特别是剖宫产孩子取出来以后，患者可能瞬间出现濒死的状况。

专家组马上做了手术安排，对于吕凤琴这样一个同时有心脏病、呼吸困难的危重患者来说，选择麻醉的手段也是非常关键的，一旦选择不当，患者的一点点反应都可能危及母子的生命。

考虑到局部麻醉硬膜外麻醉都是在清醒状态下来做这个手术，而清醒可能造成患者精神的负担，精神一紧张，心脏负担就会加重，患者可能会因为精神紧张导致心力衰竭加重，进而危及她的生命，医院最后选择全麻。

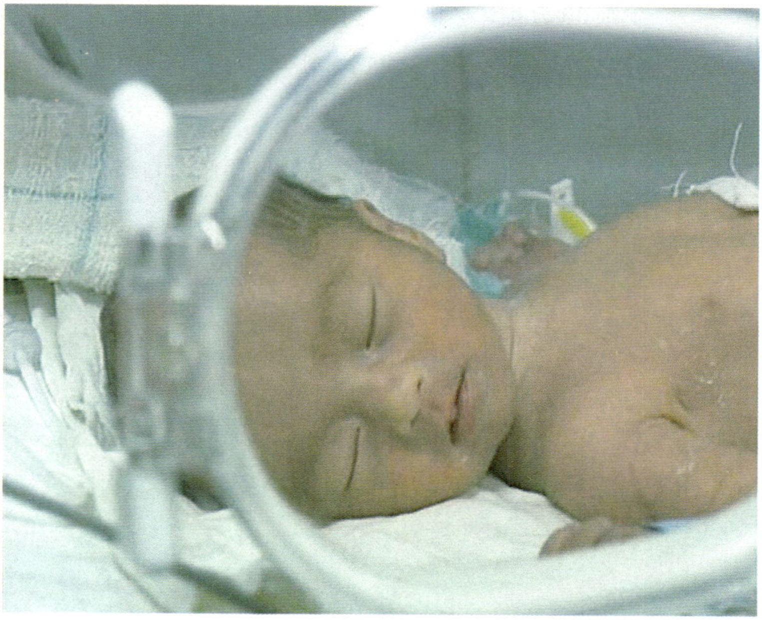

给婴儿上了呼吸器

躺在重症监护室内的吕凤琴并不知道，全身麻醉对她这样患有多种疾病的高龄母亲，对她腹中的两个孩子意味着什么。

刘彩霞介绍："全麻，又给我们产科提出来一个难题，那就是这两个孩子必须要尽快地出来，如果超过 5 分钟，进入母体血液循环的麻醉药就可能通过母体循环进入到胎儿循环当中去，这样新生儿就可能出现呼吸抑制。"

3. 5 分钟内完成的剖宫产

5 月 12 日早 8 点。产科医生正全力抢救 51 岁的吕凤琴和她即将早产的两个孩子。

要给一个怀有两个孩子的母亲进行剖宫产，但是时间只限定在 5 分钟之内，这听起来让人觉得太不可思议了。一般的情况之下，给患者麻醉，然后开刀，找到孩子，把孩子取出来，然后再进行缝合、手术后的清理处理等等整个过程少则 30 分钟，多则 40 分钟，甚至会达到 1 个小时，但是现在却被限定在了 5 分钟之内。这可能完成吗？她们母子能否平安？可以说吕凤琴和她肚子里的两个孩子是命悬一线。

从麻药在吕凤琴的身体开始发挥作用的那一刻起，就开始了手术的倒计时。儿科专家和循环内科专家在一旁保驾，刘彩霞和她的手术小组与麻药的赛跑开始了。

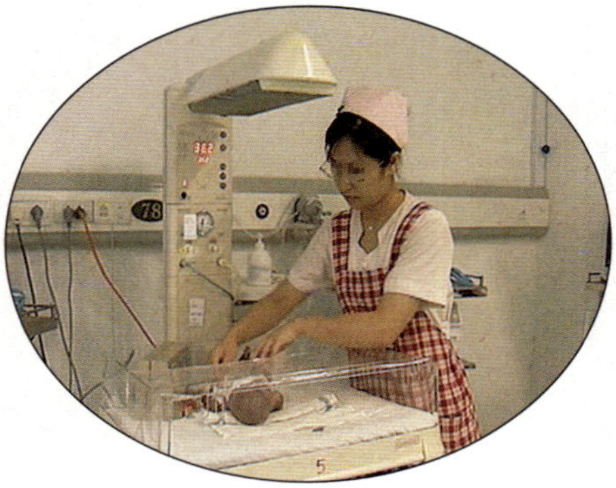

婴儿的肺叶吸收很快转好了

李玉铭在手术室外同样揪着一颗心："从我爱人进手术室以后，我在手术室门前等待时的焦虑是没法用语言表达的，就是心总揪着的，担心孩子怎么样，大人怎么样，手术结果怎么样，有没有危险。我就总在手术门前来回走动。"

大家都知道，产科医生是一个经常面对高风险的职业，而此时，医生们面临的是两条小生命，早1分钟还是晚1分钟，孩子将来的命运可能就不同。

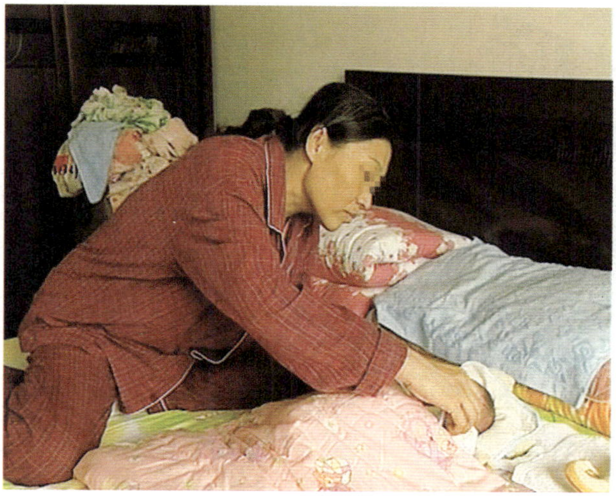

吕凤琴和她的两个孩子回到了抚顺的家

终于，吕凤琴生下了一对孪生姐妹，大女儿是1 900克，二女儿是1 700克。妹妹好像状况不太好，为了防止意外发生，医生立刻把她送到婴儿重症监护室。

而吕凤琴缝合好伤口之后，也被推进了重症监护病房，由于还没有苏醒过来，她不能像其他产妇那样立即体会做母亲的快乐。事实上，现在患者还没有完全脱离危险，因为心脏病引发心衰，目前血气还不正常，所以要进重症监护室（ICU）进行观察和治疗。

在新生婴儿的重症监护室接受治疗的孩子都是因为各种原因早产的孩子，吕凤琴的爱人老李获准进入婴儿特护病房探视自己未曾谋面却盼望已久的两个女儿。

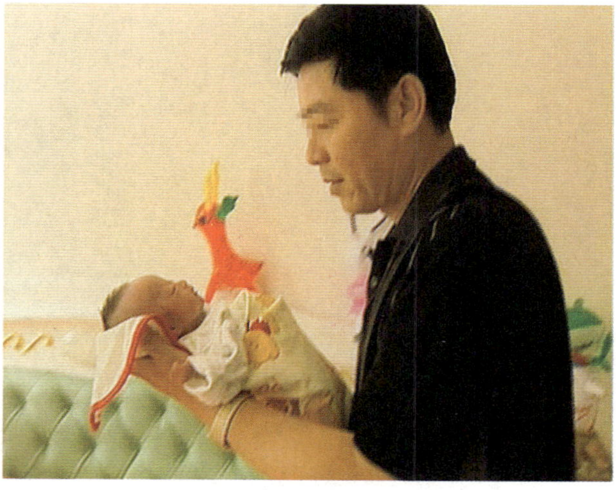

父亲幸福地抱着婴儿

这两个孩子从体重上来讲还是比较轻，都是1 800克左右，而且小的孩子出生以后有呼吸衰竭的表现，状态相对来说比较差，所以医生很快就给她上呼吸器了。

在医生和护士的精心照料下，两个孩子的状况很快有了好转。

小妹妹经过呼吸器的治

幸福快乐的一家人

疗，在不到 24 小时里，肺叶吸收就调整到了非常好的状态，很快撤离了呼吸器。

6 月 14 日，吕凤琴和她的两个孩子回到了抚顺的家。51 岁再次做了母亲的吕凤琴比任何时候都幸福快乐。

现在，这两个孩子都非常健康，两个人的性格不太一样，老大真的就像普普通通的女孩一样，非常安静，而老二就特别活泼好动，吕凤琴这个伟大的母亲身体也非常好。让我们祝愿这一家人今后都能幸幸福福、平平安安的，这样也可以告慰英雄的在天之灵了。

（吕学谦）

190 天的奇迹

冬奥会比赛在即，奖牌近在咫尺。而此时世锦赛的冠军得主，双人滑大奖赛总决赛冠军赵宏博却突然跟腱断裂。

他能参加比赛吗？他还能向奖牌发起最后的冲击吗？

1. 备战奥运前跟腱断裂

在都灵冬奥会花样滑冰双人滑比赛中，我国选手申雪、赵宏博终于登台亮相了。赵宏博成功完成了后外点冰三周跳，人们悬着的一颗心终于落了地。赛前许多媒体评论赵宏博能参加本届冬奥会就是奇迹了，可赵宏博不仅参加了，而且还以总分 186.91 分的成绩再次摘得冬奥会双人滑铜牌。这是奇迹中的奇迹。那么赵宏博究竟发生了什么？为什么人们对赵宏博如此关注？

申雪(右)、赵宏博(左)，在都灵冬奥会花样滑冰双人滑比赛中

8 月初的一天，为了备战都灵冬奥会，中国花样滑冰队开始封闭训练。下午两点多，赵宏博在做后外点冰三周连跳的第一个三周

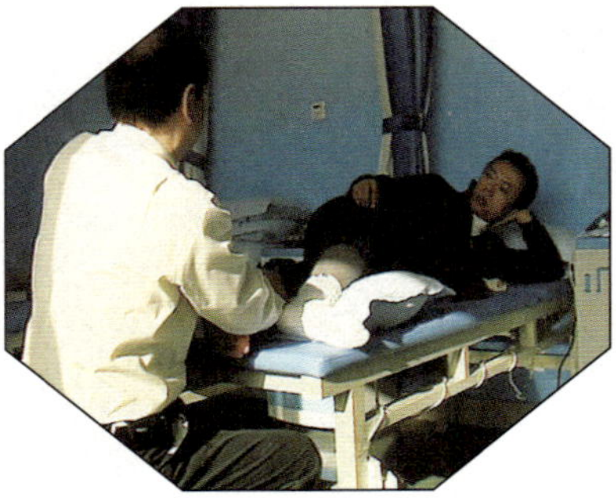

医生在为赵宏博诊断

时，发力之后突然感觉异常，落地也不稳，随后他就觉得左脚跟钻心的疼。北京第三医院专家确诊赵宏博为左腿跟腱断裂，并为他做了跟腱缝合手术。

跟腱位于脚的后跟上，是人体最强有力的肌腱之一。它与大腿和小腿肌肉的肌腱联合而成，人的行走、跑、跳就是倚仗着这条强有力的肌腱才能完成。肌肉是人体活动的动力，肌腱就好比动力传输线。如果用力过猛，跟腱就容易被肌肉拉断。跟腱完全断裂，人就会寸步难行。一般跟腱断裂手术缝合后需要3个月才能做一些简单的恢复性动作，要进行有一定强度的训练则需要6个月后。而此时距都灵冬奥会开幕只有6个多月，如果按照一般的康复进度，赵宏博参加冬奥会就会像媒体评论的那样——除非产生奇迹。

作为一名33岁的老将，都灵冬奥会是他和申雪实现梦想的最近舞台，也许是这对黄金搭档最后一次在冰上体验飞旋的灵动与震撼，所以这次的比赛他们格外期待。为了让赵宏博早日康复，国家体育总局冬季项目管理中心决定，邀请国内外专家为赵宏博制订出一个行之有效的康复方案，让他早日重返训练场，参加冬奥会。然而此时距都灵冬奥会比赛仅有190天了，190天对于一个普通的跟腱断裂患者来说完全康复不算奇迹，而对于赵宏博，一个要在冰上做高难度动作的运动员，一个要在奥运会上向金牌冲击的运动员，190天，能创造奇迹吗?

都灵冬奥会近在咫尺，各国运动员都在积极备战，而赵宏博的腿上却打着石膏，根本无法行动。

北京德尔康尼骨科医院康复中心被指定为康复医院，负责赵宏博比赛前的康复工作。这是一家专注于骨科疾病预防、治疗与康复领域的国际化专科医院，作为世界卫生组织指导委员会、国际运动医学联合会在中国的教育培训中心，拥有众多国内外医学专家。来自香港的康复专家李志端博士，毕业于英国巴斯德学院，在澳大利亚获得博士学位，专门研究膝关节及韧带的运动康复。

李志端："医生给他做一个手术，希望他缝合好。但缝好的时候，因为伤口是新缝合的，不能马上将这个腿就放到一个拉长的位置，所以一般用打石膏来做一些固定。一般来讲，这个程序大概需要6周的时间，在这6周里完全不能让肌腱移动。"

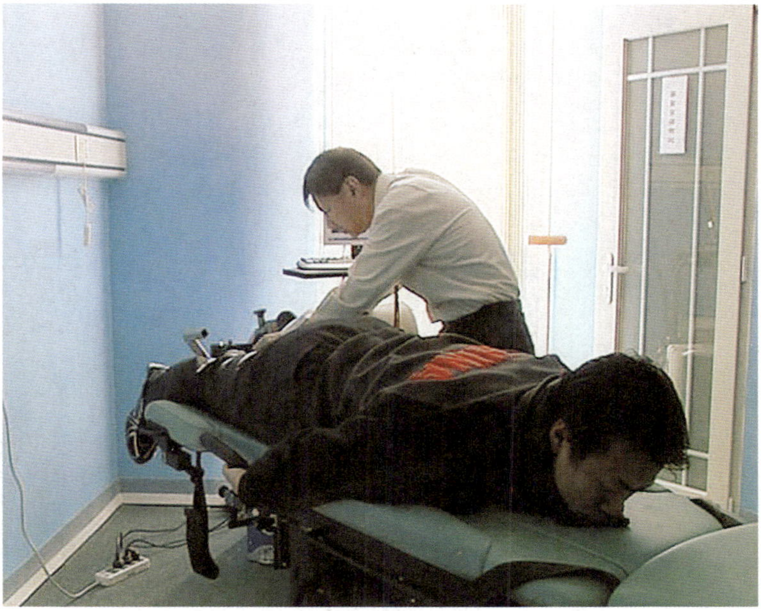

专家确诊赵宏博为左腿跟腱断裂

时间紧迫，手术后3周赵宏博就开始恢复体能训练。下肢不能动赵宏博就练上肢，左腿不能练就练右腿。

赵宏博："以前我是练力量练得比较少的，因为我觉得腰还有上肢力量够了。所以说教练叫我练力量的时候，我会觉得能少做一点就少做一点，结果我的脚受伤了之后，把前几年少做的力量全补回来了，因为只可以做这些动作。到最后教练阻止我了，说不要再练了，他说你会向健美运动员发展的。"

然而这种训练方法却间接影响了赵宏博左腿的康复。

李志端博士："当我们拆线的时候，我们首先遇见的就是小腿的肌肉萎缩，踝关节比较僵硬，而且这个肌腱很容易就牵拉了，

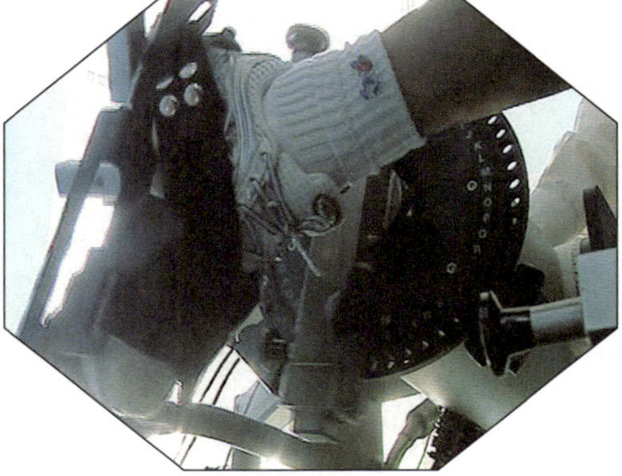

断裂跟腱经手术缝合

赵宏博与申雪是一对冰上搭档

看起来是比较短的。除了这三个主要的情况之外，还有整条受伤的腿萎缩得这样厉害，这是我们第一个遇到的问题。”

如果要防止肌肉萎缩，赵宏博左腿就要进行力量训练。而跟腱断裂正是由于用力过大造成的，那么此时赵宏博左腿受力应如何把握呢？

李志端博士采取了渐进的方式：“因为做手术将肌腱拉短一点了，我们就又将它慢慢地拉长。开始的时候每增加五度看他的反应，大概一两周的时间，如果没有不良的反应我们再增加五度。”

3 个多月过去了。赵宏博跟腱基本初愈。但对于跟腱断裂的人来说初愈不等于痊愈，一旦受力过大不仅会延长痊愈时间，而且很可能会二次受伤，作为冰上王子，赵宏博已经 100 天没有在冰上训练了，这不免让他心焦。

赵宏博：“现在对我来说时间是很紧迫的，所以说有非常难受的感觉，这种心情还是非常着急的。”

然而就在这时，一件意想不到的事情又发生了。

2．冰上之梦

就在主教练姚滨带领其他队员到法国比赛的时候，赵宏博瞒着康复专家偷偷地上冰场了。作为一个冰上舞者，不仅要有良好的力量、技巧性和协调性，还要有极佳的冰上感觉。俗话说台上 1 分钟，台下 10 年功。赵宏博争分夺秒与久违的冰场再次亲密接触。

可他这样是违规的。当康复专家和队医在冰场上发现赵宏博时马上制止了他。接着又有人给姚教练打了越洋电话向他汇报了这件事。姚教练在电话那头大声吼道，快把他用担架抬下来，抬不下来他，你们就准备担

赵宏博开始了恢复体能训练

架来法国抬我吧！这虽然是插科打诨的一个笑谈，却也真切地反映出姚教练浓浓的关怀和急切的心情。是啊，190天已经过半，冬奥会迫在眉睫，赵宏博还未上冰场，姚教练怎能不急。

多少年来，中国花样滑冰经历了无数次失败，如今正在逆境中一步一步向世界冠军迈进。

姚滨，中国花样滑冰队主教练，我国第一代双人滑运动员，曾5次获得全国双人滑冠军。1980年姚滨第一次代表中国参加世界花样滑冰锦标赛时，他尝到的全部是失败的痛苦滋味。

“我一到那个场地以后，同场一训练，当时自尊心简直都没有了，我说怎么能跟人比呀。动作差太多，连我自己都脸红。”

比赛结束后，28对选手中姚滨排在了最后一名，1984年姚滨退役后担任了双人滑教练。他把希望寄托在下一代运动员身上。

申雪，1978年出生，7岁练习滑冰，15岁与赵宏博搭档练习双人滑。

赵宏博，1973年出生，7岁练习滑冰。

1992年姚滨开始指导申雪和赵宏博的双人滑。4年后，申雪、赵宏博第一次代表中国队参加世界花样滑冰双人滑锦标赛时，外国运动员就对这对中国选手表现出惊讶。

赵宏博：“那时候德国的世界冠军做准备活动的时候，一边询问现在谁第一呢？一看是中国人，他们就问，中国人他们怎么会排在前面呢，他们滑什么样呀？他们觉得中国人能够突然间在排名十几人之后一下跃到（前几组）第一，他们觉得这件事太奇怪了。”

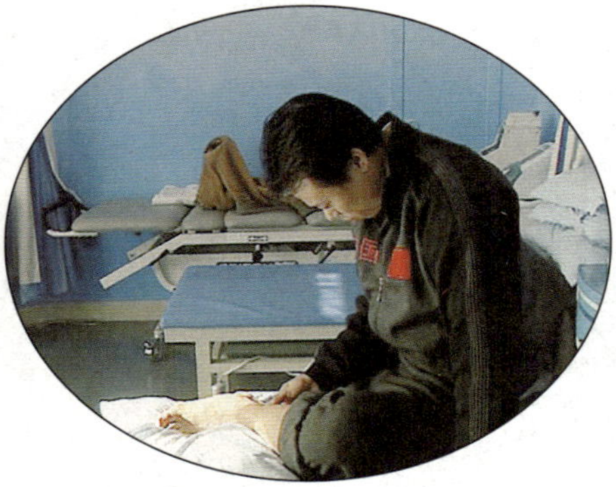

将因做手术变短的跟腱慢慢拉长

就在外国运动员的不解中，申雪和赵宏博一步步向世界冠军挺进。

当世界花样滑冰锦标赛赛场上响起意大利歌剧《图兰朵》的音乐时，这个鞑靼王子冒死追求中国公主的传奇爱情故事第一次在冰场上

黄金搭档在冰上体验飞旋的震撼

得到完美的诠释。中国双人滑选手申雪、赵宏博以精湛的技艺、完美的表演，演绎了一幕现代版的冰上《图兰朵》。他们征服了观众，征服了评委，无可争议地夺得了这届世锦赛冠军。

姚教练："重要的是表现咱们中国人的精神，并不在于你给不给我金牌。金牌你这次不给我，下次你早晚都得给我，这就是历史，这是真的。得的这块金牌不是说这一次比赛，也不是一年二年，甚至从长远来说，是咱们国家几代人包括我的老师几代花样滑冰人努力的结果。"

起源于英国的花样滑冰，1924年被列为正式比赛项目。它包括男、女单人滑，双人滑及冰上舞蹈。双人滑是花样滑冰中竞技水平较高的项目，它要求运动员在冰面急速滑行中相互配合完成托举、捻转、旋转、抛跳等高难动作，同时还要配合音乐表现出完美的艺术感，是技巧性与艺术性高度结合的冰上运动项目。比赛分短节目滑和自由滑两套。裁判员根据动作质量和艺术表现分别打出技术动作分和艺术表现力分，满分为6分。

"阔别多日"的赵宏博终于现身首体冰场

多少年来，这个项目一直被俄罗斯、美国、加拿大等国选手所把持。近几年我国选手才崭露头角，盐湖城冬奥会上申雪和赵宏博获得铜牌，这是我国选手在冬奥会上首次获得双人滑奖牌。同年他们在世界花样滑冰锦标赛上获得了冠军。第二年，他们又蝉联了世锦赛冠军，在第三年世界花样滑冰大奖赛总决赛中，这对最佳拍档再次勇夺冠军。这样，在世界花样滑冰三大赛事中他们获得了两项冠军，离大满贯只差奥运金牌这一步之遥了。

申雪(前)、赵宏博(后)以完美表演征服了观众

赵宏博在做热身训练

姚教练和康复专家叮咛赵宏博

赵宏博在做慢速滑行

3. 重返赛场

都灵冬奥会的圣火点燃，火炬正一步步向主会场传递。也就是在这一天，经国家体育总局冬季项目管理中心、主教练姚滨和康复专家三方面根据赵宏博的康复报告，同意赵宏博恢复冰上训练，这是一个振奋人心的消息。

晚上 7 点多，“阔别多日”的赵宏博终于现身首体冰场。

为了确保赵宏博不再出现意外，康复专家在他的脚上缠上了厚厚的胶带。

胶带的固定目的是防止他突然间会有一些威胁到肌腱的动作，但是这胶带仅做一些固定，也不会影响他的活动能力。

上冰前，姚教练和康复专家再三叮咛赵宏博要把速度放慢，避免旧伤复发。

3个月没上过冰场了，赵宏博兴奋不已。

虽然是慢速滑行，姚教练还是提醒他们做向前滑行和慢速压步不能超过一定角度，至于急停向后滑等有损跟腱的动作是绝对不能做的。滑行几圈后赵宏博要求做一些简单的配合动作，但遭到了拒绝。

申雪："原先都是我摔倒的时候，他用力把我拽起来，或者是保护我。现在我摔倒，你就让我摔吧。"

姚教练很清楚，从医学的角度还得有8周他的跟腱才能恢复到正常的状态，现在还不行。

从8月5日赵宏博跟腱断裂到11月24日重新穿上冰鞋，令人焦虑无奈的111天过去了。然而此时距冬奥会比赛只剩79天。在这短短的79天里他不仅要找回冰感，恢复原有的竞技状态，完成各种高难的技术动作，更要把握音乐节奏，完美地表现出艺术的魅力。这次申雪、赵宏博的冲金曲目是意大利作曲家普契尼的《蝴蝶夫人》。比赛的动作是由曾为申雪、赵宏博编排过《图兰朵》和《胡桃夹子》的里安和主教练姚滨一起编排的。

半年后的5月初，所有排练尘埃落定，万事俱备，只欠东风。就在这时国际滑联突然修改比赛规则，单人跳和连续跳不得重复，把动作难度从3级上升为4级。这样赵宏博不得不把多年来已经跳惯了的连续向内三周跳，改成一个向外三周跳加一个向内三周跳。这样，在起跳时就要求运动员具有一定的速度和爆发力，使第一个向外点冰三周跳落下时身体仍然具有一定的动能来保证第二个三周跳的完满，当初就是做这个动

左腿不能练，赵宏博就练右腿

作时赵宏博发生了跟腱断裂，而这也是主教练姚滨和康复专家最担心的地方。当赵宏博重新练习冰上的后外点冰三周跳时，他们又将如何面对这一留有伤痛的高难动作呢？

在观众眼里双人滑女选手轻盈飘逸、男选手风度翩翩，可又有多少人能知道这项运动中暗潮汹涌，稍不留神就会前功尽弃。

在花样滑冰双人滑中，有 14 个动作作为打分的依据，其中托举、捻转、旋转、抛跳、螺旋线是技术打分的关键动作。比如跳跃旋转，如果旋转两周起评分是 1.7 分，旋转三周起评分就是 4 分。如果赵宏博参加冬奥会时不使用三周跳，必将对他的成绩有很大的影响。

在抛跳中，目前全世界顶尖高手只能抛三周，而申雪和赵宏博早在盐湖城冬奥会前就成功地完成了抛四周跳，成为申雪和赵宏博的撒手锏。但是无论是连续旋转三周跳还是抛跳四周，都要求运动员有良好的爆发力。

姚滨：“男伴用力把女选手抛出去，但这个抛是指在两人同等的速度上有一个加速度。在这里男伴有个换位，他在加速的过程中产生的速度已经超过女伴的速度。然后在这个基础上，男伴要利用她的体重或者一些技巧。”

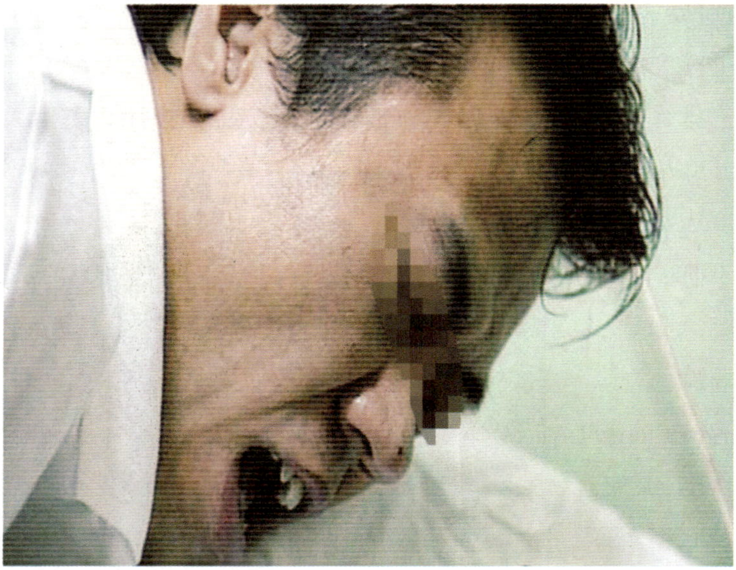

赵宏博的左脚跟钻心的疼

而这一技巧却要求男运动员两脚瞬间要承受住 200 千克以上的压力才能出色地完成。

此时赵宏博还没有完全康复，双腿的力量也没有达到一致。如果贸然行事极有可能导致跟腱再一次断裂，也许还会导致另一条腿也受伤，更有可能会伤到他的搭档申雪。

人的滞空时间是有限的，一般人的弹跳力在七八十厘米，在冰上的滞空时间一般的也都达不到一秒钟。

申雪回忆：“像我那时候跳的时候，带着护肘、护膝，然后脑袋上带着海绵，还有带着屁股垫，都是海绵的那种，有点像穿上盔甲的那种外星人。”

为了更好地保护赵宏博，避免二次受伤，主教练姚滨不得不忍痛割爱将抛四周跳改为抛三周跳，起评分从 8 分降到了 4 分。

1 月 13 日，中国花样滑冰队进行双人滑冬奥会前的一次出征前测试，康复后的赵宏博将参赛的所有动作都按标准顺利地完成了，只有后外点冰三周跳，因为康复期没到而没有做。此时距比赛已经不到 30 天了。

1 月 29 日，赵宏博开始尝试了，跳一次两次，没有成功，直到最后一次，所有人都亲眼看着他成功了。

对于赵宏博而言，参加冬奥会比赛是他多年的梦想。而这次伤病的经历让他更加珍惜这次比赛的机会。他将以此来证明，经过多年的努力，他不仅能战

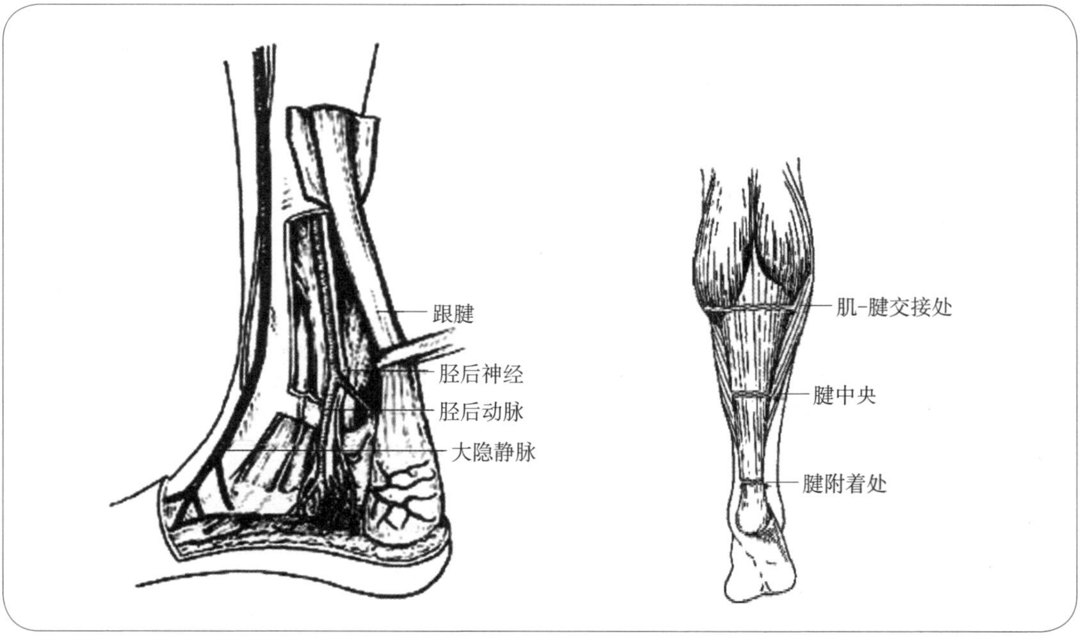

人体跟腱结构图

腿上打着石膏的赵宏博

胜对手，也能战胜自己。虽然本届冬奥会申雪和赵宏博没有获得冠军，但他们用青春和汗水，为自己的人生留下了一笔宝贵财富。赵宏博更是和康复运动专家一起在 190 天里创造了跟腱断裂的康复奇迹。

（高山）

换肾情缘

一定要坚强，

一定要好好活着，

一切会好的，

明天就会好了。

我们共同努力！

1. 不幸的丈夫

4月12日早晨8点30分，在武汉同济医院大楼的病房里面，四只手紧紧地握在了一起。

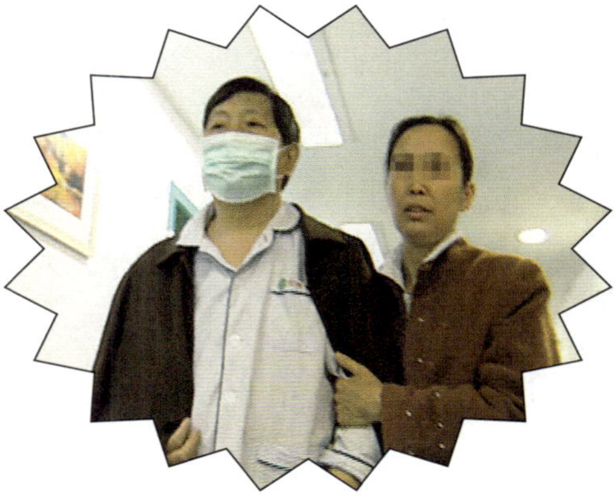

患难夫妻李传俊、钟立珍

这里有两位等待肾脏移植的患者。男子是一名小女孩的父亲，叫李传俊；而女子是一名小男孩的母亲，叫李翠英。两个孩子一方面盼着自己的父亲和母亲能够早日康复，但同时也在为自己的母亲和父亲在担忧——虽然说母亲和父亲都是健康人，但他们现在

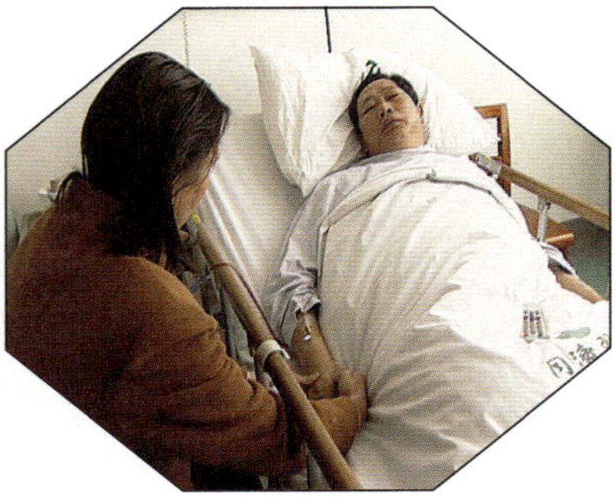
妻子一直紧握着丈夫的手没有松开

已经在手术室等候肾脏捐赠了。

也就是说，小女孩的母亲是一个健康人，她要把自己的肾脏捐给小男孩已经生病的母亲；而小男孩的父亲也是一个健康人，他要把自己的一个健康的肾脏捐给同样生病的小女孩的父亲。两个家庭的血脉与幸福就这样紧紧牵系在一起了。

初春的江城武汉飘起了细雨。一大早，李倩就赶到了同济医院，她的父母今天要在这里做一场特殊的手术。

几天前，李倩的父母从老家湖北京山县赶来住进了这家医院。突然患上肾衰竭的父亲李传俊，今天要在这里接受肾脏移植手术，同时接受手术的还有她的母亲，她的母亲要把自己的肾脏捐给另外一个家庭，换来这个家庭的一个肾脏移植给她的父亲。

而对于这一切，李倩在两天前才偶然得知。

正在湖北孝感学院读大学一年级的李倩，偶然在一个报摊上看到了《武汉晚报》上登载的一则消息，才知道父母要做交叉捐肾的手术。学校离医院有将近2小时的路程。当她从学校赶到医院时，母亲已经被推进了手术室。

“我想看看他们。想看他们是否还好，就想见一见他们，早上没见到妈妈，好不甘心！”现在，忧心的她，只能静静地陪着即将进入手术室的父亲。

而此时，对于李倩的父亲来说，心情则要复杂和沉重得多。他没想到这一切来得如此之快。今年春节，当他们全家人团聚过新年的时候，突然而来的身体不适让他有了一种不祥的预感。

“大年三十我那两个读大学的孩子回来了，我们一家四口团圆，心情非常好。可是春节联欢晚会进行到一半，大概是10点半的时候我就支持不住了，首先胸口闷得慌，上气不接下气，我就对孩子的妈妈说，我这病来得不是时候。”

李倩也清楚地记得当时的情景：“我爸爸他全身都肿了，刚开始就是腿肿，后来肿到大腿，然后一直肿到脸，最后全身都肿了，而且一吃东西就吐……”

为了不影响全家过年的气氛，49岁的李传俊一直躺在家里，拖延着自己的病情不去医院治疗。然而，越来越严重的病情使得李传俊感受到了死亡的气息。他的上呼吸道开始出血，每天小便不到500毫升。这些症状让李传俊自己已经判断出是肾出了问题，死神就在身边徘徊。

可是，他还想再拖几天，等到正在上大学的一对儿女开学离家后再去医院。

拖到正月十五的时候，他已经在床上不能动弹了，儿子看不下去，跪在父亲面前说："爸爸你一定要就医，如果你不去看病，我这个学也不上了。"

在儿女和妻子的一再坚持下，李传俊去了当地的医院进行诊断治疗。当医生把诊断结果拿出来之后，全家人都吓了一跳，当时李传俊的肾病已经非常严重了，出现了肾功能衰竭的状况。在这样的情况之下，只能实施血液透析。所谓血液透析，实际上就是在人体外借助一个功能类似于人工肾的仪器，向体外排除有毒废物，实际上就是"洗血"的这么一个过程。这可以在某种程度上替代人体肾脏的功能，可是并不能长久地维持下去。

那么李传俊既然已经预见到可能有什么祸事发生，还一直拖延着不去医院，这又是什么原因呢？事情还得从5年前发生的一次意外说起。

这是位于湖北省京山县的一个山区小镇——孙桥镇，李传俊是镇里孙桥中学的初中语文老师，作为一个有着近30年教龄的乡村教师，一直兢兢业业教书的他深受学生爱戴。他的妻子，一个整天在家操持农活的农家妇女，养育着一对上学的儿女，日子过得不很富足，但却安逸舒适。

一个意想不到的灾难却打破了这个家庭的平静。

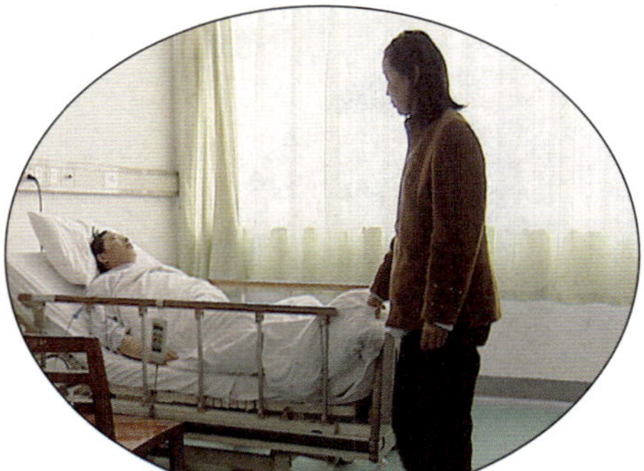

妻子这种奉献非常伟大

那天是星期一，李传俊吃完早饭刚准备去上课，却突然头疼得厉害，心里烦闷欲吐。等到了晚上，妻子钟立珍烧水给他敷头，可还是不行。最后实在支撑不住，妻子把李传俊送到卫生院抢救，去了一检查，说是高血压。于是妻子又找了辆车把丈夫送到县人民

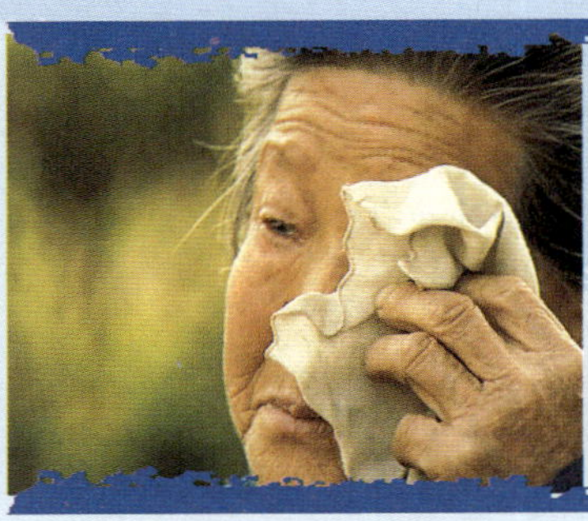
李传俊母亲在哭泣

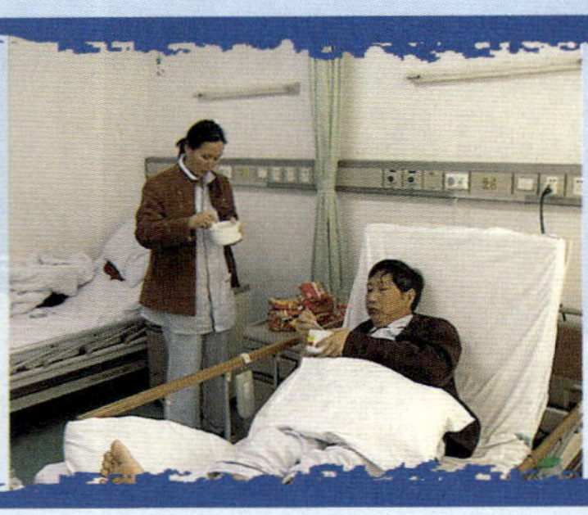
夫妻相濡以沫

一家人陷入绝境

医院进行抢救，这时李传俊已经昏迷了。

到了医院，医生就说患者只有60%的希望，家属要做好准备，第一个准备就是准备后事，第二个准备就是准备钱。

据医生介绍说，李传俊这次的昏迷是由于突发的脑溢血引起的，即使醒过来也有瘫痪的可能。平时，李传俊身体一直都很健康，只是血压有点高，但令他的家人没有料到的是，这个高血压引发的脑溢血却差点使他再也不能苏醒过来。

在女儿李倩的记忆里，父亲昏迷了7天7夜，而母亲则一个人在那里守了7天7夜。到最后，医生都已经放弃，叮嘱母亲可以开始准备料理后事了，可是母亲还是没有放弃希望，还在那里守着最后一眼。

也许是妻子的努力终于感动了昏迷中的丈夫，就在医生都失去信心的时候，李传俊却突然神奇地睁开了眼睛。醒来的第一句话女儿一直都记得，是说“他们那边不收我，说我任务还没完成，说我还有一对儿女没有抚养大，还有我母亲等着我。”就说了这么一句话，女儿觉得“挺神奇的”。

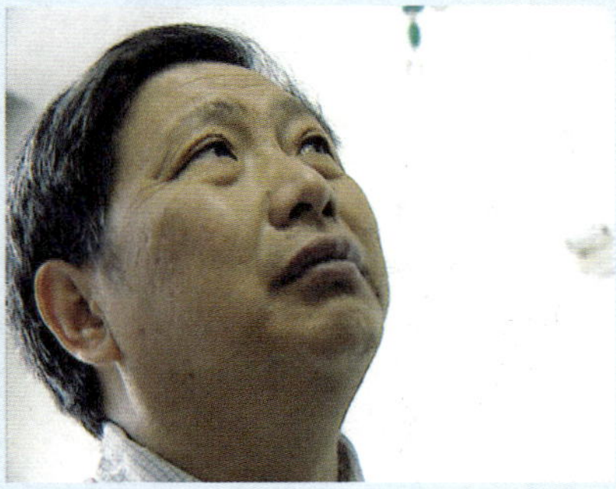
李传俊已经做好了放弃的准备

大病初愈以后，李传俊又踏上了他心爱的讲台。在学校里，每天面对自己喜爱的学生，李传俊就会忘了病痛。李传俊自这次手术使两家人的心连在了一起。

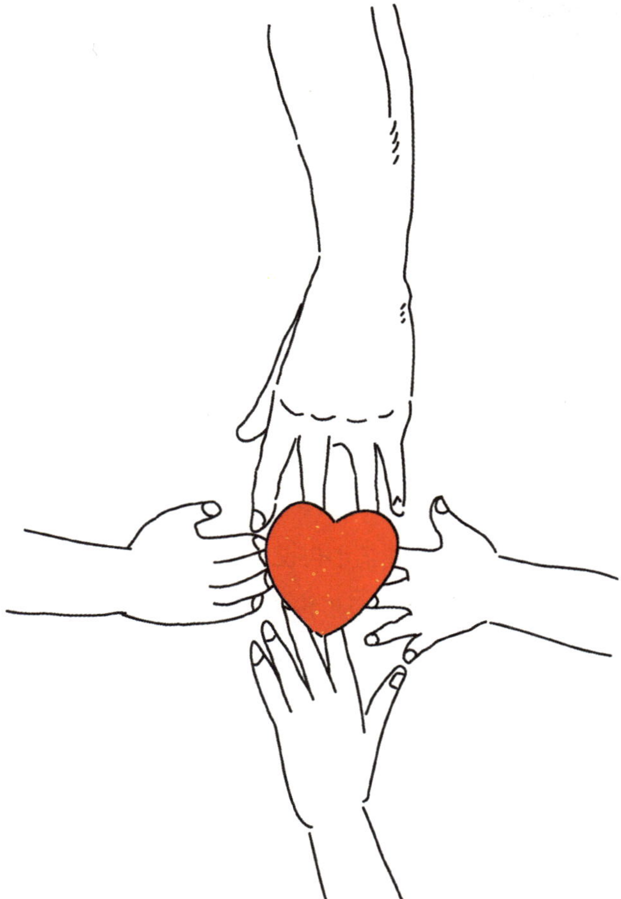

钟立珍与配型师商谈

认是个乐观的人，从来没有悲观，没有失望过。

然而好景不长，就在李传俊一家对以后的生活充满希望的时候，一直没有治愈的高血压再一次侵蚀了李传俊的躯体，噩运重新降临到了这个家庭。

高血压的最大危害就是损害内部器官，比如心脏、肾脏等。过了几年，李传俊又得了一种病，叫痛风。痛风和高血压联合起来，开始大肆损伤他的肾脏。就这样，又过了几年，李传俊又染上了尿毒症。当时，经过医院的检查，李传俊被确诊为是尿毒症早期。

众所周知，尿毒症是一种致命性的疾病。人体的肾脏功能原本是把人体体内循环过程中代谢出来的各种有害物质和废物通过尿液排出体外，一旦肾功能受损，就会影响到尿液的合成，尿液形成的量不足，自然就会导致这些代谢的有害物质和废物排不出去，滞留在人体内，造成全身中毒的症状。这就是尿毒症。

毫无疑问，李传俊也很清楚这个病是怎么回事，也想要治好它。但是，接二连三的疾病和治疗已经让家里负债累累。考虑到经济条件不允许，李传俊决定先回家吃药进行保守治疗，看看情形再说。

一开始保守治疗效果还不错，李传俊的病也始终没有发作。转眼间就到了春节，一家人原本想快快乐乐过一个春节，却没有想到就在这个时候，李传俊的病情恶化了，最后不得不又回到了医院。

当时，李传俊被送进了京山医院进行紧急透析。所谓紧急透析，就是在动脉和静脉里直接穿刺，用针管直接穿进去完成透析操作，虽然人痛苦了一点，但是可以争取到时间。在这场与时间抢夺生命的紧急抢救下，李传俊暂时脱离了危险。

然而，像他这样的尿毒症患者，做血液透析只能暂时缓解病情，要想挽救生命，只有换肾才是出路。换肾需要高额的医疗费用，从哪里筹集呢？两个孩子上大学还需要学费，走投无路的李传俊萌生了放弃治疗的想法。

察觉出爱人有这个念头，妻子钟立珍十分焦急。一直劝说丈夫：“路总是人走的，你要坚强，办法总是人想的，我是要救你，因为你死了我也活不成了，我没有职业。再说儿女都没有成家，都没有完成学业，怎么办？我承受不起这个打击！”

只有把丈夫救活，自己才有力量和信心来生活下去，这是妻子的心声。

正在一家人陷入绝境之时，住在农村的李传俊母亲听说了儿子需要换肾的消息。70 多岁的老人心如刀绞，更不想看着自己唯一的儿子死去。在向医生打听了儿子的病情后，她做出了一个令儿子怎么也没想到的决定。

老母亲的血型和儿子的血型都是 O 型，她听说自己的肾脏可能可以换给儿子，这样就能救儿子的命了。老母亲就好像是在黑夜里看到一丝光明，跑到儿子家里，对儿子说要把自己的肾换给他：“把我的肾换给他，最起码要少花些钱，我是要死去的人了，只要这辈子救得活他，什么都没关系。”母亲就这样坐在儿子的面前一直流泪一直说，甚至用“寻短见”来威胁儿子接受。

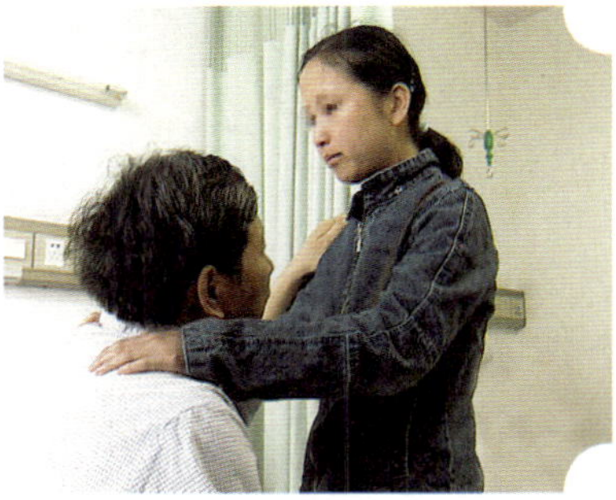
李倩依偎在父母身边

在母亲的坚持下，李传俊陪同母亲专门前往武汉同济医院，进行亲属换肾移植的检测。当时负责检查的是配型师王大卫，虽然经过各项检测，母亲的肾脏可以捐献，但是考虑到李传俊母亲的具体情况——年龄偏大，李传俊和妈妈的身高对比相差甚远等，顾及老人的健康，医院还是否决了这项捐肾请求。

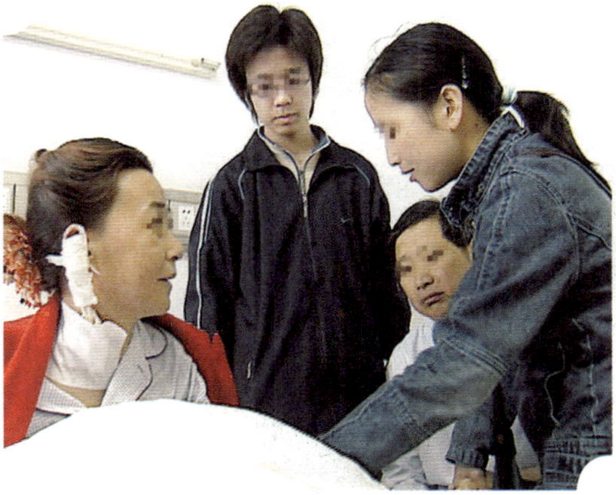
钟立珍第二个进入手术室

一般来说，作为器官移植肾移植捐献者，医学界公认合适的年龄是在 60 岁以下；而且捐献者

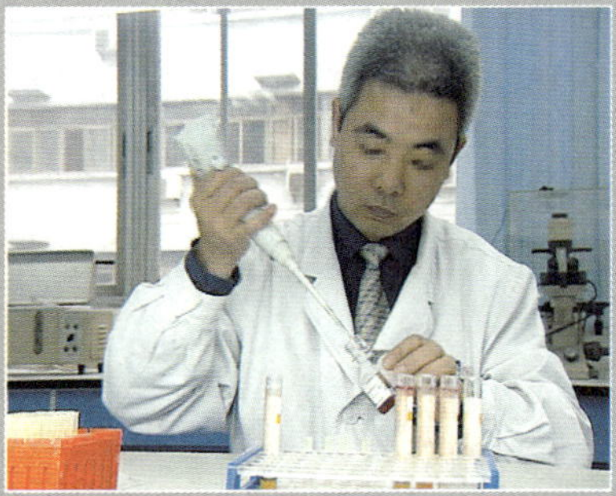

医生进行配型检测

与受捐者身高也要相当才比较合适，而李传俊身高 1.7 米以上，而他妈妈却不到 1.5 米。原本的希望一下子破灭了。

李传俊这时其实早已做好了放弃的准备。儿子的捐赠他自己坚决否定了，母亲的肾脏又被医院否决，家里没有一分钱。他放弃了，打算就这样回家，自己想想办法，拖到哪一步就到哪一步算了。

2. 勇敢的妻子

而此时，陪同爱人一起来到医院的钟立珍却悄悄地找到配型师王大卫，向他说出了自己酝酿已久的一个想法。

她想的是，如果同济医院能够给自己的丈夫找到合适的 O 型肾源的话，就把自己的 A 型肾源捐给医院，作为交换。

其实，自从春节丈夫被确诊为尿毒症以后，钟立珍就一直在为挽救丈夫的生命而奔波筹钱。她了解到，医院的肾源非常紧张，给丈夫找个合适的肾源需要漫长的等待，而多等待一天，丈夫的生命就多一分危险。钟立珍渐渐地有了给丈夫捐肾的念头，然而，在偷偷去医院做了检查后她发现，自己的血型是 A 型，肾脏不能捐给自己的爱人。为此，她毅然做出了向医院捐肾的决定，并且愿意捐出自己的骨髓以换取爱人的生命。

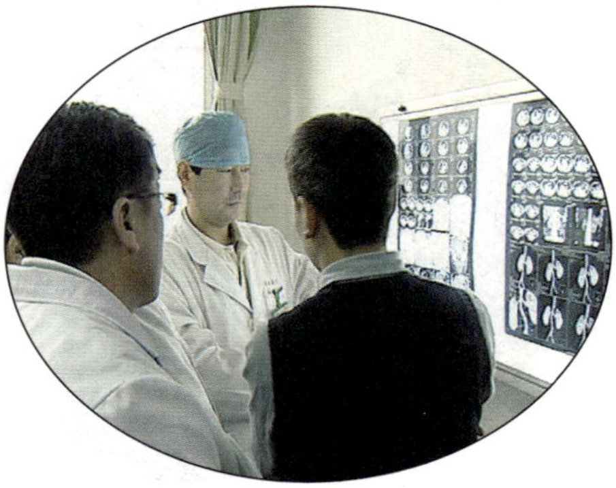

医生观看配型结果

医生听到这个想法之后都“觉得非常震

惊”。钟立珍的捐肾请求引起了同济医院的高度重视，医院器官移植研究所所长陈忠华教授立即做出决定，在医院60多位等待移植肾源的患者中，把她的丈夫排在第一位。医院的建议是，钟立珍把肾脏捐献给在前面等待的A型血的患者，而医院则尽快为李传俊找一个O型血的肾脏，并且是把他放在第一个优先来找。

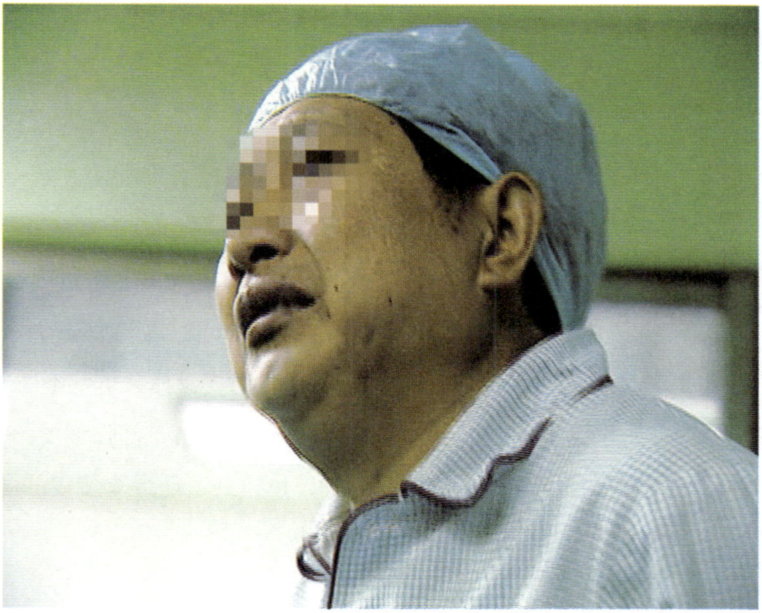

李传俊突然情绪激动地想坐起来看妻子一眼

两家四口换肾的故事就这样拉开了第一道序幕。

就在同济医院努力地为李传俊夫妇寻找交换肾源的时候，钟立珍捐肾的这一决定却遭到了全家人的反对。事实上，做这个决定的时候钟立珍从没跟家人商量过，

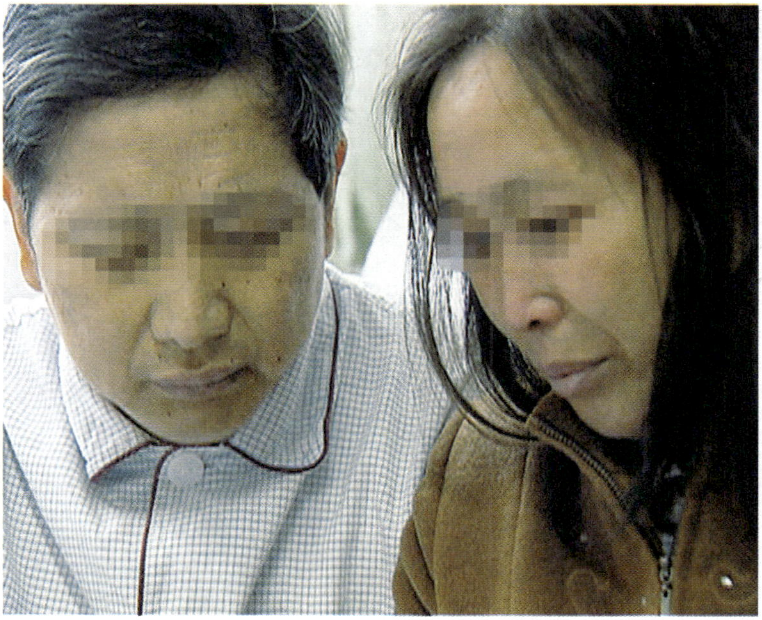

夫妇悲喜交集抱头痛哭

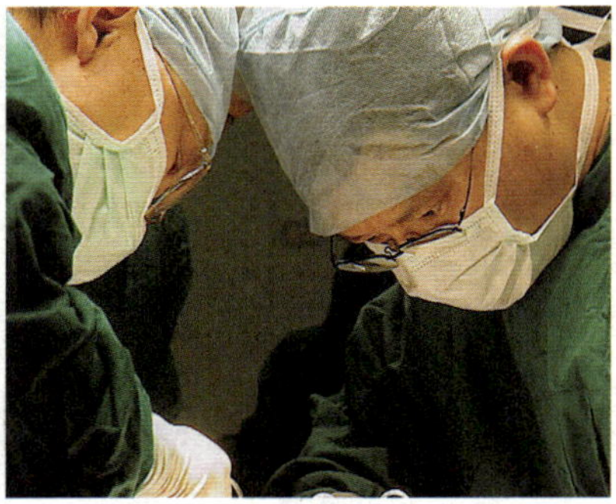
医生在进行移植肾脏手术

等到事情敲定，家人知道了都很反对："当时他也哭，他妈妈也哭，都不同意。"李传俊认为，自己本身已经是病入膏肓的患者了，不能让妻子也来"跟着添乱，一家一个患者都受不了，哪还能养两个患者"！

归根到底，钟立珍一家人反对她给自己的老公捐肾的原因只有一个，那就是怕她的肾摘掉一个之后，身体会承受不住。如果她的身体也垮了，对于这个家庭来说，结局只有一个，那就是面临崩溃。另一方面，家人也担心，就算钟立珍的身体承受得了，也找到了适合李传俊的肾源，可是这个外来的肾在他的身体里又能维持多久呢？

对于妈妈的决定，女儿李倩觉得很无奈："我心好痛，我觉得我妈妈做出的决定很少有人能够改变。因为这确实是唯一的选择，没有别的选择了。只有这样，也许我爸爸才有希望生存下来吧。"

仔细想一想，人体是一台如此精密复杂的仪器，经过了上百万年的进化才发展到今天。任何一个器官都有他各自的作用，没有哪个会是多余的。人的肾脏是左右各有一个，可是，摘掉了一个之后究竟会不会影响到人的身体状况和生活质量呢？

对此，曾凡军医生是这样解释的："一个人的任何器官都有一定的储备能力，对于正常人来说，大概半个肾脏就可以足够使用，切掉一侧肾脏基本上是不会对人造成太大的影响的。这是因为，肾是由一个一个小的肾单位组成的，一个正常人两个肾脏加起来有200万左右个肾单位，而每一个肾单位都相当于一个过滤器，其中只要有40%的过滤器保持正常工作就可以维持人正常的生命。换句话说，一个人切除掉一个肾脏，等于减掉了50%的储备肾单位，那么还有10%是储备，就是捐献一个肾脏的人还有10%的肾单位储备值，应该说还是相当安全的。"

肾脏的工作原理决定了即便是人体只有一个肾脏也不会特别地影响到健康

状况。而英国一家权威医学机构提供的一组数据也可以作为参照和证明。这家机构对上千例的肾脏移植患者或者因其他的原因切除了一个肾脏的患者进行了长期的跟踪调查。结果显示，受考察人群的生活质量普遍没有下降，他们的死亡率也没有高于正常人群，而在死亡的人中，其死因也很少是由于肾脏的问题。甚至可以说，这些失去了一个肾脏的人甚至比很多两肾俱全的正常人活得还要更好一些。为什么会这样呢？这里面最主要的原因恐怕就是自我保养了。因为他们知道自己的身体状况不是特别好，所以反而会特别在意，比如说注意休息、饮食、保健等等。当然这并不代表摘除了肾脏的人反而身体状况就会变得更好，还是有很多禁忌的，比如说不能长期的疲劳、不能过度的运动、不能从事比较剧烈的体力工作等等。但只要注意调理安排就不会有问题。

做出捐肾决定后，李传俊夫妇从同济医院回到了老家。现在他们所能做的就是漫长的等待，盼着能尽快听到同济医院有合适肾源的消息。而医院方面则一直在为夫妇俩积极寻找着活体肾源，医生们不希望用来挽救李传俊生命的是一个尸体肾。因为尸体肾和活体肾还是有区别的，肾本身的损耗大不相同。医生们都觉得，钟立珍捐一个活体肾出去，就应该得到一个活体肾来更好地挽救丈夫的生命，而不是靠一个尸体肾。

李传俊夫妇在家中一边焦灼地等待，一边为肾移植筹钱。就在他们做出捐肾决定之后两个星期，突然接到了同济医院配型师王大卫打来的电话。王大卫通知他们，肾源有眉目了，让他们务必在星期五赶到医院。

李传俊清楚地记得那场对话和当时的感受：“这个时候确实有喜有忧，到那天为止，家里只筹出了3万元钱，3万元钱到同济进行肾移植，别人听了是会觉得好笑的。我和妻子在床头抱着痛哭，我说有肾源了没有钱怎么办？”

好不容易等到了可以接受捐赠的消息了，可是经济上的拮据却和对生命的渴望牢牢纠结在了一起。究竟等待他们的将会是一个怎样的结果呢？那个捐赠者是否能给他们带来生的希望？

不管怎么样，出于对生命的渴望，李传俊夫妇还是带着那不多的3万元钱和满怀的希望与惶惑踏上了前往武汉的道路。他们根本没有想到，给他们捐赠肾脏的同样也是一对命运多舛的夫妇。

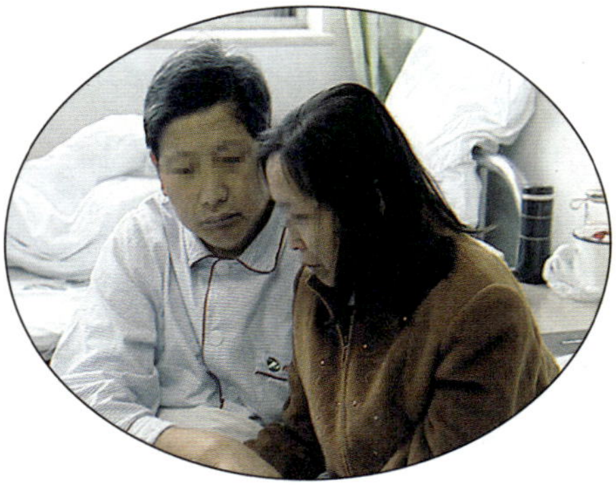
在器官移植免疫检测室等待的李传俊夫妇

3. 不幸的妻子　勇敢的丈夫

在接到武汉同济医院的电话通知后，李传俊夫妇第二天就赶到了医院的器官移植免疫检测室，接待他们的仍然是配型师王大卫医生。同济医院所有需要进行器官移植的患者都要在这里进行配型检测，对于李传俊夫妇来说，肾脏移植能否进行，希望都寄托在这里。

而此时，同他们一样满怀希望的还有一对夫妻，他们就是吴正同、李翠英夫妇，正是这对夫妻的出现，使两家人的命运紧紧联系在了一起。

配型师王大卫说："如果当初没有钟立珍勇敢地站出来，说出'我要捐我的一个肾脏到同济医院'这样的话，也许就没有后面的任何事情。"但是很巧合，就是两个星期之后，也是在这家医院，也是同样的逼于无奈的办法，吴正同也提出了同样的要求，那就是用自己的肾脏去救自己的爱人。

与李传俊、钟立珍夫妇不同的是，49岁的吴正同是想把自己的肾捐给与他同龄的妻子李翠英。当李翠英在3月1日来到同济医院时，病情已经十分危急，全身水肿。之前李翠英已经进行过一次换肾手术，而现在，她再次遭遇了肾坏死。要想保命的话，唯一的办法就是再次换肾。夫妻俩如遇五雷轰顶，几乎无法承受。

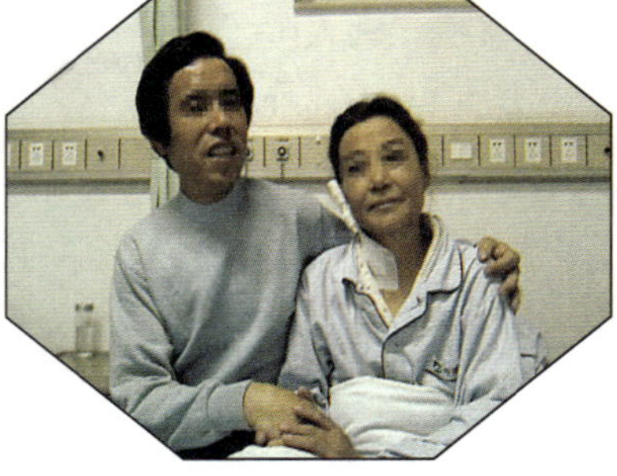
一样满怀希望的另外一对夫妻

两年前，他们已经进行过一次换肾的手术了。而吴正同没有想到的是，妻子换上的肾脏这么快就再次出现坏死。换肾是一种需要高昂费用的手术，第一次的手术已经让这个普通家庭负债累累难以为继，家里两个儿女还没成年，还需要钱来上学、生活。所以这两年来吴正同一方面要继续维持好这个家庭，照顾好自己的妻子，另一方面还随时要去工地打工，赚钱来养家糊口，偿还债务。

回到10年前，这对年轻夫妻的家庭在他们的老家湖北仙桃农村可是一个非常让人羡慕的小康之家。李翠英在当地是一个精明强干的女强人。那么，这个家庭怎么会走到了这个地步呢？

在吴正同家的相册深处，珍藏着一张十六七年前的照片，照片上有他们的两个儿子。那时，他们的小女儿还没有出生。而到今天，每当翻到这张照片，吴正同的心还会隐隐作痛，因为照片上的这个大儿子早已经去世了。而照片上的那个小儿子已经在中南民族大学读大学二年级了，这也是吴正同和李翠英夫妇最大的安慰。

吴正同和李翠英1983年结婚，那时他们是家住湖北仙桃近郊的一对普通农民。凭着自己的勤劳和聪明，在农闲时节，他们还在城里做点小生意，日子过得和和美美。然而，一场洪水却打破了这一家的宁静。

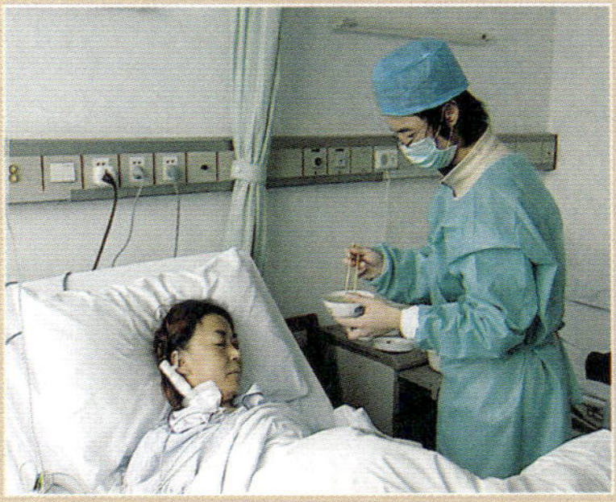

医生们最为担心李翠英的身体状况

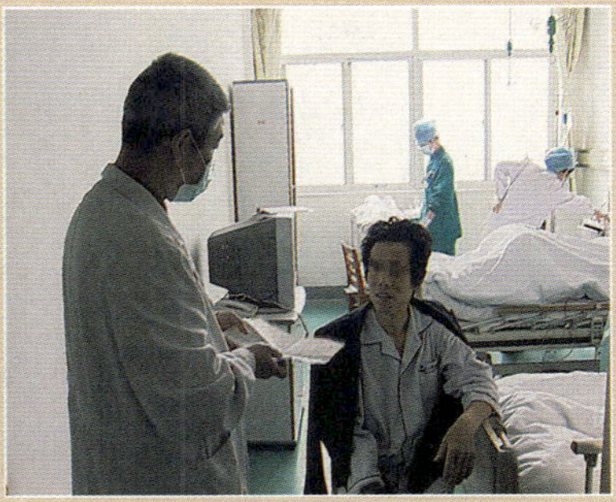

医生发放手术同意书

李传俊夫妇签字

吴正同夫妇签字

那年，湖北仙桃发生水灾，吴正同夫妻俩都出去抗洪救灾。可是，就

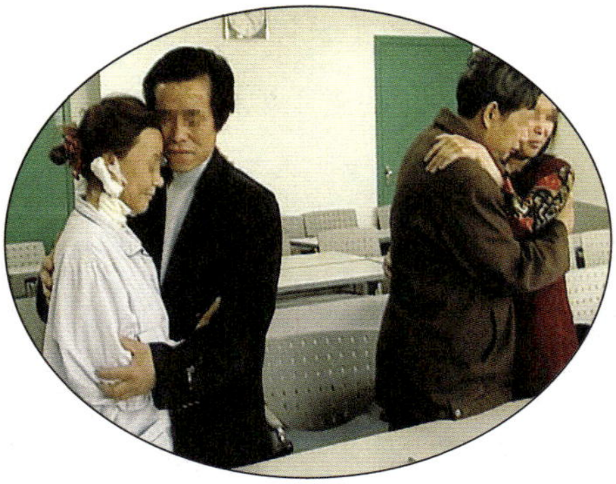

夫妻彼此鼓励

在这期间，大儿子出事了。那时，他们7岁的大儿子一个人待在家里，闲着没事，就往一个灌满水的汽水瓶里倒豌豆玩，后来因为一时口渴，小孩子拿起瓶子就往嘴里灌，没想到瓶里的豌豆一下子呛进了气管里。出事以后，邻居帮忙把孩子送到了仙桃市人民医院，结果由于豌豆在气管内上下移动，把气管堵塞了，拍片也看不出豌豆的具体位置，所以一直不敢动手术，快到天亮的时候孩子就去世了。

大儿子的突然去世从此成了吴正同夫妇永远的痛，阴影一直笼罩在他们的心里。特别是对妻子李翠英造成了相当大的心理打击，她几乎就此一蹶不振，精神也濒临崩溃。这时，夫妇俩又萌生了再要一个孩子的念头。当时仙桃市抗洪救灾办公室知道了这个情况，把夫妻俩作为一个好的典型提了出来，同时，作为一定程度的精神补偿，市里也特批发放了准生证。这样，夫妻俩终于又有了一个孩子，就是现在的小女儿。

有了一对儿女的吴正同夫妇慢慢忘却了悲痛，精明能干的李翠英在城里也慢慢经营起了一家婚纱出租店，一家人日子过得越来越红火。然而，由于过度劳累，一天，一直患有便秘的李翠英突然发现自己大便时出血。吴正同赶紧陪着妻子去了当地的仙桃人民医院，检查的结果让吴正同十分震惊。

恶性直肠癌！医生告诉吴正同，如果手术的话，也最多只能活3-5年。为了防止癌细胞继续扩散，医生建议要立即实施手术，不然李翠英随时都有生命危险。而这时的李翠英却毫不知情，只是以为自己的痔疮发作了而已。为了不让妻子有心理负担，而能够安心手术，吴正同恳请医生共同编织了一个谎言。

“我们跟医生提出要求，不管手术成功或不成功，能不能背着患者不要让她知道病情，反正我们坚持治疗。”

医生答应了，这个谎一撒就撒了十年。

那次的直肠癌切除手术很顺利，李翠英也一直认为自己做的是痔疮手术。

由于丈夫的精心照顾和长期的化疗，李翠英的癌症得到了有效控制。觉得身体逐渐好起来的她又开始经营起婚纱店，依靠这个小店，一家人的生活也算衣食无忧。然而，令人没有想到的是，一个新的不幸又降临到了这个家庭。

儿子吴国辉回忆，因为长时间化疗的影响，再加上长时间的操劳，妈妈有时候回家也会感觉到头晕、四肢无力，甚至还有时候发现脚有点水肿。

再次来到医院检查，拍片结果显示，李翠英的肾已经完全萎缩了。

这一次接待李翠英夫妇的是仙桃市人民医院医生刘杰，他记得当时患者已经呼吸困难，大汗淋漓。经检查，诊断为由高血压引起的急性左心衰，生化提示肾脏功能已经受损了。

在确诊为肾功能衰竭之后，饱受癌症折磨的李翠英面临的唯一出路就是换肾。就在儿子吴国辉刚刚跨入大学校门的同时，李翠英在武汉同济医院接受了第一次换肾手术。

应该说那次手术是非常成功的，李翠英恢复得也很好，所以很快就出了院，回到了她的老家。但是，为了这次手术，李翠英不得不变卖了她的婚纱店，全家人的经济情况一下子就变得非常紧张起来了。由于经济上的原因，又要顾及家庭，又要顾及孩子的读书生活和将来，李翠英想出了一个办法来省钱——自己不按医嘱服药或仅吃些比较便宜的药，亦不定期复查，可是她怎么也没有想到，正是这个原因，导致她两年之后再次面临灭顶之灾。

这一次，又该到哪里去寻找肾源，到哪里去筹钱呢？

李翠英完全失去了信心，已经准备要放弃了。一说到放弃，一家人都哭，儿子也是跪着哭。可是看起来是没有办法了。

眼看着受尽磨难的妻子痛不欲生的样子，吴正同心如刀绞。为了挽救妻子，决定捐肾给妻子的他悄悄地找到医生，去做了血型检查。结果显示，吴正同是O型血，

两个原本陌生的家庭命运紧紧相连

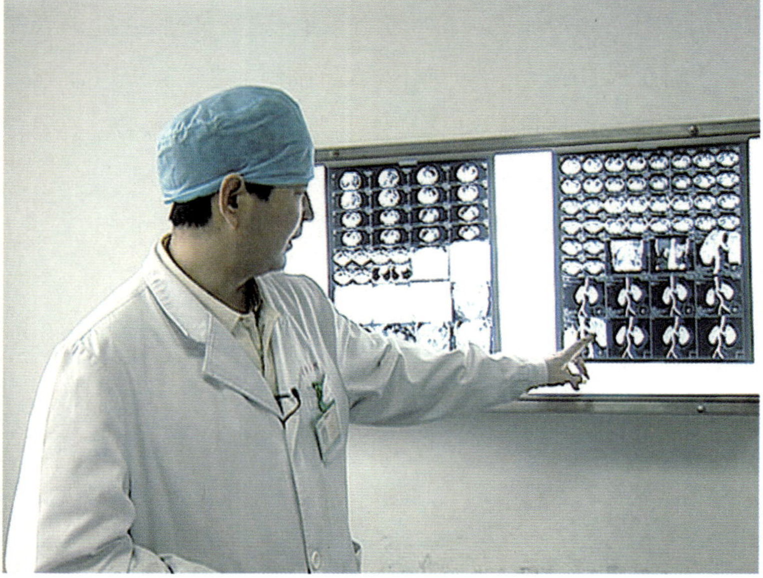

医生在手术前做了更周密的准备

他失望了，以为自己的O型血不能与妻子的A型血相配。可是事实上，O型血是可以输给任何血型的患者的。经过进一步的检测后，医生发现，吴正同的肾脏完全可以捐给妻子，只是有点小小的缺陷。因为男性性染色体是X、Y两个基因，而女性是X、X两个基因。如果男性器官捐给女性，就会带去一个女性原本没有的Y基因，在长期存活的过程中，会很容易出现由次要抗原引起的长期不良反应。

就在这时，看到了吴正同夫妇的配型结果的陈忠华教授突然发现了一个非常偶然的巧合，那就是一直等待肾源的李传俊夫妇和吴正同夫妇，他们的血型都是A型和O型。一个大胆的想法产生了——如果说这两个家庭愿意交叉互换的话，那两个家庭的幸福和生命就都能够得以保全了！想法是好的，但是能不能实现，还有一个关键的问题，那就是，吴正同愿不愿意把自己原本打算捐给自己爱人的这个肾脏拿出来去捐给另外的一家人呢？

3月23日的这天早晨，陈教授专门到病房去找吴正同夫妇想为他们做做工

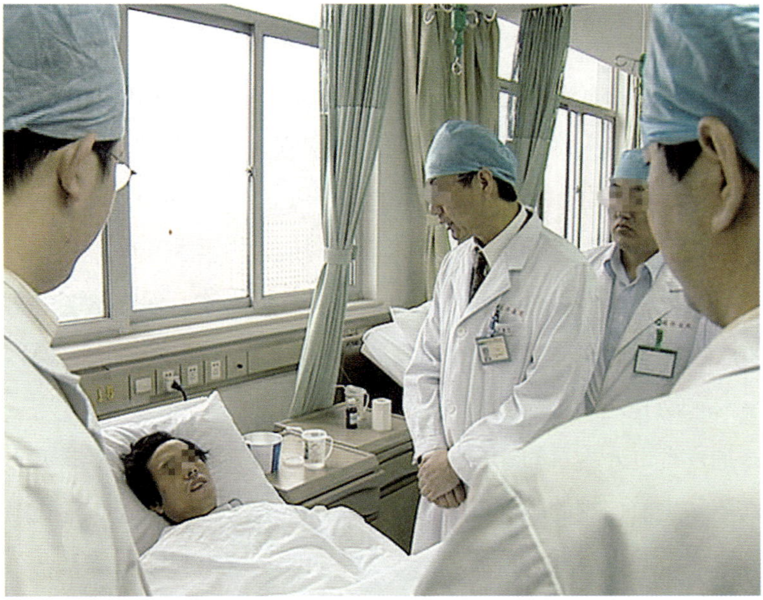

早晨八点，吴正同第一个进入手术室

作。陈教授先试探着问吴正同是否愿意把自己的肾捐给别人而不是妻子。没想到吴正同爽快地回答，只要能够救妻子就行！

这时的吴正同也觉得自己做了一件很伟大的事情。事实也的确如此，他这一点头，不光救了自己妻子，同时还救了李传俊。否则，李传俊家庭就还是只能把钟立珍的肾脏交换给等待名单上的第一位等待者，然后获得一个尸体肾移植。

非常幸运的是，在接下来的各项医学检查中，吴正同和钟立珍的肾脏不仅符合捐献标准，而且分别与李传俊和李翠英的配型相吻合。也就是说吴正同的肾脏可以捐给李传俊，而钟立珍的肾脏可以捐给李翠英。多年从事配型工作的王大卫医生对此也惊奇赞叹不已："这次交叉换肾，配型成功存在着一定的偶然，真是很大的一个奇缘在里面！"

4. 命运的交叉点

4月10日，在同济医院的一间教室里，两家人郑重地在手术同意书上签了字，对生命的渴望和对亲人的关爱，使两个原本陌生的家庭命运紧紧相连。而医院则分别减免了两家各2万元的手术费用及大量的治疗所需药物的费用。

4月11日，手术的前一天，医生们依然在反复研讨最后的手术方案。曾凡军，同济医院移植临床主任，已经成功做了110例活体肾移植手术，作为这次手术的主刀医生，他感觉到了前所未有的压力，毕竟这次手术涉及两个家庭四条人命。为此医生也在手术前做了更周密的准备。

除了要确保捐肾者百分之百的安全外，现在医生们最为担心的是李翠英的身体状况。这次手术之前，她的腹部已经做了7次手术——换肾手术、直肠癌手术、剖宫产、输卵管结扎然后又再通……那么小小的一个下腹部上就有这么多的伤痕，而这些伤痕都无可避免会造成一些纤维瘢痕。特别是由于两年前移植的肾脏已经报废，现在李翠英体内已经有了三个失去功能的肾脏。这些肾脏虽然不会对她的身体产生影响，但是新的肾脏植入，只有左下腹部可以利用，这样给医生留下来的再次移植的空间就比较小了。何况，第一次的移植手术之后再做第二次手术，本身就有很大的风险。因为人体接受器官移植以后，外来的器官会使受者身体产生抗体，如果发生所谓的“超级性排斥反应”，就会造成移植的失败。

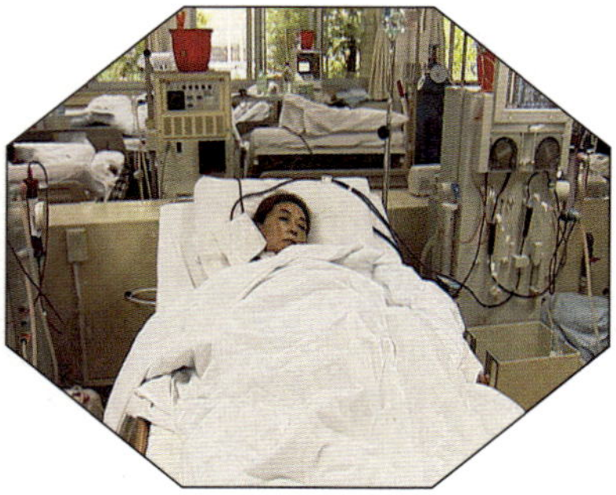

钟立珍顺利取下的右肾，被植入李翠英的体内

为了把手术的风险降低到最低程度，术前医院专门为李翠英做了多次血液透析，并补充蛋白营养以增强她的体质，尽可能避免发生意外的排斥反应。对于整个手术过程来说，医院更是做了周密安排，调集了所有经验丰富的医生护士随时待命，4台手术接力进行，以确保取出的肾脏能在最短时间内植入受者体内。

4月12日早晨，两对夫妇都早早地起了床，即将到来的移植手术对这两家人来说，就像一场生离死别。钟立珍一直在安慰丈夫，“不要担心，会重新站起来的”。而另一边妻子李翠英则只是希望手术能顺利、成功，四个人都能早日康复。

早晨8点，吴正同第一个进入手术室，第一个取出的将是他的肾，这样的安排是经过医生的用心考虑的。之所以首先进行他的手术，医生是考虑到他是O型血，这样他的肾脏切下来以后，下一步任何人有问题的话，都可以保证这个肾脏不至于被丢弃浪费。同样也可以为后面的患者提供一个反悔的机会，就是说如果有人突然反悔不想捐肾了，那么只要说一句话，医生就可以改变手术计划。

8点10分，钟立珍第二个进入手术室。从病床到进手术室的电梯口，只有50米距离，这短短的距离里，李传俊一直紧握着妻子的手没有松开。

同时，手术室内医生们正在紧张地做着吴正同的肾脏切除手术。

10点35分，吴正同的肾脏即将取出，李传俊被送进手术室准备麻醉，在经过钟立珍的手术室前时，他突然情绪激动地想坐起来看妻子一眼。护士告诉他，一切都很好，很正常。那红红的双眼和男儿泪让医生曾凡军感到，李传俊其实是非常感动的，他觉得妻子对他的奉献非常伟大。

11点09分，吴正同被取下的右肾顺利接入李传俊腹内。10分钟后，吴正同的肾脏开始在李传俊的体内工作，尿液出现。这是3个多月来李传俊第一次排尿。

与此同时，另一个手术室内，钟立珍被顺利取下的右肾正在植入李翠英的体内，然而，李翠英体内唯一可以移植的左下腹部位，却发生了意外。

因为在做肾脏移植手术的时候，必须要把患者自己的血管完全游离出来，就是要剥得像电线杆一样光洁。可是李翠英的这几根血管却不巧正因为直肠癌手术而发生了严重的粘连，完全无法分离。时间紧迫，多耽误1分钟时间，钟立珍被取下的肾脏就会多一份

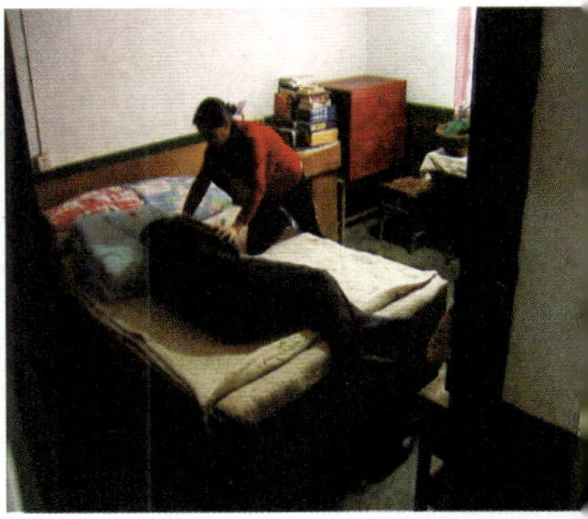

李传俊夫妇很快就恢复健康出院了

他们都已经回到了各自的老家恢复工作、生活

已经摆脱病痛折磨的一家人

损耗，而剥离粘连部位的动脉血管，稍有不慎就会引起大出血而导致李翠英死亡，有着丰富手术经验的医生们当机立断，决定改变血管剥离部位。

张伟杰医生至今对当时现场的情形记忆犹新。“我们费了很大的劲，又改变了一个方案，改变了原来吻合的部位，然后才找到一段相对能够剥离的血管，这样才把这段血管游离了出来，完成了跟肾动脉的吻合。结果非常好，血管吻合口吻合得很好，没有漏。”

下午 1 点 22 分，植入李翠英体内的肾开始排尿。“终于看到尿液喷射出来，当时的确是非常非常高兴。这就意味着肾脏有了功能。”漫长的手术终于有了好的结果，张伟杰医生感叹不已。

下午 2 点，李翠英最后一个被推出手术室。

两个家庭的交叉捐肾手术历时 5 个多小时，终于圆满结束。

之后，李传俊夫妇和吴正同夫妇的身体恢复都很顺利。很快，两对经历了生死考验的夫妻康复出院了，就连身体状况最为虚弱的李翠英也基本恢复了健康。现在，他们都已经回到了各自的老家。祝愿他们今后的人生能够健康平安！

（李宁）

捧起你的心

2月28日晚，对于阳阳，一位16岁的高中学生来说，是生命中非常重要的时刻。阳阳和几个要好的同学逛闹市，当他们正准备回家时，阳阳的同学和一个男青年因为一件小事发生了口角。谁也没想到，这个看似平常的夜晚，却让阳阳和他的父母几乎生死相隔。

1. 利刃贯心

傍晚，阳阳跟爸爸说，他要去夜市买点烧烤，马上就回来。但是过了1个小时40分钟他都没有回家。阳阳爸爸心里慌慌的，但也不知道怎么找他，那时他们还没有手机。

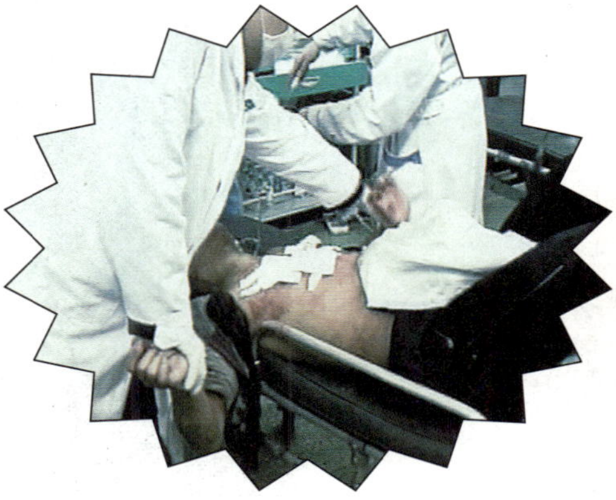
救护车抵达医院

此时，在夜市，阳阳的同学正和一个男青年争执不下，阳阳见状赶紧上前劝阻，谁知道男青年突然拔出匕首刺向阳阳。匕首正中心脏，血流不止，阳阳倒在血泊中，脉搏已经变得非常微弱，他面色苍白，已经出现了濒临死亡的种种征兆。旁边的人们急忙拨

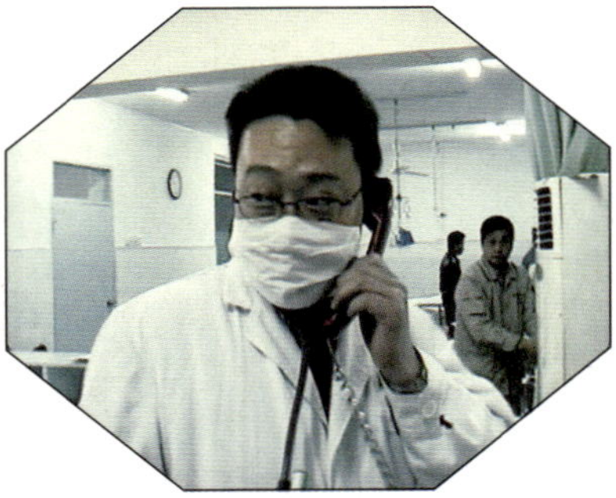

医生互相通知到急诊室做开胸手术

打了 120 急救热线。120 急救车的嗡鸣声划破夜晚的沉静。这个 16 岁的生命在渐渐消逝，而此时此刻他的父母还不知道，阳阳已经被死神拖到了鬼门关。

120 急救车及时赶到了，但是阳阳的生命能不能保住呢？

广州军区武汉总医院急诊科医生胡建才负责抢救阳阳。他看到阳阳的胸部有一个 2 ～ 3 厘米的刀刺伤口，血流不止，而且胸腔里面全都是血。患者非常烦躁，而血压已经测不到了。

心脏是向全身输送血液、氧气的高压泵，它内部的压力促使心脏本身跳动完成输送过程，如果心脏被刺伤，伤者心脏的压力会使血液大量喷涌而出。通常伤者在送往医院的途中或当场就会死亡。

广州军区武汉总医院麻醉科主任陈利民说，心脏已经有破口，这种情况来讲，如果再搬动患者延误时间，很有可能丧失抢救生命的机会。

阳阳的病情刻不容缓，医生做了一个大胆的决定，放弃常规检查，通知心胸外科、麻醉科 10 多位医生护士在急诊室当即为阳阳进行开胸手术。

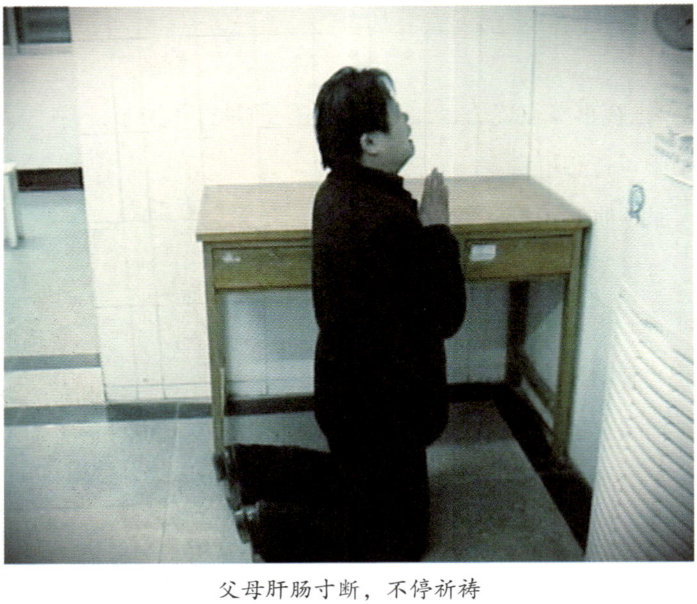

父母肝肠寸断，不停祈祷

21 点 30 分，手术开始了。

值得庆幸的是，阳阳被送到医院时，还一息尚存。赶到医院的父母见状已经肝肠寸断。手术开始了，一扇门将这原本幸福的一家人分隔在不同的世界。

阳阳妈妈流着眼泪说：“我自己在抓我的胸口，我说假如换心，我就把我的心换给他。”

爸爸说：“他的命快丢了，我的命也快丢了。我感觉天旋地转的，没有办法，只能求医生。当时第一心情就是怕我的小孩，他才16岁啊，16岁就走完他的人生，这是我第一担心的事。”

2. 生死线上

医生们打开阳阳的胸腔，发现情况比预想的还要糟，鲜血不停地涌出，只有心脏微弱的跳动显示阳阳还在死亡线上挣扎着。

麻醉科主任陈利民事后说，当时看到阳阳的心包腔有大量的积血，同时还有一些血凝块。医生们分析，大概由于积血的血凝块，导致刀口部分填塞住了。

心脏外面有个白色的包膜，称为心包。在里面包裹着的就是一颗鲜活的心脏。那么心包和心脏之间有一个非常窄小的空隙，可以保证心脏在跳动的时候有一个收缩的空间。医生解释说，现在阳阳的心脏被扎穿了，血液迅速喷涌而出，就把心包和心脏间的空隙给挤占住了。虽然说凝血块暂时把伤口堵住了，但这样反而产生了一个很严重的后果，那就是空隙被完全占满了。这样势必影响心脏的正常工作。实际上，心脏正处在这样一个状况，如果心脏出血量再大，心脏被压缩了的话，阳阳的生命就保不住了。医生们迅速打开心包，抽掉血凝块，但是这时候问题又出现了。

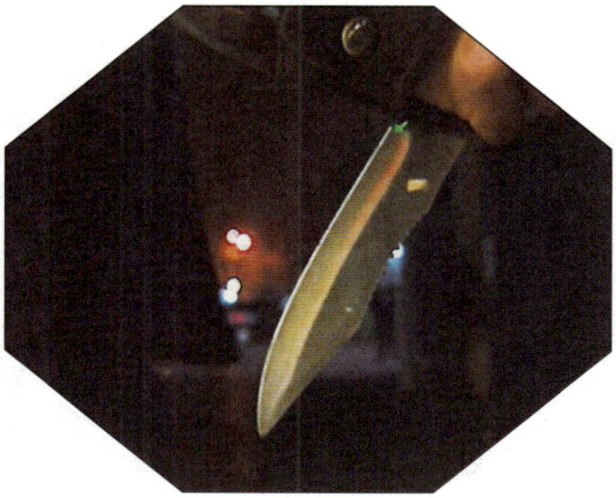

男青年突然拔出匕首

大出血！打开胸腔抽掉血凝块后，血液喷涌而出，阳阳在术中出现了失血性休克，出血流量不断增加，脉搏非常微弱。

为了争取时间，有医生提出，把阳阳身

阳阳上前劝阻

阳阳被男青年用刀扎中心脏

120急救车及时赶到了

上已经流出的血再次输回到他的体内进行补给，因为此时已经没有时间从血库再为阳阳提血了。

时间紧迫，情势所逼，医生不得已用这种自体血回输的方法减少排异反应为阳阳争取生的希望。而常规的自体血回输，都会在手术前一天抽取患者自己的血液进行消毒处理，避免术后感染。

麻醉科主任陈利民说，这种做法绝对是要冒一定的风险，阳阳的心脏是被刀刺伤的，刀很可能会把细菌带进去。因为心脏是向全身输送血液和养分的压力泵，如果带有细菌的血液流遍阳阳的全身，即便手术成功了，也很可能会造成术后的并发症。最终，医生们还是不得已决定冒险为阳阳回输血液。

麻醉科护士长张穗参与了整个手术的抢救。她们边做手术边回输血，不停地在加压回输血，有时候一个人还不够，必须两个人一起拼命推血。

救护车抵达广州军区武汉总医院

事后阳阳爸爸回忆，当时护士不断地拿血浆进出，大概每几分钟到十几分钟就拿一袋血浆进去出来，出来时护士根本顾不上和他说话，对他关于手术的问题都只说一句：“别和我说话，我在抢救”。

阳阳的手术持续进行了半个小时。果断采用自体血回输为阳阳的手术

这场手术就是一场生死赛跑。
手术室

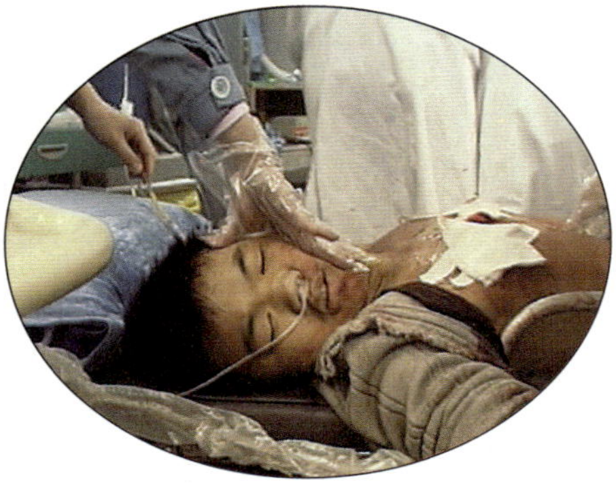

16岁的生命在渐渐消逝

争取到了寻找出血口的时间，医生们马上进行了缝合。一切都很顺利，在场的所有医务人员终于松了口气。然而，医生们很快发现，缝合好的心脏还在流血。

广州军区武汉总医院心胸外科主治医师郗二平担任了此次手术的主刀，看到缝好的心脏依然在流血，他不禁吃了一惊。把心脏轻轻地一搬动，果然在靠近心间的部位还有一个伤口，当时他们就考虑这个伤口是对穿的，是贯通伤。心脏的贯通伤，就是说刀子从心脏右心室刺进去，刺穿室间隔并且从左心室穿过来。

实际上，阳阳的心脏现在已经被刺穿了，凶手用右手持刀，从右心室进去，从左心室扎出来，形成了一个心脏贯通伤。我们不难明白，人的右心室在外侧，容易看到。而左心室是在下后方，不太容易观察到。一旦要把左右心室连通了，人很容易死，心脏贯通伤，几乎不可能挽救。

对于人体的心脏而言，右心室相当于副发动机。左心室才是最重要的主发动机，抢救起来的时候，由于心脏内部是非常复杂的，所以稍不留神就会带来意想不到的后果。另外，左心室它本身是和主动脉相连，如果被扎穿，内部压力大，血流喷涌而出，生命转瞬即逝。阳阳目前生命体征还在的原因，是在左心室伤口处形成了一些血凝块，恰好把伤口暂时堵住了，但这毕竟不是长久之计，血凝块一旦冲开，那么阳阳的生命根本不能挽救。所以主刀医生郗二平最清楚，要想挽救阳阳的生命，成功的机会可以说微乎其微。

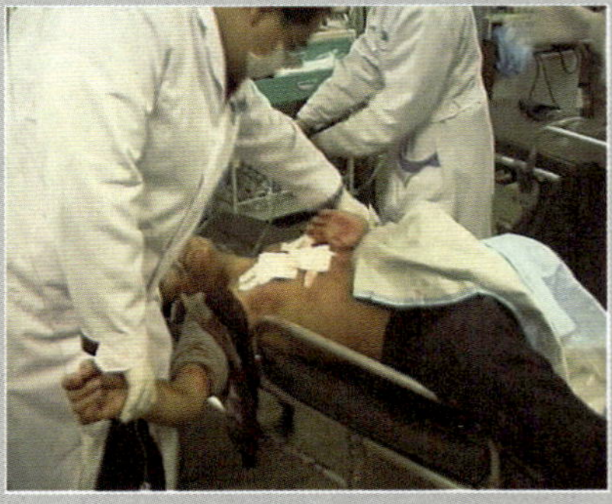

心脏已经有破口，而且胸腔里面全都是血

15分钟过去了，不出所料，阳阳的情况逐渐恶化，他的瞳孔开始扩散。

麻醉科护士长张穗当时看到这种情

况，心里一沉，完了，这么小的孩子，才 16 岁，多可惜！

等候在手术室外面的阳阳妈妈，听说儿子心口被刀子捅了对穿，心里是又痛又急。

3. 心脏骤停

而此时压力最大的就是主刀医生郗二平，几年前，一个和阳阳相似的病例让他记忆犹新。“几年前，我同样接诊过一个心脏刀刺伤的患者，同样是一个年轻的人，同样被匕首刺伤心脏，同样是大出血。那个小孩子 18 岁，是体育大学的一个学生，长得非常健壮，叫王朔。”那件事情使他印象非常深刻，对他的刺激也很大。

当时王朔也是被刺中胸部，急诊科因为情况紧急，直接把他送到了手术室。面对同样跳动微弱的心脏。不轻易放弃生命的信念，让医生们更加冷静。麻醉科护士长张穗后来接受记者采访时说：“这个孩子 18 岁，我的孩子也是 18 岁，我也希望他跟我孩子一样，能一样健康，能一样坐在教室里读书。”

然而多年前王朔的心脏手术让郗医生心有余悸。当时，本来大家都非常高兴，手术台上王朔的生命体征恢复得挺好，血压也上来了，心率也挺好，突然一下子心脏骤停，王朔就这样永远地离开了人世间。而现在，郗医生最担心的事情又再次发生在了阳阳身上——心脏骤停！

心脏骤停就是心脏突然停止了跳动，停止向全身输送血液和氧分。而人体的大脑是耗氧量非常大的器官。如果停止向大脑供氧 8 分钟很可能就出现脑死亡。即便后来患者的心脏恢复跳动，患者也只能成为植物人。现在对于阳阳来说，生命已经到了最后的生死关头。通常

一扇门将原本幸福的一家人分隔在两个世界

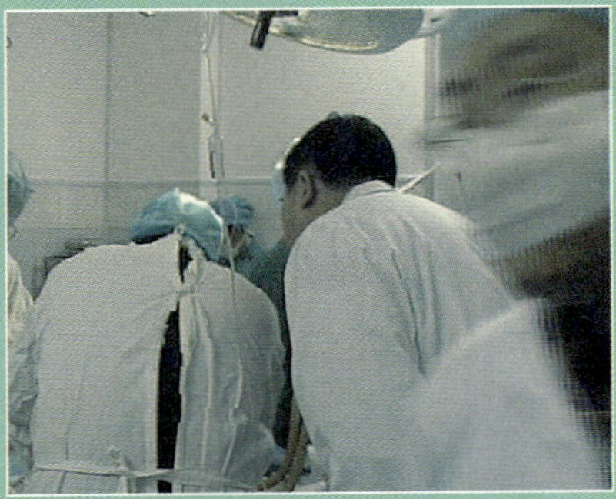
心胸外科、麻醉科十多位医生护士汇聚急诊室

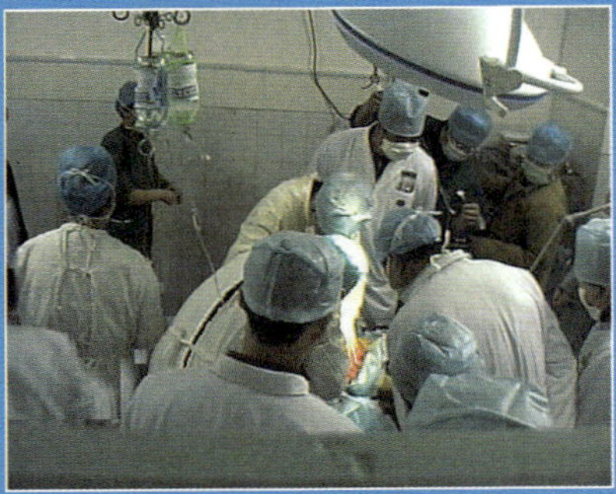
手术开始了

医生会通过胸内按压和电击的方法使心脏恢复跳动。

现在阳阳的胸腔已经打开，心脏暴露在外。为了节省时间，医生们决定，采取一种非常规的方法。那就是直接用手抓住阳阳的心脏，进行有效按压。但是这种方法能不能成功呢？阳阳的生命到底能否挽救回来呢？

医生们希望借助外力，刺激心脏能够正常收缩、扩张。用手紧握这个生命，希望这种力量能唤醒阳阳的心脏复跳。

23点，阳阳的手术进行了一个半小时。

主治医生郗二平最担心的就是他会成为第二个王朔。

阳阳爸爸在手术室外面坐立不安。他在心里默默地说，“儿子挺住！挺住！”他一遍遍默默地说，“儿子你听见了吗？儿子你要挺住，挺住啊！”好像儿子真的听见了一样。

手术室里，气氛紧张。郗医生用手抓住阳阳的心脏，按压一下、两下，阳阳的生命在死亡线上徘徊，结局将是什么呢？

麻醉科副主任医师季蒙后来说，这个孩子才16岁，本应该朝气蓬勃、活力四射的，他应该活着，所以我们绝不能放弃，要一直按压，让他活着。

等候在外面的阳阳爸爸，心里接近绝望的边缘，但是看到护士出出进进，他就觉得还有希望，护士出出进进，那就是手术没有停止。

23点02分，阳阳的心脏停搏2分钟。

23点04分，阳阳的心脏停搏4分钟。

按压持续了4分钟，所有人都失望了，这颗年轻的心脏依旧没有苏醒。生的希望随着时间一点一滴地流逝开始失去。当阳阳的父母知道这一消息，无法控制压抑已久的情绪，他们痛哭失声。

主治医师郗二平看到患者在流泪，患者的家属在流泪，他感觉到他的心脏也在强烈的收缩，他使劲克制着自己，不表现出来，但是心里非常难受。

尽管如此，手术室内医生们仍没有放弃抢救，他们在和死神做着最后的争夺，5分钟过去了，医生发现手里的心脏开始出现了细微的颤动。就是这个细微的颤动，足以让在场的所有人欣喜若狂。

那时候，包括医生殷桂林在内，大家都认为没希望了。

可是心脏一直没有复跳，基本上维持在室颤状态。但医生们知道，抢救到一定时候，千万不要轻易放弃，有时候一放弃这一条生命可能就没有了，所以这时候坚持非常重要。

电击除颤是阳阳生命唯一的希望，医护人员依旧做着努力。而这一刻时间显得格外漫长。

麻醉科副主任医师季蒙说得很简单："就是一线希望我们也要努力，不能放弃，因为我们是医生。"

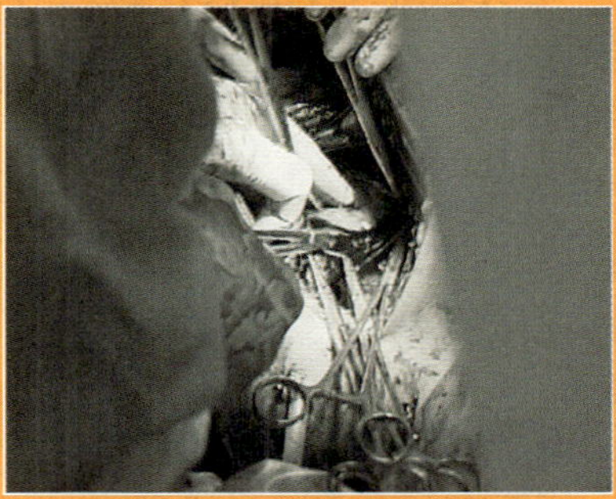

医生们打开阳阳的胸腔

4. 起死回生

坚持终于守候到了希望，虽然阳阳的心跳还不是很有力，但这颗鲜活的心脏却承载了太多的生命内涵。

3个月后。

复苏的阳阳第一次喊妈妈的时候，妈妈的眼泪差点掉下来。

阳阳爸爸终于听到儿子叫了一声"爸爸"，这个五尺男儿欣喜异常，好比儿子一岁牙牙学

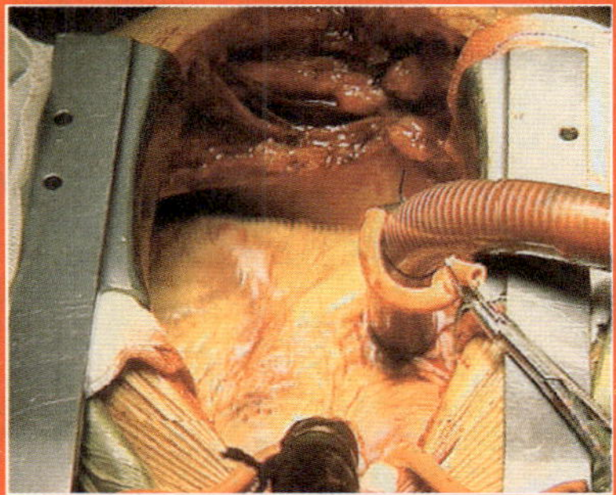

在心包腔内有大量的积血

现在阳阳已经完全康复了

语开始叫爸爸一样的开心和甜蜜。

郗医生由衷地说："我自己也有孩子，女儿 5 岁了，叫西西，蛮可爱的一个小女孩。阳阳也才 16 岁，也是一个孩子。对于我来说，无论是 16 岁的阳阳，还是我病房里的其他那些年龄很大的患者，只要上了手术台，我都希望他们能够健康地从手术台上下来，健康地走出病房。"

医生首先果断地给阳阳采取了开胸手术，及时地采用自体血回输的方式节省了很多的时间。后来又及时地发现了心脏贯通伤，再加上后来及时的按压和电击治疗，这些都是创造了这个奇迹的根本条件。经过两次心脏修复手术，现在阳阳已经完全康复出院了。

最终，那个刺伤阳阳的凶手也被缉拿归案。

（吴梦）

美味诱惑

3月22日下午2点钟，救护车车灯闪烁，警笛狂鸣，一名患者被紧急送进了广东省第十二医院的急诊室。他恶心呕吐、腹痛腹泻导致脱水。

1. 突发急症

他叫王得才，是一名外来打工人员。他被送进医院的时候，已经处于半昏迷状态，医生通过他恶心呕吐、腹痛腹泻的症状，初步诊断为急性肠胃炎。此时他的病情已经非常严重，所以医生首先给他洗了胃，清除掉他胃中残余的食物，强行切断肠胃对食物的吸收；然后护士又给王得才打了一针催吐针，让他把肠胃里剩余的食物都吐干净。经过了洗胃和催吐，王得才的胃里残余食物已经被清除得一干二净了，不适的症状也基本上缓解了。照理说肠胃炎只是小毛病，不会危及生命，可谁也没想到，接下来发生的一系列事情，却将王得才一步

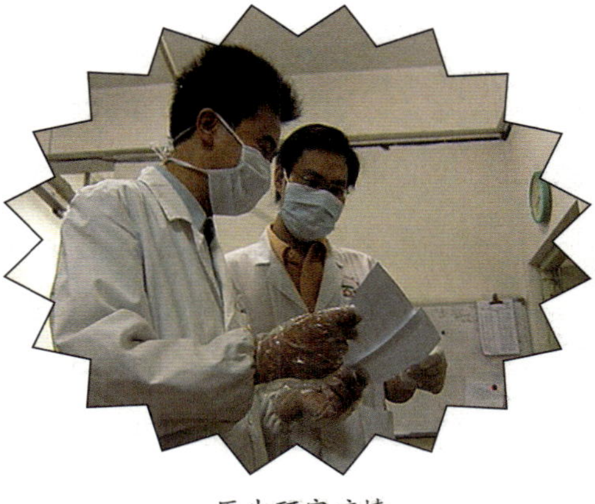

医生研究病情

广州市疾病控制中心工作人员立刻赶往医院

一步推向死亡的边缘。

就在医生为王得才进行紧急处理的同时，救护车呼啸而过，又有两名患者被送进了急诊室，其中有一个17岁的男孩，症状同样是恶心呕吐、腹痛腹泻。这两个患者的症状跟王得才惊人的相似。同一家医院，在同一时间，接收了3个同样症状的患者，这种情况让急诊室的医生马上提高了警惕。

3月24日下午4点，广东省第十二医院吴医生马上打电话到广州市疾病控制中心流行病学调查部门。

因为在医学上有通行的规定，只要医院在一定时期内，同时出现3个或3个以上相似病情的患者，那么医院就必须及时向当地卫生部下属的疾病控制中心进行汇报。

疾病控制中心的工作人员接到电话后立刻赶往医院。此时的3人，在接受洗胃、催吐等抢救措施后，病情已经基本上得到缓解，于是疾控中心的工作人员对他们3人进行了流行病学调查。

2. 纯白色的蘑菇

通过调查，工作人员了解到，王得才和另外两个患者都是外来的临时务工人员，而且他们3人居然还是在同一个施工队工作的工友。3个同吃同住的工友同时出现极其相似的症状，这一情况让疾控中心的工作人员意识到事情可能并不会很简单，于是他们详细询问3人的基本情况以及病发前都做过哪些事情。

王得才老家在江苏，他是趁着家里农闲的时候来到广州打工的。外出打工的日子十分艰难，因此王得才在生活方面能省则省。23日这天刚刚下过雨，王得才在午休回家的路上看到了一些白蘑菇，于是就采了一些，准备回家做一顿鲜美的午餐。

当时他们刚施完工，比较空闲，看到路边有蘑菇，样子和家乡的蘑菇差不多，心里挺高兴，想着采点新鲜蘑菇吃多省钱呀。于是就毫不犹豫地采起蘑菇来，忙乎了一阵，他们采了有半斤左右蘑菇带回了家。

蘑菇是白色的，雨伞一样的形状，小小的。他们简单洗了一下，拿来煮汤了。熬出来的汤味道很甜。

吃完蘑菇汤以后，王得才和工友们出去做工，做工回来就觉得胃里很难受，然后就开始拉肚子、呕吐。

根据王得才三人的描述，他们采食的蘑菇是纯白色的，并且跟他们在老家经常吃的一种蘑菇很像，在老家的时候吃了这种蘑菇并没有任何不适的症状出现。这样是不是就可以排除蘑菇的嫌疑了呢？如果不是蘑菇的问题，三个生活环境基本相同的人为什么会同时出现相同的病症呢？这是不是意味着出现了一种不可知的疫症呢？那致病病菌又是什么呢？

医生分析有两种可能，一种是误食了毒蘑菇，另一种就是新的疫情出现了。医院和疾控中心的工作人员没有轻易排除任何一种可能性。他们兵分两路，一路去了王得才三人工作生活的工地，调查是否有其他人也有类似的症状出现，另一路则到王得才三人采蘑菇的地点，将现场控制起来，不让其他人再采摘蘑菇，并且采了一些样本回去检测。经过综合调查，工作人员并没有发现其他人有类似的症状发生，因此排除了疫

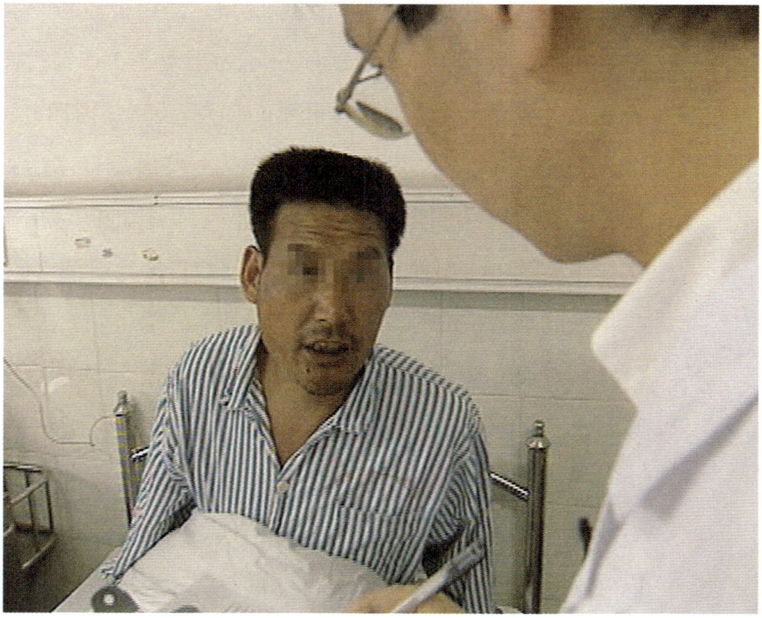

疾控中心工作人员进行流行病学调查

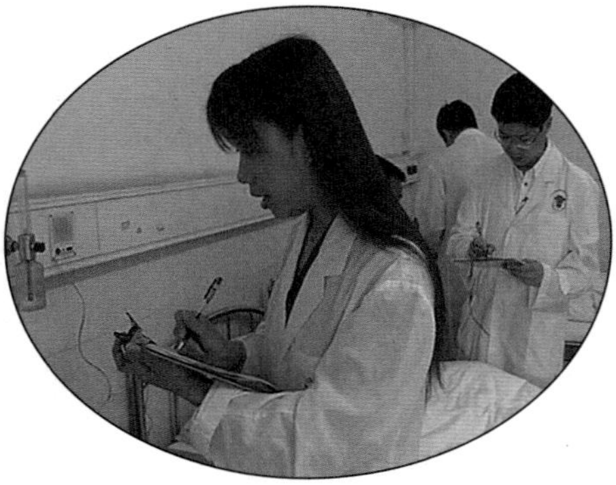

工作人员做笔录

症的可能，现在所有的矛头都指向了王得才他们所吃的白色蘑菇上。由于广东省处于热带亚热带地区，每年的三四月份，只要下雨停后，林子里的地上就会长出许多蘑菇。而就目前广州地区已经知道的蘑菇种类就已经超过 1 300 种，其中 400 多种蘑菇都有毒，王得才吃的到底是哪种蘑菇，大家还不知道。而且广东的蘑菇，毒性也都不一样。如果是毒性强的，不仅能损伤人体器官，同时可能使人立即丧命，而这些毒素在人身体里都有一个潜伏期，最长 30 个小时，短的 20 分钟内死亡，所以查清王得才他们吃的蘑菇的种类是医生治病的关键。

3 月 25 日下午 4 点，在工作人员积极展开调查的同时，原本病情已经稳定下来的王得才病情突然出现反复，并且来势凶猛。在 7 个小时左右他的转氨酶就开始升高了，早晨再做复查肝功的时候就已经到了 1 700 多。这可能是重要的信号提示，肝脏遭到了损害。25 日，医生把他转到了重症监护室。

由于肝脏损害严重，医院决定为王得才 3 人实行血液透析，用人工换血的方式来减少蘑菇毒素对人体肝脏的损害，减轻肝脏的负担。

与此同时，调查小组将采摘来的一些蘑菇样本送到了在中科院微生物研究所专门研究真菌的李泰辉教授那里。在广州地区包括广东的一些其他地区，每次发生蘑菇中毒事件，有关的部门都会直接打电话给他。

找到李教授的时候，他已经准备下班了。

由于某些毒蘑菇生长环境复杂，为了更具体地查出王得才 3 人究竟吃的是哪种蘑菇，李教授决定亲自到采蘑菇地点去实际考察一下。

李教授知道，有时候老百姓会把一些不同的蘑菇种类弄混，所以他必须从专业的角度来进一步来化验核证。所以每次蘑菇中毒事件发生以后，除了送样以外，他都会要求亲自去现场重新考察一遍。

医生专家们集合后，就来到了王得才所说的那片林子里开始了考察取样工作。

通常刚下完雨之后林子里都比较阴冷潮湿，这是蘑菇生长的最好环境，如果那时走进树林，经常会在树根、朽木和草丛里找到新长出来的蘑菇，但是这些蘑菇的寿命非常短，第 2 天或者第 3 天可能就萎缩了。因此，调查小组到底能不能找到王得才 3 人所吃的毒蘑菇，谁都没有把握。到了现场，大家发现就在王得才工地的旁边有很大一片的白色蘑菇。虽然这两天广州没有再下雨，但是李泰辉还是在草丛里找到了几个蘑菇，其中就有王得才描述的那种纯白色的蘑菇，让李泰辉教授感到害怕的是，如果王得才吃的真是这种蘑菇的话，那他的生命正遭受着巨大的威胁。为了更加慎重起见，李教授采集了一些白蘑菇以及它们周围的一些植物样本回去进行检测，并询问患者是不是吃的这种蘑菇。

3. 不辞而别

3 月 26 日下午 1 点，经过血液透析后，王得才的病情很快有了好转，现在他除了有一些虚弱的感觉之外，没有任何不适的症状。命总算保住了，可每次透析要花的 1 000 多元医疗费却成了王得才心头的一块大石头。他一个外地打工的，要是还需要再做两次透析的话，他到哪儿去弄那么多钱啊？于是王得才决定马上出院。

因为怕负担不起医药费，情况刚刚有所好转的王得才没有告诉医生就悄悄离开了医院，可是他不知道他体内的毒素并没有完全排除干净，而是在他体内潜伏下来，在毫不知情的情况下，王得才带着一枚定时炸弹逃离了医院。

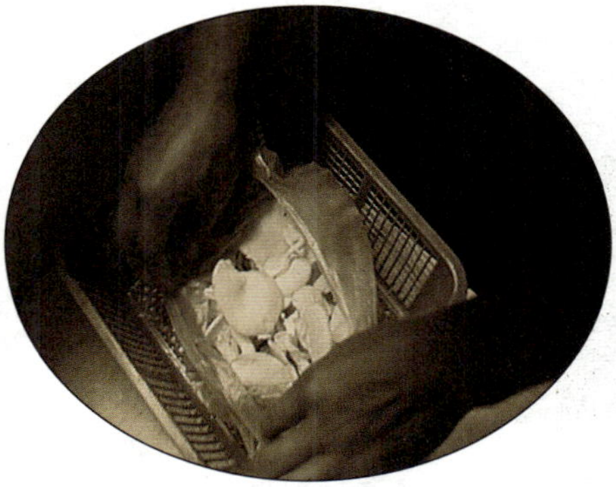
他们采食的白蘑菇

3 月 26 日下午 4 点，通过对采样的蘑菇以及生长在它周围植物样本的检测，李泰辉教授可以肯定，这种看起来洁白无瑕的蘑菇就是含有剧毒的致命白毒伞。到目前为止，人们发现的致命白毒伞都长在这种树下，两者是共生的关系，白毒伞的子实体就长在树根上，它需要树根给它提供营养。

一般老百姓区分蘑菇是否有毒，都是靠老人口头传授下来的经验，比如说，漂亮的蘑菇是有毒的，要采就采白色的蘑菇。但是如果仅仅靠肉眼，就连搞了30多年真菌研究的李泰辉教授，都不敢肯定这种白蘑菇就是致命白毒伞。于是当天李教授马上又返回实验室，连夜进行鉴定分析。最终证实了这个最可怕的结果。

致命白毒伞是毒蘑菇中毒性最强的一种。2000年3月份，在广州白云区的天鹿湖发生的蘑菇中毒事件就是由致命白毒伞引起的，当时9人吃了这种蘑菇，其中8人死亡，这起事件当时轰动了全国，从此这种致命白毒伞给李泰辉留下了极其深刻的印象。

毒蘑菇的毒素分四种，肠胃型、神经精神型、溶血型和肝损害型。那么致命白毒伞的毒性，从它的名字上就能看出来，是含有剧毒的。实验证明，人只要吃了50克的致命白毒伞就会毙命，而医学上到目前为止还没有一种有效药物可以解毒，所以尽早接受治疗对于中这种蘑菇毒的患者来说尤为关键。致命白毒伞的毒素属于肝损害型的，它专门针对人体的肝脏，一旦侵入肝脏细胞，肝脏会在很短的时间内失去造血功能，并且迅速衰竭。而致命白毒伞的毒性还有一个最可怕的特点，就是中毒者在接受一段时间的治疗后，会进入一个假愈期。就是说中毒患者在经过初步治疗后，会有明显的好转迹象，于是一般人会认为已经好了而放弃治疗。其实真正的毒素并没有被清除干净，而是由显性中毒特征转为

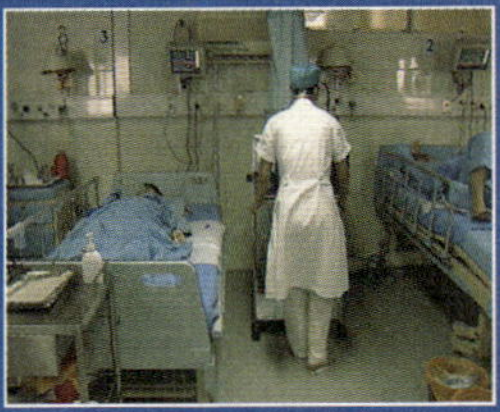

病情突然反复

到采蘑菇地点实地考察

纯白色的蘑菇

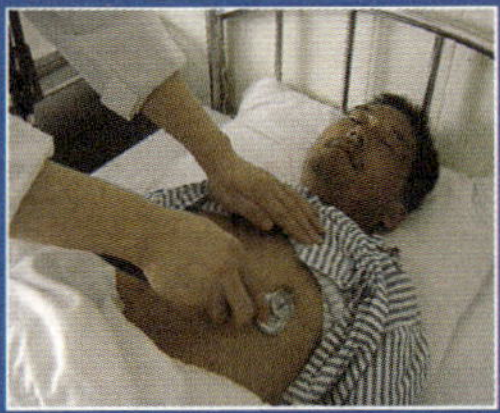

经过血液透析后，病情很快有了好转

检测蘑菇以及生长在它周围的植物样本

王得才在路上采了一些白蘑菇准备做午餐。

致命白毒伞

隐秘破坏。一旦毒性再次发作，那么后果不堪设想。

这种蘑菇的毒素主要攻击的就是人类的肝脏细胞。李教授通过外部形态，基本确定王得才和王友所食用的白蘑菇属于鹅膏素的种类。鹅膏素的种类就是最毒的类群比较集中的一个种属。这种毒素在身体里时间越久越是扩散到内脏的各个部位，它一旦跟内脏的一些细胞结合起来，就不容易清除了。所以李教授马上通知了医院，提醒他们不能大意，一定要采取抢救的措施。

可是王得才却已经偷偷出院了。王得才的不辞而别，令医生感到万分无奈，疾病控制中心的工作人员，也想尽各种方法与王得才联络。此刻的他们都万分焦急，他们担心的并不是王得才没有交的住院费，而是担心潜伏在王得才身上的毒素还没有彻底清除，如果王得才体内毒素再次爆发而不能得到及时治疗的话，他就会立即丧命。这是医生们最怕也最不忍见到的事情，况且王得才在离开医院的时候，转氨酶已经有了升高的迹象。于是，疾病控制中心的工作人员下决心一定要找到王得才，无论如何也要把他劝回来。

吴医生介绍，致命白毒伞中毒的患者在假愈期的时候，看上去只是有点乏力，有点胃口不好，食欲差。很多人都认为拉过肚子了，就应该出现这个现象，但是这个时候，正是肝功能遭到破坏的时候。

吴医生无奈地说，患者自己偷偷地走了，拦都拦不住，因为从医疗角度来讲，患者有选择医院的权利，有选择是不是治疗的权利，还有选择医生的权利。院方只能及时报告疾病控制中心，让他们帮忙，把王得才找回来。

最终，疾控中心的工作人员找到了王得才的家，对于他们的到来，王得才也颇感意外，最初王得才还坚持自己的身体已经完全康复，不需要再回医院接受治疗。即使听疾病控制中心的工作人员讲清了致命白毒伞的毒性发病特征之后，他还是不愿意回到医院去。就在大家忙着劝说王得才回医院接受治疗的同时，跟他同一天入院的 17 岁的男孩突然出现了狂躁不安的症状，在被送到 ICU 重症病房后不久就死去了。

王得才一听，当时同一批去的工友就有死亡的，心里这才害怕起来，觉得自己也快要死了似的。工友的离去给了王得才很大的触动，他不再逃避，而是很配合和工作人员回到了医院，继续接受治疗。

医生们也几次三番告诉王得才，不要再考虑治疗费问题，生命比金钱更重要。

4. 幸运的患者

医疗费有了着落，王得才终于可以安安心心地接受医院安排的各种治疗，但是由于他停止治疗了一段时间，因此肝脏功能已经受到了严重的破坏，就在刚刚回到医院不过半天的时间，王得才也被送进了重症监护室进行抢救，这一住就是 7 天。

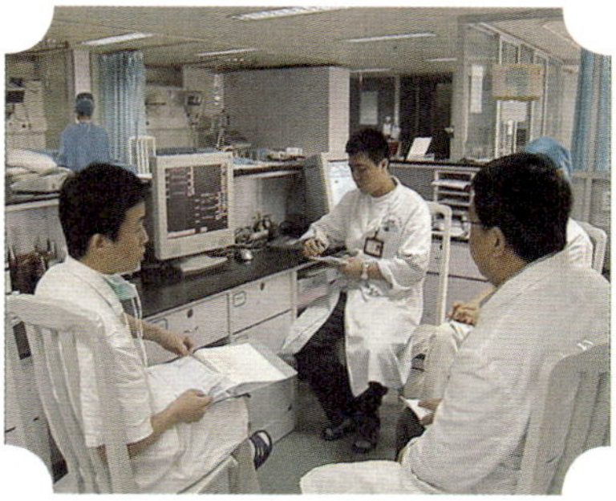
医生讨论抢救的措施

经过医生及时有效的救治，王得才现在已经完全恢复了健康。

自 2000 年～2005 年期间，广东省每年都会发生蘑菇中毒事件，而在这几年当中，广州市第十二人民医院，总共接收了 19 个误食致命白毒伞的患者，通过这几年的摸索，对于这种蘑菇中毒的患者，广州市第十二人民医院的医护工作者已经积累了一套完整的治疗方案，治愈率也由原来的 10% 提高到现在的 80%。王得才是幸运的，虽然他在发

疾控中心的工作人员找到了王得才的家

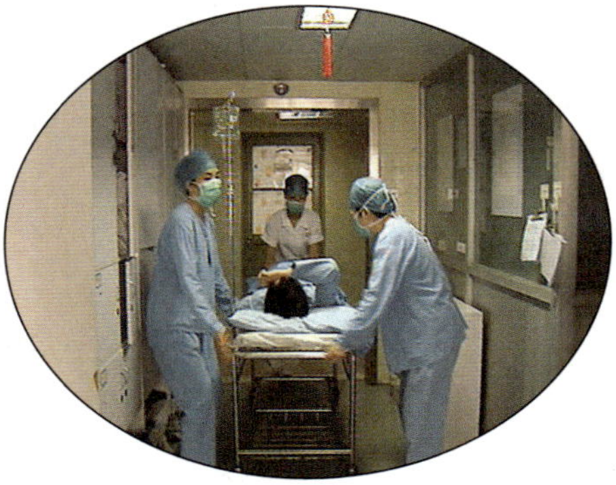

王得才被送进重症监护室

病前期已经错过了最佳的治疗时间，虽然他差点耽误了致命白毒伞毒素的二度爆发的治疗时机，虽然他在被送到重症监护室时，一度也出现了肝损害典型的精神狂躁的症状，但是无论如何，他是幸运的。他的幸运在于，医护人员的坚持不懈；他的幸运在于，广州市对于蘑菇中毒患者有一个完善的救人机制，他可以安心地接受治疗；他的幸运在于，李教授的经验学识，及时鉴定出蘑菇的毒性；他的幸运在于，在每次他需要救治的时候，医生都及时地伸出了援助之手。正因为有这些兢兢业业的医护工作者，正因为有这样一位随时候命的蘑菇专家，王得才的性命才得以保全下来，他的身体才能恢复健康，他才能再次享受亲情。

所以，蘑菇固然营养美味，但在我们享受美味的时候，也要时刻提醒自己注意美味背后的陷阱。

（张瑶）

致命颤抖

他需要这样的治疗，已经没有其他的选择。30年寻医之路，3年不能走出家门，是什么病症如此折磨人？

一犯病就得两三个人连揉带推，然后就是抽搐到大汗淋漓。这究竟是一种什么样的病，怎么使得这么多人围着他转呢？

1. 胜利得了怪病

这次，胜利从北京宣武医院看病后，从救护车下来，艰难地在家人帮助下上楼回家。

胜利已经3年没怎么出家门了，这次外出看病真可称得上是兴师动众，爱人、母亲还有妹妹全部陪同着，但结果还是无功而返，很多医院对他的病症也弄不清是怎么回事。回到家里他还是不住地颤抖。

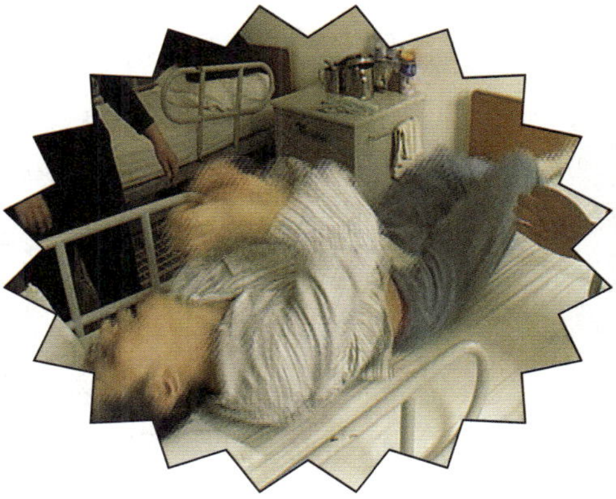

胜利一犯病就是大汗淋漓抽搐

胜利今年53岁，这个怪病折磨得他不能工作，连起码的生活都要靠家人帮助。趁着胜利不发病的短暂间隙，家人赶紧为他换下

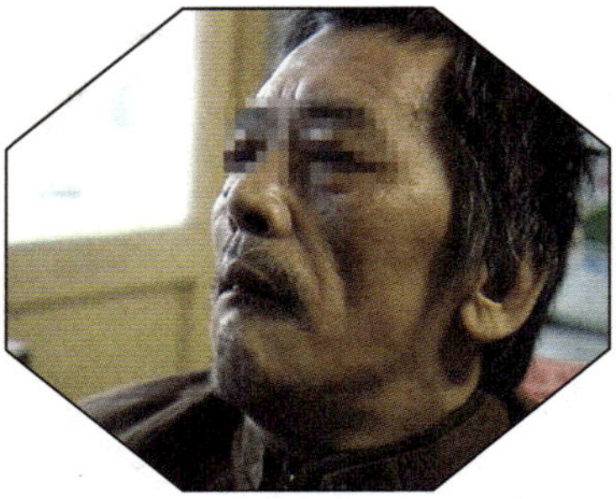

今年五十三岁的胜利

被汗水湿透的衣服，爱人小李为他准备了午饭。

胜利的爱人回忆：“刚一开始还能吃饭，他就自己吃饭、煮面，一个手拿筷子，有的时候一个手拿碗，吃着吃着，吃不到嘴里，手哆嗦得要命，两个手颤得要命，‘啪’，把碗给摔了。”

家里的碗、杯子不知被摔碎后换过多少次，现在胜利吃饭必须选择在发病的间歇期，还要大量喝水，吃过药就采用这种方式帮助消化吸收。家人知道，像这样不自主的运动，对于胜利来说是一件非常痛苦的事情。

胜利家人苦恼万分，并不仅仅是因为整天重体力劳动带来的劳累，还在于一家人不知道胜利到底得的是一种什么病？到底能不能摆脱这种痛苦的折磨？

2. 回顾病发经过

胜利是河北一家汽车修理厂的职工，从 20 多岁起就从事这一职业，了解他的同事都佩服胜利有一手修车的好本领，连续许多年他都是厂里的先进人物。胜利的为人也得到了一个姑娘的爱慕。

胜利的爱人记得：“当年我跟他搞对象的时候，他的手是有一点抖，但还不太厉害，每当那时候他就怕我看见他手在发抖，他老是插着裤兜。我那会儿觉得他年轻，手稍微抖一点，也不算什么。”

是爱情的力量使他们结合在一起，一年以后他们有了孩子。正当他们在喜悦之中的时候，胜利却总感觉自己手不听使唤。修车时他会突然手颤，拧不上螺丝。

同伴问他：“你手怎么老哆嗦，怎么了？”

那一次，胜利好不容易才把螺丝拧上。后来他在修车时时常会发生手哆嗦，同伴们也都劝他好好检查一下。

妹妹说:“一开始他手哆嗦也没在意,也不知道这是不是种病,到医院去检查,人家说也查不出病因来。后来我们就自己四处投医,吃的药也不少,什么偏方都试过,也没有什么效果。”

胜利还是坚持工作,直到后来他的腿也不由自主地颤抖起来。

侯泉禄是河北保运集团工会主席:“每次看到他发作起来的状况,我的心里就非常着急,感到自己的心里特别难受,这什么症状?和有些人吸毒症状一样。”

周围的人都知道胜利是一个老实人,不会染上吸毒这个恶习。但他的病情就像总也修不好的车一样,总在出问题。

渐渐地,胜利再也站不住了,哆嗦得很厉害,一站着就倒。没人扶着他就站不住,就算拄着拐杖也站不稳。

3. 找到有用的药物

胜利的病情加重了,单位的领导和同伴看到这一情况也非常着急。

侯泉禄:“找了很多医院,找了很多地方,都没法正确诊断他到底是什么病。大家都觉得这种病非常奇特。我们从来没有遇见这样的病情。”

看到胜利发病的样子,一些同事提醒他们,胜利的病会不会是癫痫呢?

癫痫也就是人们常说的羊角风。癫痫的患者在不发作的时候和正常人一样,发作的时候往往伴有意识丧失,而胜利发病时意识却非常清楚。

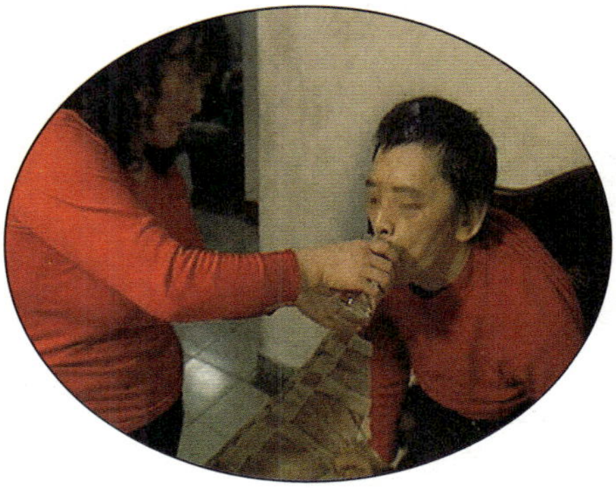

胜利连自己拿住杯子都做不到

在看病的过程中,医生们同时也排除了舞蹈病的可能性,因为这种病有明显的遗传倾向,而胜利的家族中没有这一情况。

胜利到底得了什么病呢?他妈妈也想不明

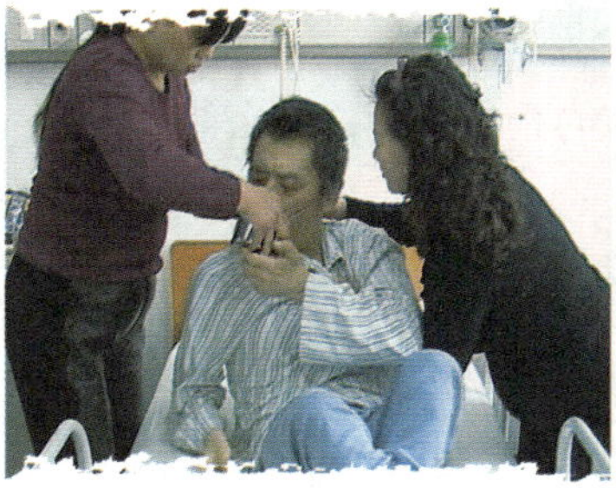

胜利喝水必须选择在发病的间歇期

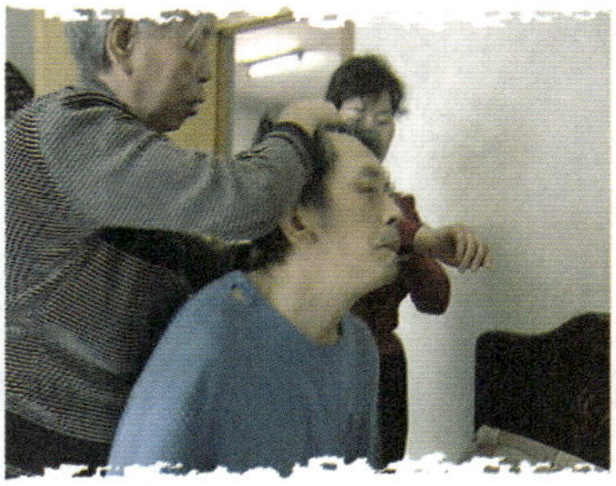

家人赶紧为他换下被汗水湿透的衣服

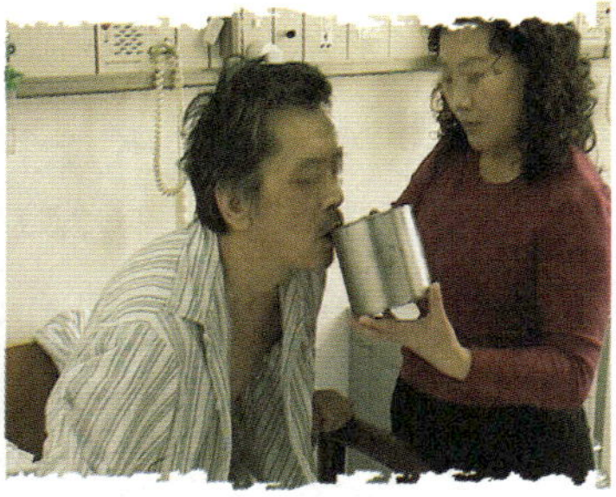

妻子细心照顾

白，既然找不到病因，干脆就先调养身体，同时试着用各种办法进行治疗。

胜利的爱人："我的婆婆为了让他好得快点，特意请了一个按摩师为他按摩。上诊所去按摩一天 10 元钱，让人家到你家来一个月是 480 元。喝中药加上按摩了两个月，我们 10 天就花 700 元钱，可是没有起一点作用。"

花了钱，病却没有起色。就在一家人为胜利的病到处求医问药的时候，又一场打击向胜利袭来。

胜利得了急性胃穿孔，在医院抢救了一天才保住了生命。但是天有不测风云，刚刚脱离危险的胜利，又一场打击在等待着他。

他爱人记得："做完手术以后第二天，回来之后他的手就开始僵硬，腿也抽动，胳膊也抽动。婆婆和小姑子值白班，我和我儿子值夜班，每到晚上都是我和儿子给他捏胳膊，捏大腿，这样他才能入睡。"

不管怎样，这是胜利手术以后最好的情况。一家人为了他累得筋疲力尽，为胜利治病到处求医买药，希望能解脱他的痛苦，后来发现一种叫美多巴的药物能暂时控制胜利的症状。可这一吃就是五六年。病情仍旧是时好时坏。

他爱人很清楚："他吃这种药的药效已经减退了，不到吃药时候他就要吃。为这个我就特意给他买了个表，开始计算时间，他吃药原先是每隔 5 个小时，慢慢缩短到 4 个小时，不久 4 个小时也不行，现在是 3 个小时，有的时候甚至 2 个小时他就要吃药。我只能控制他，不到点不给他吃。"

4. 去北京宣武医院

胜利的身体越来越弱，而药却越吃越多了。为了让药物尽快起作用，胜利吃药以后需要家人不住地摇晃、按摩他的身体，但是外人看来这是一种近乎残酷的手法。

而胜利本人认为，这种方法能够促进他的血液循环，能够发挥药效，这时候家人就管他叫“来电”了。而如果药效一消失，胜利就会感到周身僵硬，狂躁不止，就得赶紧吃药，那时候家里人就叫“没电”了。这一会来电一会没电，一天周而复始，来个五六次，到夜里还不消停，也这么折腾。连楼下的大妈都说，每天深夜准点 3 点 40，这楼上“哐哐”跟搬家似的，这哪受得了啊？可是大家还挺同情这一家人，大家都盼着能够早点找到治疗胜利这种病的办法。可是这

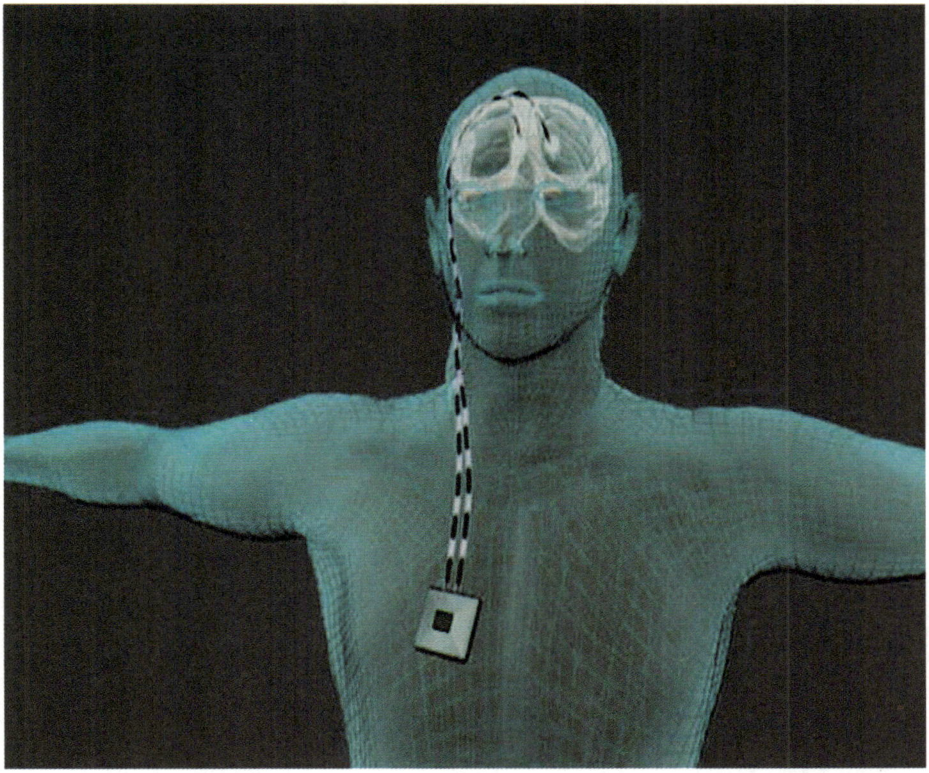

人脑深部有一个能产生多巴胺细胞黑质核团的地方，可调节人体随意运动

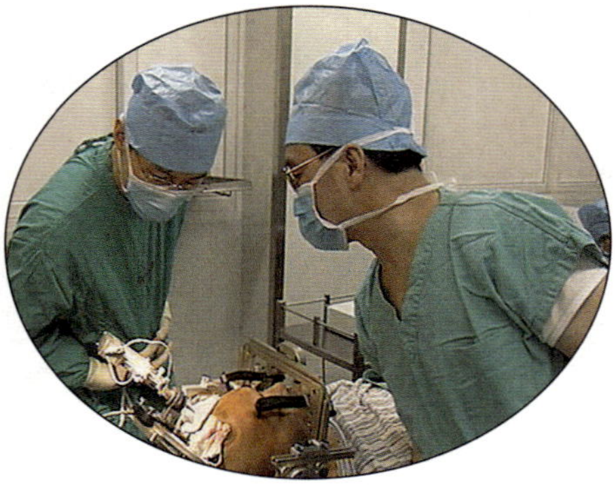

医生决定给胜利的大脑深部置放两根电极

办法究竟在哪里呢？

胜利已经不能出门了，多数的时间只能躺在床上，家里的床垫也换了几个。病好一点的时候他可以坐椅子，可是全家已经没有一把好椅子了。

为了给胜利治病，一家人省吃俭用，爱人辞去了工作，和老母亲及孩子的姑姑一同照顾他。但是很多时候，他们还是感到力不从心。

胜利的爱人："现在我一个人力量太单薄了，有的时候就哭着和我妈说，我真是受不了了，他这么痛苦，我心里也难受，可是我没有多大的能力。我又担心我的婆婆，胜利病得这么厉害，不见好，婆婆已经 70 多岁了，她要是再有什么闪失，你说这个家我都没法想，我觉得我太痛苦了。"

一家人四处打听，就在他们一筹莫展的时候，有人建议他们到北京宣武医院看看，兴许那里有点希望。初春，胜利一家人来到了这里。

刚来到病房，功能神经外科主管医生遇涛就接到了信息。

当时实习医生找到遇涛，说"遇老师你赶紧看看吧，咱们新收的这个患者不知道什么病，弄得整个病房的患者都害怕，都跑出来了"。

遇涛看到，胜利在不住地颤抖，满身大汗，连衣服都湿透了。

遇涛很震惊，这种情况他也是头一次看见，这是什么病呢？

5. 病因：缺少多巴胺

医生们了解到，胜利发病前后已经有 30 年了，吃了很多种药，其中吃得最多的就是一种叫美多巴的药物，那么美多巴药物对应的疾病是叫作帕金森的一种疾病。

帕金森病是个什么病呢？一个人如果得了帕金森病，就说明大脑里缺少了一种物质：多巴胺。由于多巴胺是专门控制人的动作的，如果人的大脑里面少了多巴胺就会导致运动不听使唤，手脚不停颤抖，周身僵硬、动作迟缓。那么出现这种情况经常需要口服多巴胺类药物。胜利是不是得了帕金森病了呢？

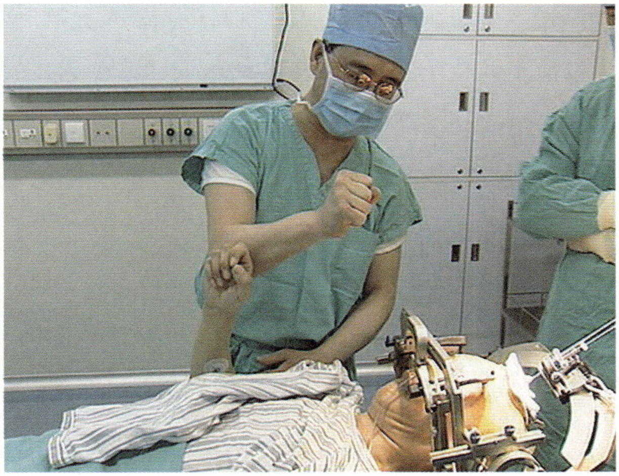

大于1毫米的误差就会导致手术失败

医生们发现，胜利的病情与帕金森病有一定差别，他们并没看到帕金森特有的震颤、僵硬，只见他全身不停地摇，这实际上并不是帕金森的表现。于是李勇杰教授要求医生们仔细分析他的病史，还要守候在患者身旁，观察他的变化。

很快他们发现了新的情况，胜利服用左旋多巴胶囊（美多巴）药物的剂量，远远超过正常使用量。

李勇杰教授（北京宣武医院功能神经外科）解释说："在我国的《药典》上，左旋多巴的极量，

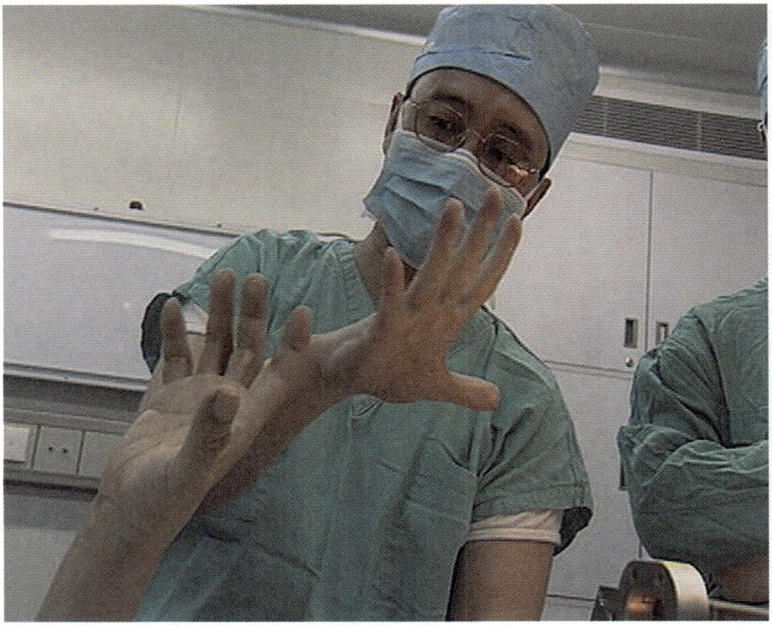

医生让胜利活动手，做动作

最高量就是600毫克，也就是3片的量。可是胜利不一样，他属于严重短缺，所以他才会很急切地等待着下一次药，可是在我国，一次服用左旋多巴胶囊（美多巴）超过七片的非常罕见。”

胜利长期以来用药一直处于超量状态，很多人也有疑问，既然药物已经超量这么严重了为什么还要给他吃呢？

胜利的爱人也很无奈：“现在他不吃不行，他有药物依赖了，必须得吃。”

胜利就是处在不吃药不成，吃药也不成的地步。根据胜利长期用药的情况，医生们怀疑，胜利表现出的异常情况，很可能是一种药物的不良反应。

经过必要的客观检查，李教授他们认为，胜利不但患有严重的帕金森病，还同时合并有极为严重的药物不良反应，现在这种不良反应已经超过了疾病本身的危害。

李勇杰：“你得仔细地去问问患者以及家属，得等待几个小时在他身边，才能看到帕金森原始的表现。所以治疗这个患者难在哪里呢？药物所引起的不良反应的危害已经远远超过了帕金森病症状本身，而它所占用的时间也远远大于帕金森病本身。”

大家知道，帕金森病是一种进展性疾病，一般是从一侧肢体开始起病，过三四年，就会发展到另外一侧，李勇杰教授认为，胜利病史已经30年，双侧都会有病变，只不过被药物引起的不良反应掩盖了。

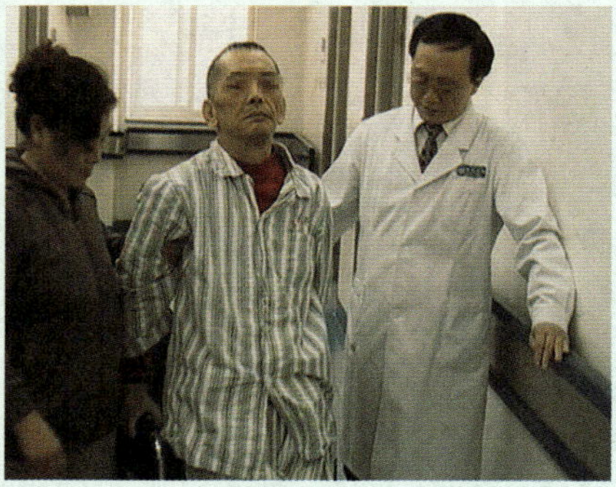

胜利能自己站起来走一走了

6. 大脑手术

诊断虽然清楚了，但另一个问题同时摆在了李教授他们面前。

医生们觉得压力很大，如果选择一个合适的方案，有一个成功的手术，就不光解放了胜利，还解放了他全家，不胜利的病使他的一家人都生活在忧愁之中。

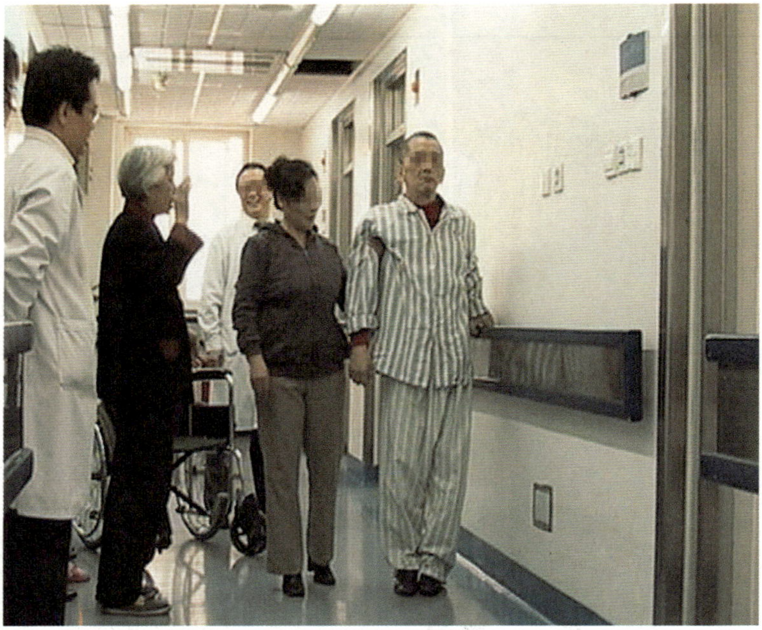

胜利两周后已经基本恢复

光是一个体力上的一种解放，更是一种精神上的解放。

李教授认为，采用手术的方法是解决胜利帕金森病的唯一途径。因为症状已经影响了他的两侧肢体，在一侧大脑手术是达不到效果的，而将两侧大脑中的核团毁损，弄不好会引起语言障碍，存在相当大的风险。最终，医生们决定在胜利的大脑深部置放两根电极，这种方法对手术的精确度有很高的要求，大于 1 毫米的误差就会导致手术的失败。李教授也将这一切告诉了胜利的家人。

胜利的爱人并未如释重负：“胜利这种病呢，给他做手术我有些疑问，担心做电极比较麻烦，我们回去后还得调电池什么的。我真是担心，是不是做了手术之后，他真的像正常人那么好了。”

老母亲同样在担心：“孩子要是做了手术，落一些后遗症怎么办？”

为了保证手术效果，李教授和医护人员反复检查了解了胜利的情况。

胜利的头脑仍然很清醒，他非常关心自己安装电极的事情，李教授为他和家人做了解释。

经过慎重的考虑，一家人还是决定为胜利安装双侧大脑电极，用脑起搏器控制病情。

这种电刺激的办法相当于心脏起搏器，电极放到大脑中特定的核团位置，通过埋藏在皮下的遥控开关使它持续性地释放电流，抑制这个核团内细胞的异常电活动对人的影响。

医院很快就为胜利安排了手术，但是在探测大脑中电信号的精确部位时，他们发现，与术前核磁检查定位发生了 3 毫米的偏差。

李勇杰：“他的左脑的核团要浅一些，右脑的这个核团要深一些，跟那个磁共振还真是有差别，所以这点和其他人不太一样。”

经过检查发现，这是与胜利不能控制的颤抖有一定关系的。

李健宇：“他做核磁比别人更困难是因为他抖得比较厉害，手术之前如果他还无法稳定的话，定位是没法定的，所以我们请了麻醉科将他麻醉，让他安静下来。”

经过术中电信号的探测定位，医生们修正了这一偏差。但是他们清楚，电极的安放位置极为重要。因为放得深一点就是脑干，脑干如果出点血就会危及生命，所以很危险，但浅一点又会不起作用。

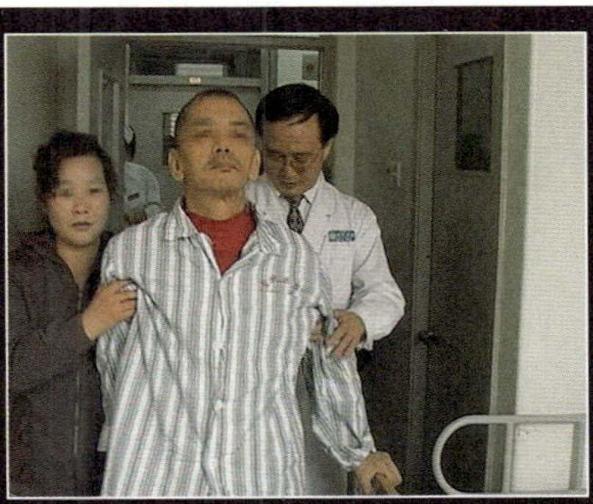

那种痛苦的颤抖生活已经一去不复返了

手术深度经过了两名医生的反复比较和确认，他们甚至还在电极上标明了深度。

医生在手术中一直对胜利喊话：“醒着没有，醒着，真好，你表现特别好，这只手，活动活动啊，僵不僵？这手很硬是不是？你给我做做动作，攥紧了，打开，快，快点，是不是觉得好一些了？”

55岁以上，帕金森的患病率达到了百分之一

术中通过微弱电流试验，胜利的震颤消失了。

经过 4 个多小时的手术，电极置放到了胜利大脑的满意位置。

胜利手术以后已经有两周了，多年那种痛

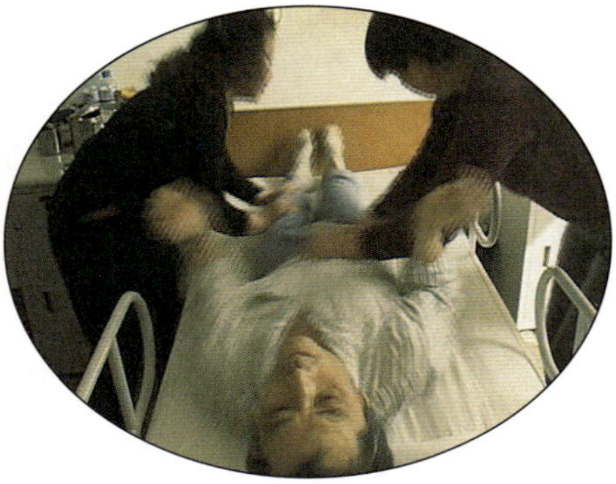
胜利一犯病就得两三个人连揉带推

苦的颤抖生活已经一去不复返了，接下来的是新生活的开始。

近些年来，帕金森病的患病率有所上升。这主要是由于人口老龄化的缘故。据专家介绍，55岁以上人群中，帕金森的患病率达到了1%，年龄越大，患帕金森病的比例越高。李勇杰教授告诉我们，在他们的试验室，已经培养出成熟的人体多巴胺细胞了，他希望在近10年内能够彻底治愈帕金森病。这是一个非常令人兴奋的消息。我们也期待这一天能够早日到来。

（刘海忱）

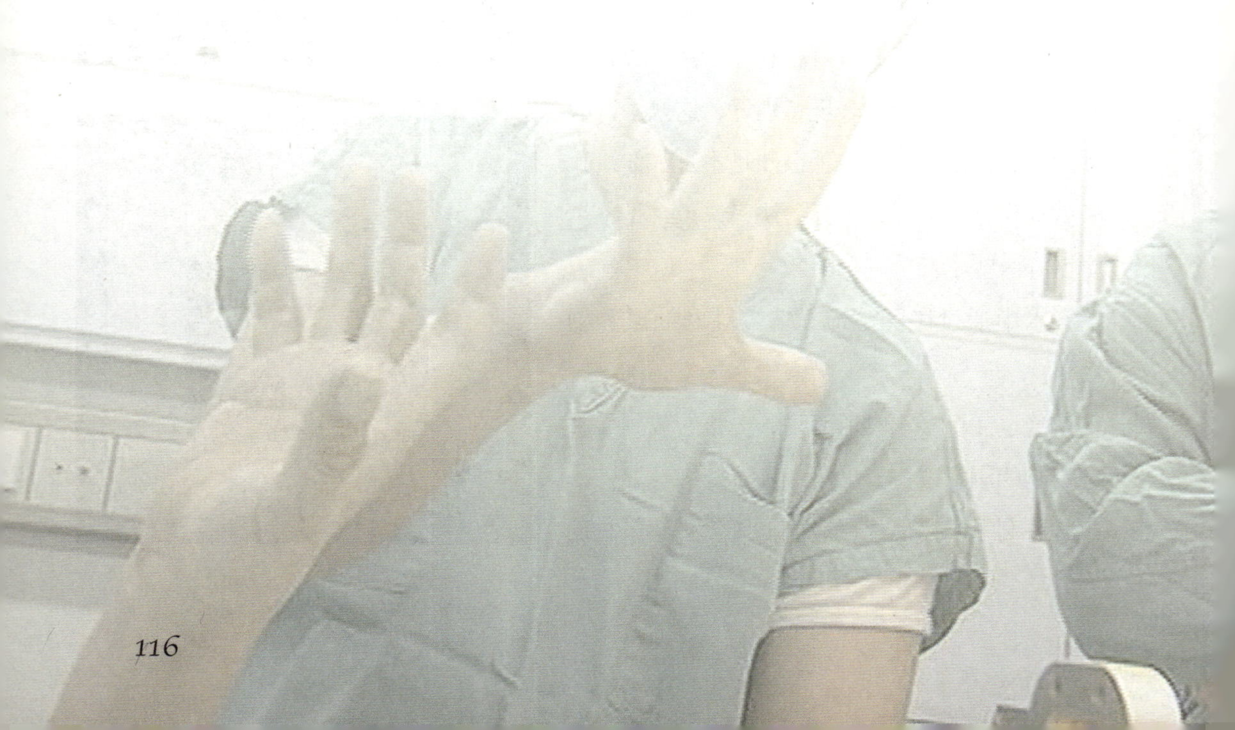

拯救三腿宝宝

一个一两岁的孩子，在他的眼神中，看不到孩子的天真、活泼，相反却充满了忧伤、哀愁、无助这一连串他这个年龄不应该有的情感。这个孩子为什么会如此难过？在他的身上又发生了什么样的事情呢？茫茫人海，这个孩子会在哪里？

1. 网上惊现三腿男婴

8 月的一个早晨，“儿童希望救助基金会”主任吴建英像往常一样，上班的第一件事就是上网浏览有关孩子的新闻。刚一打开网页，一条令她震惊的信息跳了出来。信息十分醒目，写的是“三腿男婴有沦为乞讨工具的嫌疑”，这个标题对吴建英来说实在是太引人注目了。

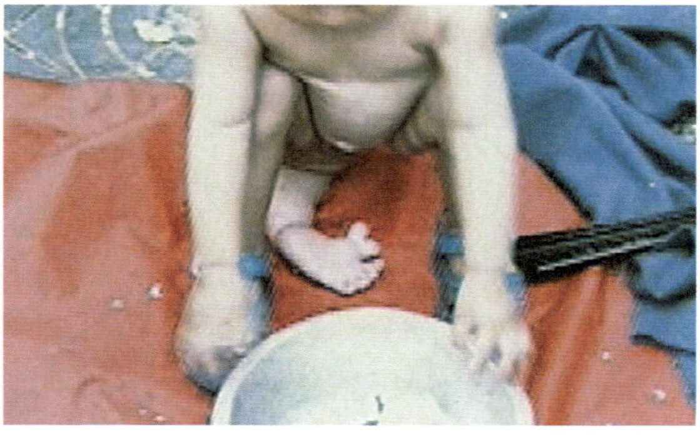
威威面前放着一个小铝盆，里面是一些零钱和物品

接着，吴建英看到了孩子的照片。孩子的那双眼睛给人的视觉冲击力相当大，

吴建英感觉这个孩子的眼神里透出了一种无助和忧郁。

基金会职员郝莉也看到了这条消息："孩子的那双眼睛特别打动人，也打动主任了，然后她就和我们说有这么一件事情，于是我开始和最早把这个小孩子的求助帖发出来的卢先生联系。"

很快，郝莉联系上了这位卢先生。

卢俊杰记得很清楚："7月9日我发货回来以后，见到前面街上围着一堆人，然后就发现了威威和老韩。当时给我的第一感觉就是害怕，因为威威有三条腿。"

卢俊杰发现，威威坐在地上，支撑他的是那条可怕的第三条腿！孩子没穿衣服，前面放着一个小铝盆，里面是一些零钱和物品。

卢俊杰看到老韩身上有一块纸板，上面写的是：捡到一个弃婴，没有钱医治，所以带孩子出来乞讨，乞讨是为了给孩子治病。

卢俊杰给孩子拍下了几张照片，并且发到了互联网上。他希望能有更多的人来帮助这个不幸的三腿宝宝。郝莉从卢俊杰那了解到，威威就在河北省邯郸市。

孩子总算有了下落。但是，最让从事儿童救助工作的吴建英和郝莉担心的是，老韩为什么要带只有一岁多而且还不会说话的孩子上街乞讨？他会不会把幼小的威威当成乞讨工具，为自己赚钱？如果是这样，身体残疾的威威有可能落入黑心人的手中！事不宜迟，8月29日吴建英和郝莉协同有关部门的工作人员，赶到了威威的老家邯郸市永年县，准备营救这个不幸的孩子。

2. 威威的来历

中午时分，一行人到了老韩家，听他讲述了威威的来历。

原来，威威是老韩在前一年2月16日捡回来的。当时孩子已经饿了两天没人管。"我们喂了水。给他洗了洗，也不睁眼了，也不哭了。"

妻子老黄也觉得："刚生下来就被扔到地里了，可怜孩子，都没人要了，我捡回来想好好照顾他。”

老韩说，自己一直想为这个孩子治病，但是让他拿出这么多钱却不容易，他带威威去乞讨，是希望有更多的人知道威威，能够帮助这个可怜的孩子。

吴建英记得：“老韩见我们第一句话说的是，我终于盼到这一天了。”

老韩一直就盼望着这一天，他希望威威能长成个正常完整的孩子，“和别的小孩一样，享受到中国少年的幸福。”

据老韩说，他当初拣威威回来的时候，他都已经冻得不会哭了，浑身冰凉，他们用热水给他暖身子，又喂奶又喂水，过了差不多整整 10 天，这个孩子才缓过劲来，可以说老韩给了威威第二条命。

见到儿童希望救助基金会的人，老韩也是特别激动，当天晚上，他就和老黄带着威威来到了北京中医药大学东直门医院。经过医生的初步检查，威威的第三条腿是可以切除的，事实上他们在此之前也曾经做过两例类似的手术。这让所有的人都松了一口气，也为这个小家伙而感到欣慰。

威威有着一双清澈的大眼睛，见谁都不认生，一见到照相机、摄像机就会展开灿烂的笑容。虽然还不会说话，不过威威对音乐特别敏感，只要一有音乐声，立刻就会跟着节拍动起来。

但是，第二天详细检查之后，却让骨科主任徐林心事重重。

“我一看大吃一惊，和我原来想象不一样，超出我的想象，因为在他的异肢根部还长有一个外生殖器，这个孩子可能不是男孩，有可能是个两性人，也可能是个女孩。”

在威威右侧臀部上，长出了不该有的第三条腿。而且，医生发现，威威同时有男性和女性两套外生殖器，因此在病历的性别一栏里写着“不详”两个字。

徐林此时心情很复杂：“养父养母认为他就是个男孩，他们也希望这孩子是个男孩，而所有的社会媒体、舆论都说他是一个男孩，可是我看了以后犹豫了，这不是一个简单的男孩女孩的问题。”

因为小家伙有可能是两性人，为他做整形切除手术之前，首先要搞清威威究竟是男还是女，这个决定将会影响威威的一生！

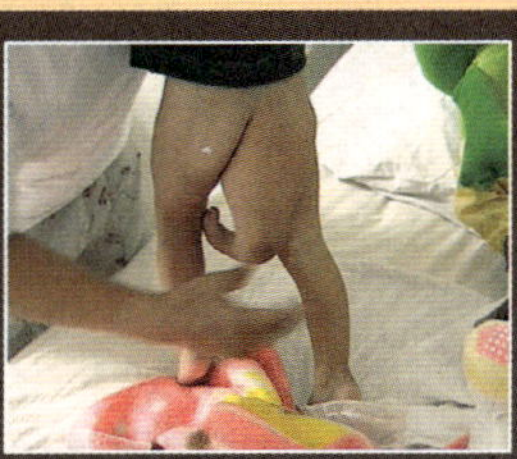

威威的第三条腿是可以切除的

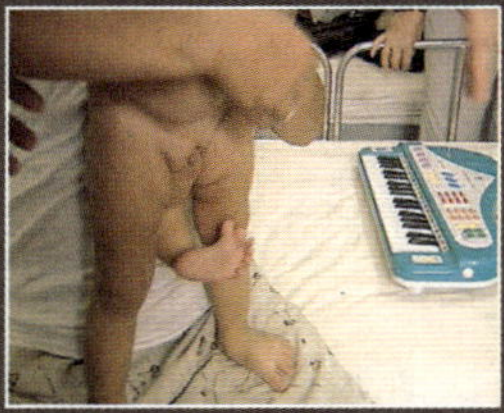

威威对音乐特别敏感

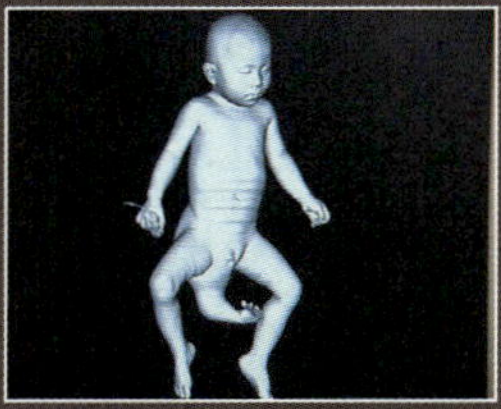

威威的大腿根部又长出一个外生殖器

当人类的卵子和精子结合的那一刻，就决定了我们的性别是男还是女。现代医学技术中，有一项十分重要的鉴别性别的方法就是染色体检查，如果第 23 对染色体是 XY，那就是男性，如果是 XX 就是女性。虽然从外观上看威威有男性外生殖器，家人也一直认为他是个男孩儿，但是，染色体检查结果让家人感到意外。染色体报告显示，威威第 23 对染色体是 XX，也就是说，威威是一个地地道道的女孩子。

这应该是最精确的证据，在这之前，大家都是从自己的推断分析，现在就是通过一些基因学的检查、遗传学的检查来确定了。

超声波显示，威威体内还有子宫，再加上染色体检查，威威是个女孩这件事是毋庸置疑的了。

3. 探究畸形原因

明明是女儿身，可又长了男孩子的器官，到底是什么原因呢？母亲在孕育威威的时候，发生了什么可怕的事？

徐林说：“我们曾经试图希望她的父母能够站出来，哪怕是写一封匿名信给我们，来交代一下当时他们怀孕时期的这个情况也好。可是很遗憾，我们一直没有得到回音。”

周就芳（北京中医药大学东直门医院骨科医生）：“这是胚胎发育时造成的，但是现在父母亲也找不着，也不知道她怀孕期间用过什么药，是不是感染过什么病毒，这些都不清楚，原因不太容易追查。”

孩子的第三条腿到底是怎么长出来的呢？是一个孩子多长了一条腿，还是

三条腿的宝宝

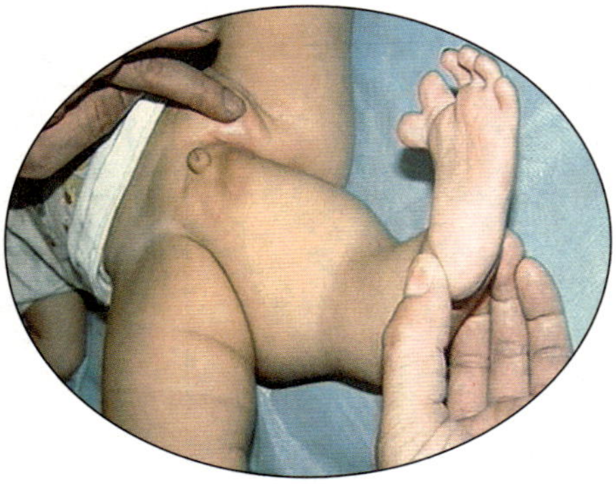

威威同时有男性和女性两套外生殖器

两个孩子连在了一起，那为什么又会是一男一女呢？威威的情况引起了许多专家的重视。有些人认为，她是一对没有发育好的龙凤胎，主体部分是凤胎，多出来的那条腿是没有发育好的龙胎，因为腿上面有男性的外生殖器，那么也就是说威威本来应该有个双胞胎的弟弟，可是这个弟弟不知道什么原因，长了一条腿以后就停止发育了。而另外一些专家却有不同的观点，他们认为，这条腿上看上去很像是阴茎的组织，实际上是尿道的另一个开口，因为医生在检查的时候没有摸到睾丸，隆起的部分实际上是皮肤受到刺激后引起的皮肤增生。

据医生介绍，像威威这样的畸形非常罕见，因此其形成的原因很难确定，加上父母的遗弃，查找原因就更加困难。尽管原因一时很难查清，但是手术不能等，年龄越小做手术对孩子的恢复越有利，因为随着威威的长大，第三条腿也在生长，在和其他组织和器官争夺营养，如果不及早去除，会影响孩子的正常发育。

威威入院后，许多著名专家赶到东直门医院，多次为小威威进行会诊，他们希望能尽快查清孩子的身体结构，为手术做好准备。泌尿科专家吴克让在一次检查时，正巧看到了威威的一个特殊现象。

“正好我去看她的时候，她在小便。我发现她是通过男性阴茎的地方撒尿，尿还撒得挺远，可是女性尿道的地方没出尿。后来我又问她妈妈，她说下面肯定也撒尿，因为她在事先也做过膀胱造影。那就是说膀胱起码有两个出口，一个是女性尿道的出口，一个男性尿道出口。”

那么在切除第三条腿的同时，还要结扎一条尿道，以保证手术后能够正常排尿。看来，手术并不是把第三条腿切除那么简单，这条多出来的腿已经成为孩子身体的一部分，它会不会和其他组织、器官有着千丝万缕的联系呢？一旦失误，会不会引起孩子更严重的残疾呢？

骨科主任徐林是这次手术的主刀人。他最害怕威威在手术当中出血。成年人手术当中出点血是没有太大问题的，但是，小威威才只有一岁多，她全身的血液只有600毫升左右，而且她的血管很细，如果遇上大出血，输血的速度将会很慢，很有可能会因为大出血而导致休克，甚至死亡。在威威的第三条腿当中，有一条主要血管，它从正常的髂内血管当中分杈出来，成为第三条腿的主要营养供给线的。医生在切除第三条腿的同时，要把这根血管缝合结扎，所以说手术过程当中一定要特别小心，不能有半点差错，否则后果将不堪设想。

9月12日，手术方案最后确定。手术中将要完成三大任务：第一项，切除第三条腿和它上面的男性生殖器，还给威威一个真正的女儿身；第二项是要结扎一条输尿管，术后排尿将由女性一侧的尿道排出；第三个任务就是结扎第三条腿上的主要血管。此时，家人也在期待着威威的手术。

养母老黄："她做了几回检查，看见她受罪我就难过。要做手术了，看那么多人为她祈祷，希望能顺利成功吧，成功了我就有希望。"

养父老韩："医生会精心治疗的，不会麻痹大意，我相信这个手术会成功。"

4．正式手术切除

9月15日，威威被送进了手术室。也许是她感觉到那天是一个特别的日子，早晨醒得特别早。

郝莉一直照顾着威威："威威就像她养母说的，早上一般7点以后才会醒，但手术那天却醒得特别早，5点就醒了，而且情绪比较急躁，不太配合，她根本不愿上手术病床，她的养母一直把她抱到了手术室，抱进去之后，她还是死命抓着老黄的衣服不撒手。"时间在一分一秒过去，卢俊杰一直在

威威和养父母一起玩耍

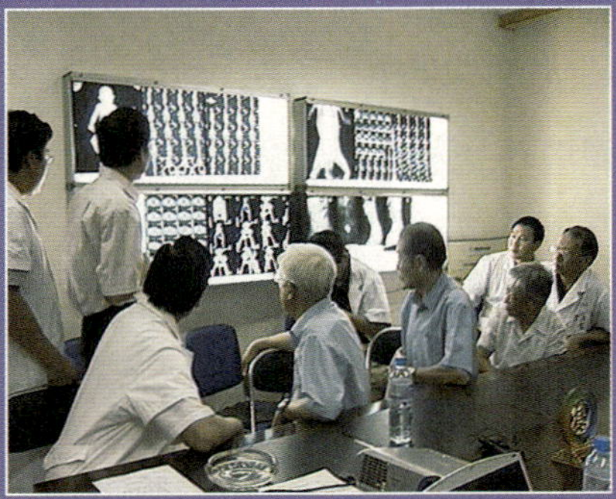

许多著名专家赶到东直门医院进行会诊

手术室外等待着，这个曾经素不相识的人，此刻就像守候家人一样守候着威威。

9点30分，实施麻醉。

手术室里，威威接受了麻醉，安静地睡着了。医生们在做着手术前的准备。

手术室外，聚集了几十家新闻媒体，记者们在焦急地等候着，盼望着手术成功的消息。

10点18分，手术开始。

手术开始了。医生们切开了威威的第三条腿。可是，他们发现，那根主要血管并不在估计的位置上，而是发生了扭曲，找到它并不是一件容易的事。

徐林解释说："这根血管的粗细大小测量起来比较困难，但估计有两三毫米左右，这根血管对于一般大人来说就很容易处理掉了，对于小孩来说可能是影响她的主要血管，它在发育中间有旋转，所以不是在我们想象的部位。"

从血管影像上看，这根分杈的血管似乎是在髂内血管的侧方，医生们一点点切开后发现，血管是在髂内血管的斜后方。由于手术前考虑了多种方案，在手术过程中，医生们十分小心，绕开血管操作，生怕破坏了这根血管，引起威威大出血。

老韩和老黄非常害怕站在手术室门口，等待的压力让他们无法忍受，他们宁可待在威威的病房里，和她的小伙伴们一起等待威威平安归来。

12点18分，手术进行了两小时。

两个小时过去了。血管此时已经被成功结扎。此后，医生们又结扎了第三条腿上的输尿管。手术进行到第4个小时的时候，关键时刻终于来临了，医生们将要从威威的身体上取下第三条腿。

从片子上看，第三条腿形成了独立的股骨头，股骨头周围有很大的缝隙，这对手术来讲十分有利。但是，当医生找到股骨头的时候却发现，它和正常的骨盆连接在了一起。为什么在X线片上却没有看到呢？

徐林推测："从 X 线片上看，它中间的联系不是很紧密，看起来拿下来应该很容易，实际上在正常骨盆和多余的第三条腿的骨盆之间是有联系的。它中间有软骨，而软骨在 X 线片上和 CT 上不显眼，对我们造成了误导，我们以为中间这段黑的没有什么东西，把它剥离下来就完了。实际上不是那么简单，弄不好会损伤肛门括约肌，如果损伤肛门括约肌，这个孩子大小便就会失禁。"

大小便失禁，会让这个可爱的孩子再次陷入痛苦的深渊。医生们格外小心翼翼地将软骨敲碎，清理干净。

14 点 50 分，成功切除第三条腿。

手术进行到 4 小时 28 分，第三条腿彻底从威威的身体上被去除。实际手术时间持续了 5 小时零 8 分，手术取得了预期的效果。

一个月后，威威已经可以站起来走路了。和 1 个月以前相比，她胖了很多，而音乐依然是她的最爱。可是手术后的威威是不是伤痕累累，臀部严重变形？

出乎意料的是，除了正在愈合的伤疤，威威的整个臀部圆润光滑，很难想象这里曾经长过一条腿。但是在威威走路的时候却能看出，她的两个臀部不一样大，医生为什么要这样做呢？

徐林："我们要预留一部分脂肪，由于失去功能的脂肪会逐渐萎缩，这样包括皮肤的紧张程度也会逐渐逐渐回缩，这样大腿两侧就有可能逐渐发育得完全一样。"

医生们都祈盼着威威能有一个美好的未来。

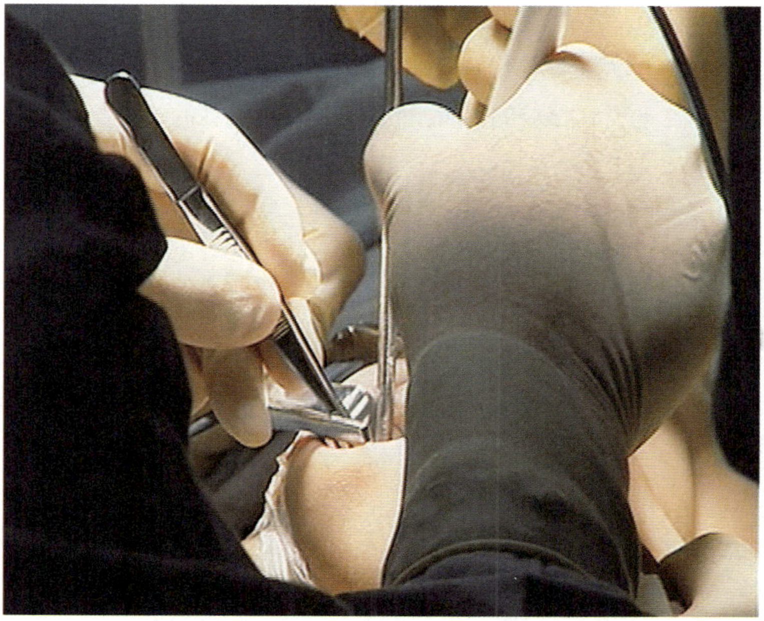

威威在接受手术

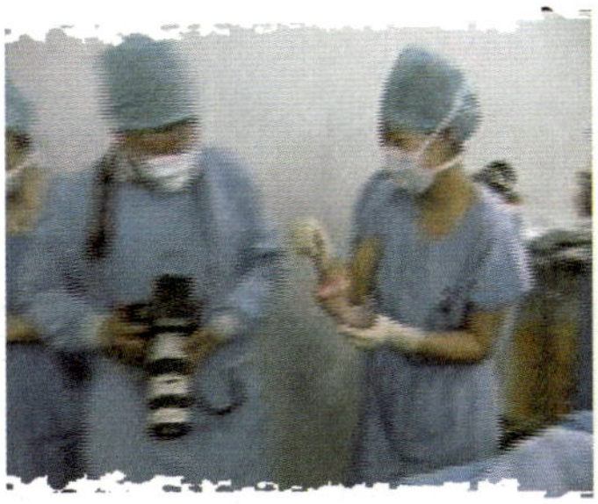

第三条腿彻底从威威的身体上被去除

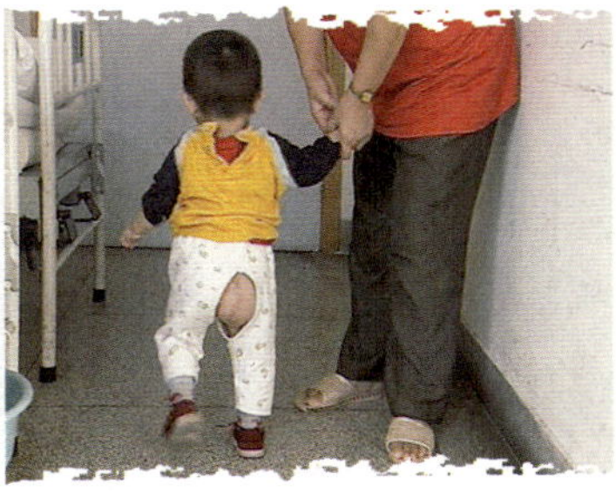

威威已经可以站起来走路

周就芳：“她应该能过上一个正常女孩的生活，能结婚能生育。”

吴建英：“我们希望她将来能够生活得非常幸福，像正常的孩子一样。”

卢俊杰：“我希望能有更多的人或者企业来关注弱势群体和残疾儿童。”

在全社会的帮助下，曾经是一名残疾儿童的威威，开始了新的生活。医生希望提醒大家，当您在怀孕的时候，一定要避免一些危害，比如说，要远离放射性环境；在吃水果的时候，一定要把它清洗干净，避免农药的侵害，因为有一些化学物质可以导致畸形胎。还有一点，就是在怀孕前一定要去正规的大医院做孕前体检，看是否有家族遗传史？是否感染了其他疾病？在成年人看来一些无关紧要的疾病，很有可能影响胎儿的正常发育，造成父母终身的遗憾。

（刘群）

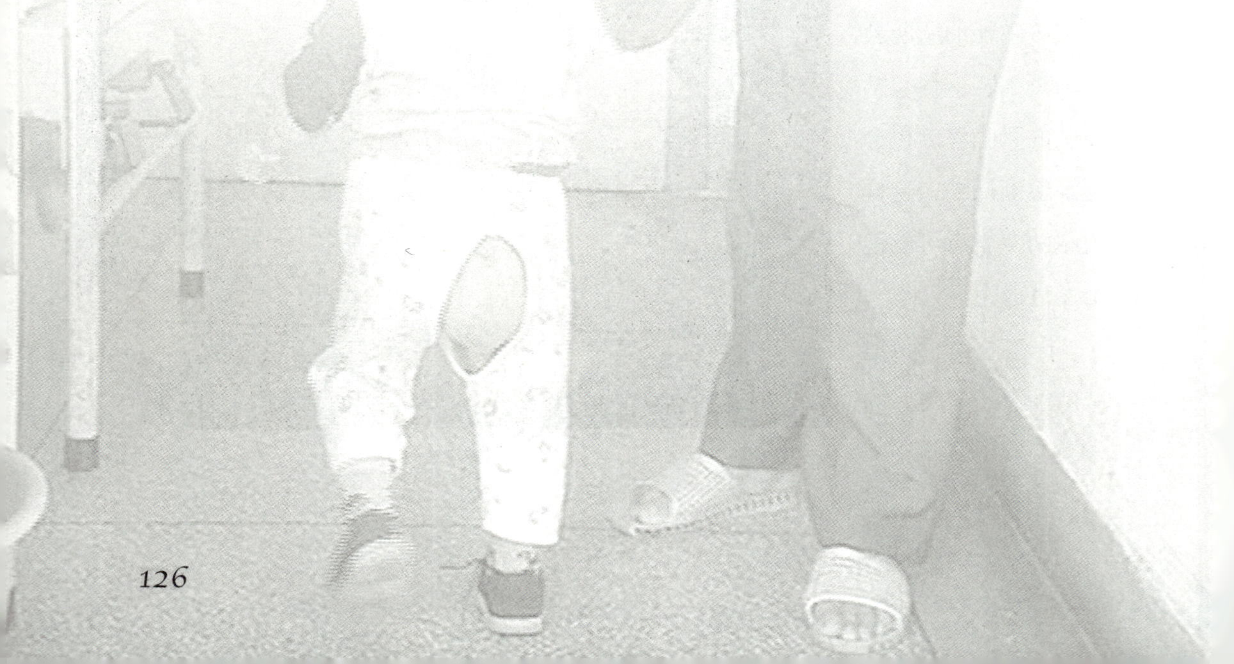

“针”救植物人

天降横祸，妻子昏迷不醒；八方求医，丈夫心急如焚。
究竟她能否从昏迷中醒来？

1. 遭车祸，妻子变成植物人

相信大家都听过“起死回生”这个成语，但这个成语应该是怎么来的呢？它的来龙去脉可能很多人说不太清楚，据说是当年神医扁鹊游医到了一个叫虢国的地方，发现所有人都是披麻戴孝，一问才知道，虢国太子得了急病暴亡。可是扁鹊仔细地询问了太子得病时候的种种病情之后就断定，太子还没有死，并且用一根针就把太子给扎醒救活了，举国上下是一片欢腾。从此，扁鹊也就留下了“起死回生”的美名。

洪在范夫妻出发去北京军区总医院看病

但是，一根小小的银针真的能够如此神奇吗？在医学技术非常发达的今天，我们是否还能沿用这种传递了几千年的古老医术来挽救人的生命，做到“起死回生”呢？

某年 11 月，远在日本的黑龙江籍商人洪在范在下班时突然接到了女儿从老家打来的越洋电话。电话的内容让他大吃一惊。

“当时我在日本，我的孩子打电话告诉我，她妈出事了，听说情况很危险。”

4 年前，洪在范独自前往日本工作，留下了妻子金玉锦在家里照顾女儿，因为工作非常繁忙，这 4 年间，夫妻俩从来没有团聚过。因此，洪在范心里一直觉得亏欠了妻子和女儿，打算着今年能回趟家，好好地看看妻儿。但是，他万万没有想到，分别 4 年之后，当他再次见到自己的妻子时，竟然是在医院的重症监护室里。

洪在范：“到牡丹江市以后，看到我的爱人躺在监护室里头，什么事也不知道了，连眼睛都不睁了。”

金玉锦母亲：“就像天塌了一样……”

11 月 17 日，洪在范的妻子金玉锦独自从绥芬河返回鸡西的家中。路上，她乘坐的小客车和迎面而来的大货车撞在了一起。这是一次非常严重的车祸，有 6 人当场死亡，当时活下来的人当中，金玉锦是伤得最重的一个，一块铁板正好击中了她的头部。等送到医院的时候，金玉锦瞳孔散大，呼吸停止，心跳也极不稳定，头部一片血肉模糊。

金母：“医生就说只有 20%的存活希望，胸科医生没和我说，和我大儿子他们说的，20%的希望，你们治也没用。”

为什么医生会对金玉锦的病情这么不乐观呢？这是因为她的病情实在是太严重了，金玉锦左前脑的这部分颅骨已经基本上都被那块铁板砸得粉碎了，虽然说这个时候她的心跳和呼吸还都存在，但是，谁都不能保证她的大脑是否已经处于脑死亡的状态了。如果她的大脑真的是脑死亡了的话，那么也就是说，她的心跳、呼吸这些生命体征只不过是能存在一定的时间，最

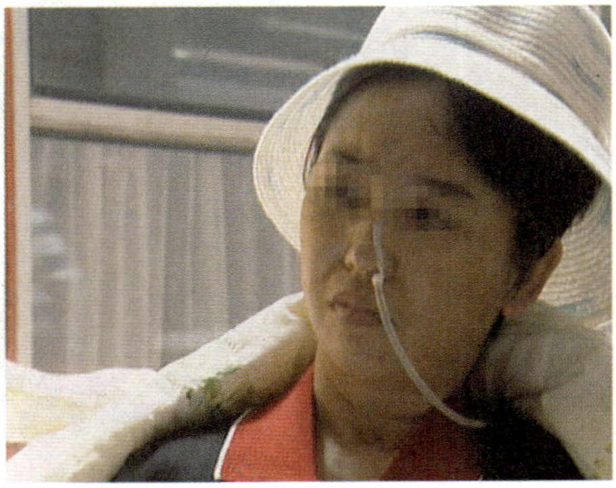

金玉锦的进食是依靠鼻管输入营养液

后她的身体还是得宣告死亡。虽然说有些患者可以借助一些现代的医疗器械存活一段时间，但最终死亡还是不可避免的。另一方面，往好里说，即便是当时她没有出现脑死亡的情况，但是这么大面积的脑部受损，很有可能令她处于一种长期昏迷的状态，也就是植物人状态。

可庆幸的是，脑死亡并没有出现，金玉锦在车祸发生的第20天，从重症监护室转到了普通加护病房。此时的她已经脱离了生命危险，甚至偶尔还能睁开眼睛，但是对于周围发生的一切，躺在床上她毫无知觉，对于外界的刺激，她也没有任何反应。10天过去了，20天过去了，1个月过去了，金玉锦还是没有醒过来。医生们觉得，金玉锦成为一个植物人已经是不可避免的了。

在我国，昏迷时间达1个月到3个月以上的患者，在医学上就被称作植物人。这其中1/3以上的植物人都是脑外伤引起的，由于大脑受到了一些严重的创伤，这种类型的植物人往往很难康复，死亡率也非常高。

2. 植物人唤得醒么？

植物人和脑死亡还是有些不一样的。脑死亡是生物学上的死亡，这个时候在人工呼吸的条件下，心脏还可以跳动，外周的组织还活着。但是作为一个人，或者作为一个动物体来说，他已经不可能生存下去了，所以这叫脑死亡。但是植物人的脑部还没有死亡，还是有可能恢复的。但是，如果换一个角

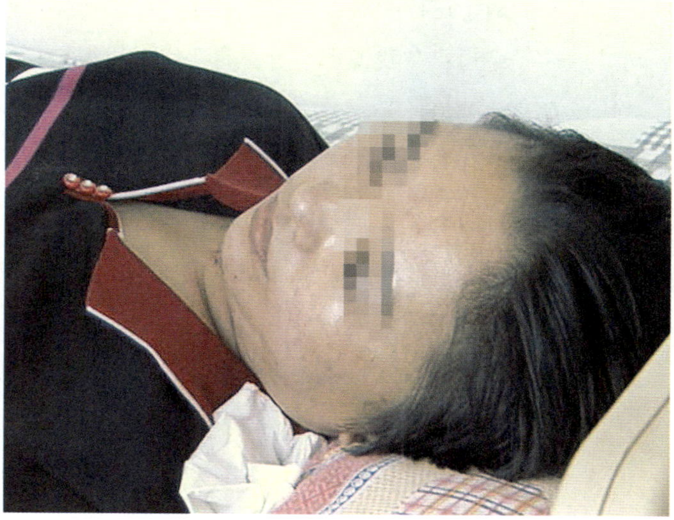

悲从中来

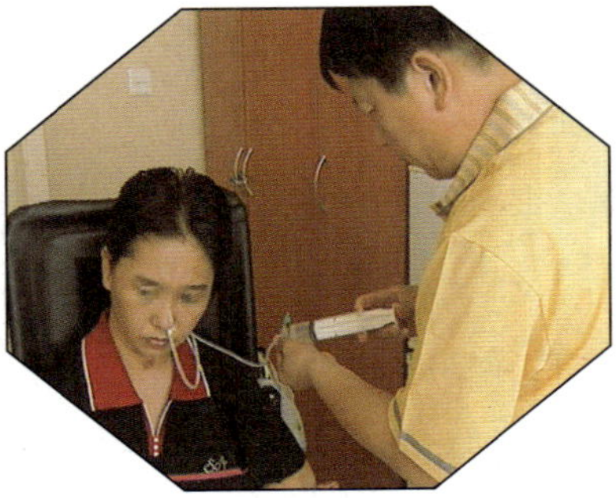

糊状食物维持着她的生命

度，虽然说植物人有一些生理反应，但是他们的意识和普通的正常人是不一样的，所以还很难说能不能恢复。

虽然金玉锦已经脱离了生命危险，但是，丈夫洪在范仍然觉得很难面对这样的现实。

“虽然我总和别人说，你们不要哭，没关系，会好的，但是在没有人非常安静的情况下，自己就回想起来她健康的时候就非常伤心。”

昏迷不醒的金玉锦使她的家人焦急万分。家里每天花的医疗费都在千元以上，这么大的开支是任何一个家庭都很难长期承受的。而另一方面，洪在范夜以继日地照顾妻子，也开始感到心力交瘁，但是，作为一个丈夫，他觉得自己有责任撑起这个家。然而，在他们周围，有一些亲戚朋友的话却在他们心里浇上了一瓢凉水。

金母：“牡丹江红旗医院有个朋友是医生，我们把他请来看了拍的X线片子，看完了说只有20%的希望，你治也没用，顶多也是植物人了，意思就是让我们别治了。”

对于这样的观点，金玉锦的家人们做出了坚定的回应。

金母：“我说那不行，有一口气也得治，大儿子也说有点气就得治，倾家荡产也要治。”

“我看她还在呼吸，我能放弃她吗？”丈夫决心要撑下去。

此时的金玉锦并没有完全挣脱死神的魔爪，长时间的卧床使她的各项身体功能都受到了抑制，她的肌肉也已经开始萎缩。由于无法吞咽食物，她的进食都是依靠鼻管输入营养液和糊状食物来维持的，营养不足使她的免疫力迅速减弱，哪怕是一次极其轻微的感冒都很可能引发致命的并发症。然而，在当地医院里，他们除了常规性的维持治疗，别无他法。洪在范觉得，要救妻子的命，常规治疗肯定是不够的，必须采取新的更积极的治疗手段。

洪在范带着昏迷的妻子到处求医问药，但是结论只有一个，以目前的条件来看，这种由于脑外伤而引起的昏迷在世界医学界来说都是一个难题，他的妻子能够苏醒过来的机会非常小，可以说希望渺茫。而且如果不留神的话，可能会出现感染等等并发症，那么后果不堪设想。转眼，新年到了。除夕之夜，一家人在病房里煮了一锅速冻饺子，算是年夜饭了，可是谁也吃不下去。洪在范想着过去自己一家三口团团圆圆地坐在电视机前看中央电视台春节联欢晚会的情景，再回头看看病床上昏迷不醒的妻子，不觉悲从中来。

洪在范：“把她摇起来叫她看中央台新年联欢晚会，她看是不看，我也不知道，瞪眼瞅，没有反应，我们就是买一点速冻水饺煮一煮，每人分点吃的。”

金母：“过年还能吃什么呀，就哭吧，就吃一口哭一口。我就对上天说，我的姑娘是好姑娘，你既然救她命了，你就保佑她赶快醒过来，赶快让她康复，让她早日康复……”

然而，母亲的祈祷并没有让女儿的病情有所好转，相反地，医生和她的家人一直担心的事终于发生了。

金母吓坏了：“腿也不知道怎么回事，血管鼓出来了，感染了。”

腿部感染引发了持续的高烧，金玉锦的体温连续几天都在 38 摄氏度以上。经过几天的抢救，高热终于被控制住了。但是下次还会这么幸运吗？洪在范更加焦急地四处寻医，这时，一个偶然的发现让事情有了一线转机。

洪在范：“护士拿了一张 3 月 8 日的《法制晚报》告诉我们，说这里成立了一个‘植物人促醒中心’，我拿过报纸一看，当时就按照这个地址去询问了一下。”

按照报纸上的地址，洪在范来到了北京军区总医院，找到了这家“植物人促醒中心”，但是，他走进病房仔细一看，里面的情况却并不像他想象的那样。

医院当时刚刚成立，就是原来的老的 292 医院，设备都很陈旧，那房间也是相当破旧。洪在范一看心里有点犯嘀咕：“这儿能治好什么病？”

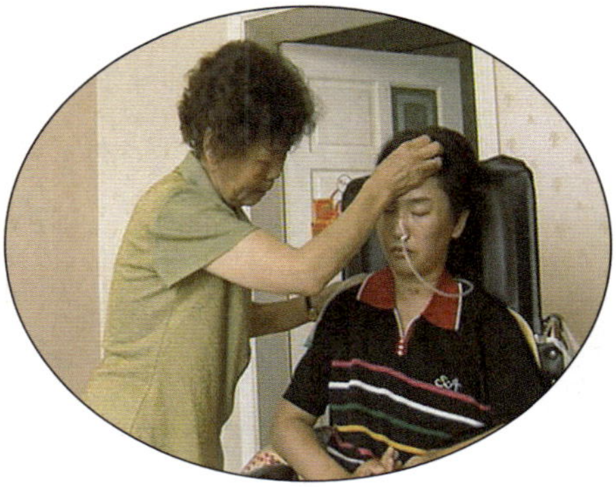

母亲精心护理着女儿

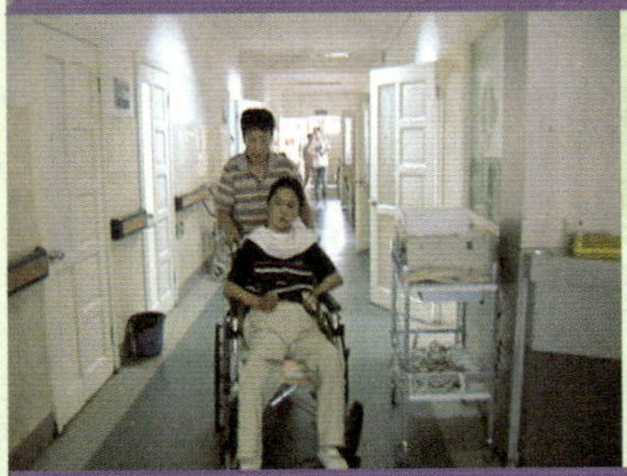

北京军区总医院植物人促醒中心

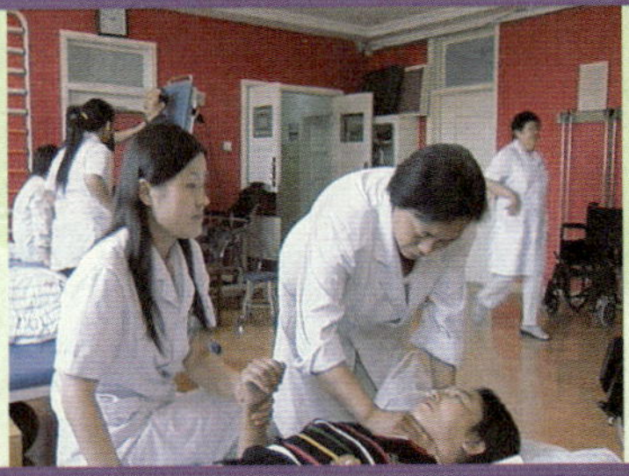

医院采用的是一种全新的针灸刺动疗法

医生们制订了详细的针灸治疗方案

洪在范在探访中得知，北京军区总医院的这家植物人促醒中心目前已经使一批患者恢复了意识，他们采用的是一种全新的针灸刺动疗法，通过对患者进行针灸和胸腹按压来达到促使患者苏醒的目的。但是，植物人的苏醒问题毕竟是一个国际性的医疗难题，小小的银针真的有这么神奇的作用吗？

在医学上，如果要证明某一个方法或者某一个药物是有效还是没效，必须要做大量的实验以后，从实验的结果中间总结出来。

尽管心中疑虑重重，专家也对这种方法采取保守态度，医院的设备也非常简陋，但洪在范还是觉得，任何一个有可能救醒妻子的机会，都不能放过。

洪在范心里着急，就又去了一趟，回来之后想：“不管怎么的，还是带她去看看吧。”

金玉锦来到促醒中心以后，医生们立即就她的情况进行了详细的会诊。

植物人促醒中心主任李云琴记得：“她当时来的时候，不能执行任何指令，你让她干什么，她都不会去做，还属于昏迷状态。”

金玉锦此时已经有了植物人通常应该有的一些睡眠周期，但是昏迷时间比较久。针对她的病情，促醒中心的医生们制订了详细的针灸治疗方案。看着妻子身上每天都插满了银针，洪在范心里其实一点底都没有，他带着妻子四处求医，跑了不少大医院，尝试了不少先进的医疗方法，但是都没有见效，这小小的几根银针怎么可能会有效果呢？

其实，用针灸的方法治疗昏迷的患者，在我国历史上早有记载。在司马迁沿用了几千年的针灸术在今天仍有巨大的生命力。

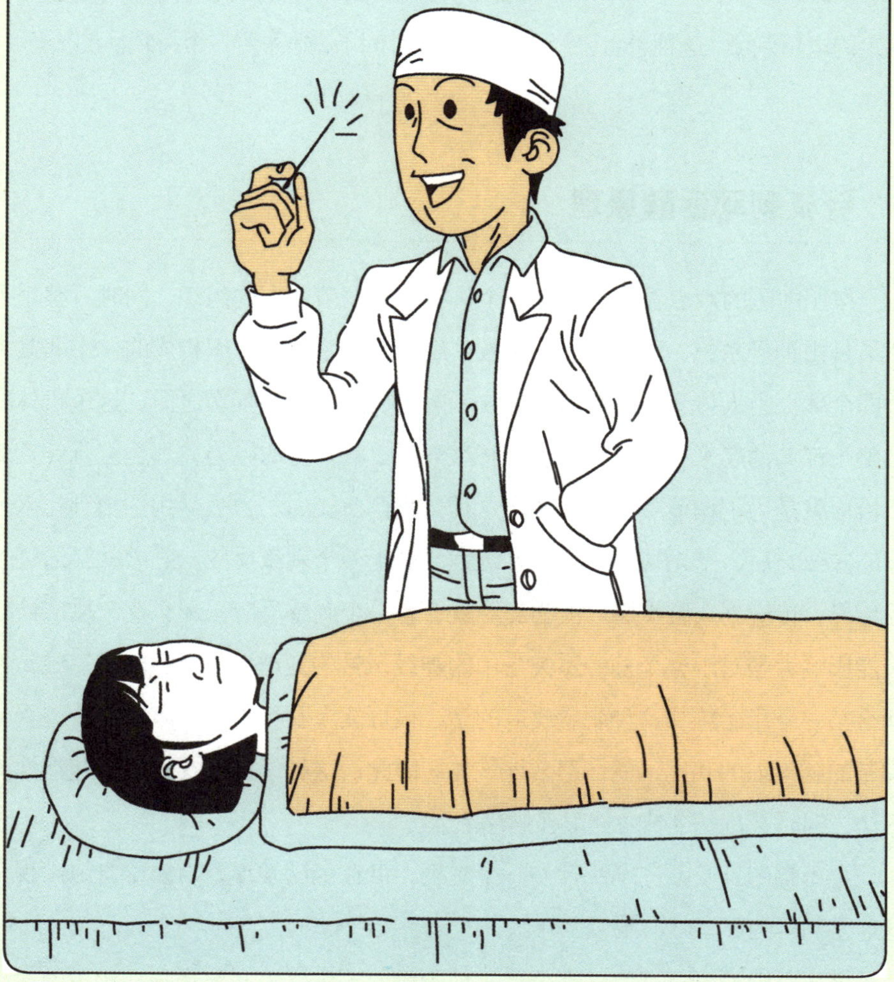

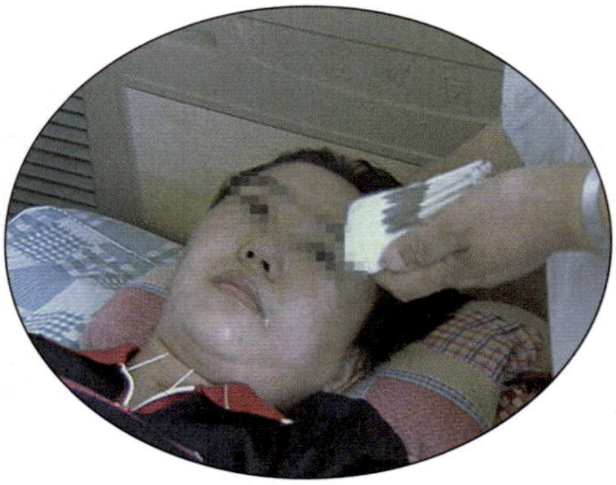

一天安排两次扎针

的《史记·扁鹊仓公列传》里，就记录了神医扁鹊用针灸治疗虢国太子昏迷的故事。那么，用针灸的方法治疗长期昏迷的患者，是否也能有作用呢？

李云琴介绍："我们给她一天是安排两次针灸。我们常规是一天扎一次，为什么呢？我觉得这种患者，她也需要一个刺激量，用药物需要有一个血液的浓度，我觉得针灸，也得有一定的电量刺激，这种患者已经昏迷这么长时间了，她需要一个持续性的治疗。"

3．针灸刺动促醒原理

按照中医的观点看，人体是一个具有自我调节能力的组织，同时，整个人体又是由神经系统、淋巴系统、血液系统等等一系列的组织构成的一个非常完整的个体。当人体受到外部的损伤或者内部病因造成的损伤之后，这个机体就被整个都调动起来了，自然而然会产生一些自我修复的能力，那么进行针灸刺激恰恰就是为了调节和放大、强化这种自我调节能力。当医生用这根针扎入人体的穴位之后，毫无疑问，神经系统就会产生一个刺激反应，刺激就会通过神经传导，传输到大脑皮层，大脑皮质就会有一个刺感反应，那么这个反应恰恰又能影响大脑对于整个神经系统当中的神经讯号的处理，如果长时间、经常性地给某一个患者施加这种刺感反应的话，很可能大脑当中被损害的或者是受到抑制的脑组织的功能，就会逐渐地恢复。因此，这种疗法它既是一个整体性的疗法，同时又是一个针对性很强的疗法。

金玉锦的针灸治疗刚刚开始一个星期，洪在范就发现，当妻子身边出现一些非常刺耳的声音时，她似乎开始有了一些反应。

洪在范很高兴："放鞭炮持续了很长时间，她就感到特别烦，总是翻身。

因为烦就动弹，我说这就是有好转的迹象。”

妻子能够听见了，这个发现让洪在范欣喜若狂。既然她的听觉系统开始慢慢恢复了，那就表明，她的其他身体机能也将很有可能慢慢恢复功能。然而，在进行了一段时间的治疗之后，金玉锦的听觉反应竟然又消失了，不管丈夫如何呼唤，躺在床上的她没有任何反应。

洪在范这时候只好自我安慰：“反正反应是不大，我们成天看，也看不出来。”

那么，金玉锦最初的听觉到底是自然反应还是治疗的初步效果？洪在范的心里不免充满怀疑。他甚至又开始考虑到别的医院去治疗。但是，针灸促醒中心的一些非常成功的病例，让他无法轻易做出放弃的决定。毕竟，针灸和西医手术不同，它对人体机能的调整并不是立竿见影的，需要相对比较长的时间来达到治疗目的。

李云琴：“在促醒这方面，就是对昏迷患者，一般的人们就是取点刺性强的穴位，强刺激就能扎醒。这种方法对一般的患者治疗是可以的，但是对这种昏迷 1 个月以上的、2 个月的、3 个月的，甚至更长时间的患者，这个方法是不行的。这种患者由于病史长了，实际上各种脏器都已经衰退了，所以我们就用中医的调整元气、培元固本的方法，把他的身体给调整好。”

4. 患者苏醒了

时间一天天地过去了，金玉锦依旧是昏迷不醒，希望似乎已经越来越渺茫。4 月的一天下午，来看望她的表姐在她的病床前说起了一些往事，说着说着，她突然惊奇地发现，金玉锦的眼角竟然有了泪滴。

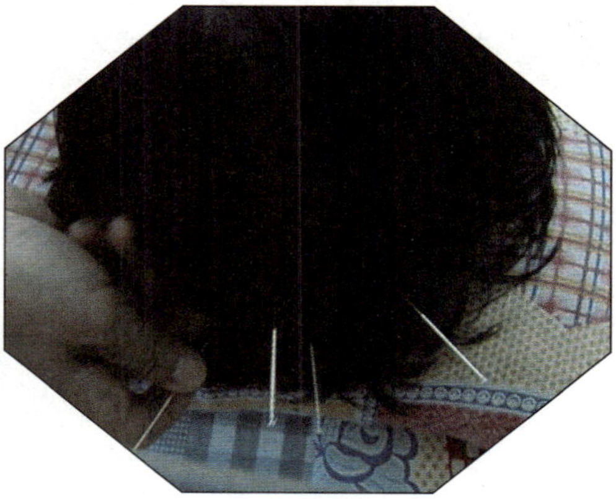

数根针一起扎入患者的穴位

洪在范：“说是哭了，我是有点不太相信，我说怎么能哭呢，一看真是哭了，家里

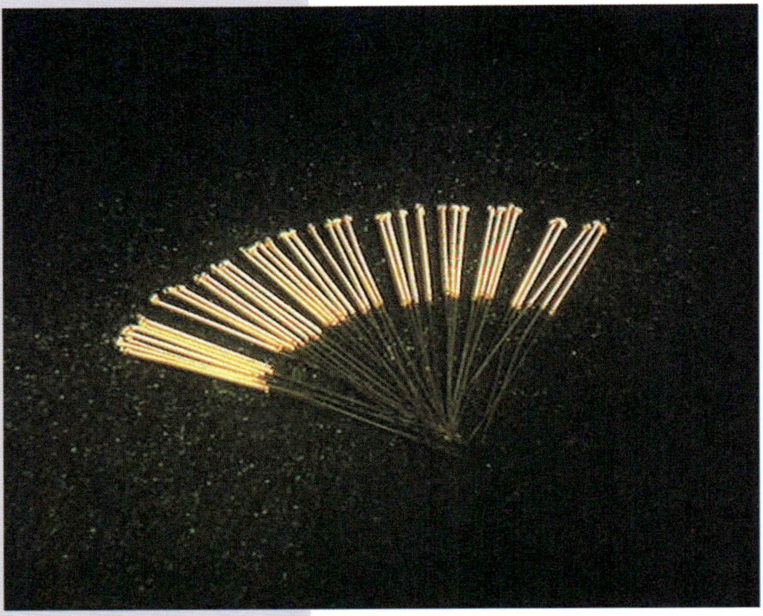

小小的银针却能有神奇效果

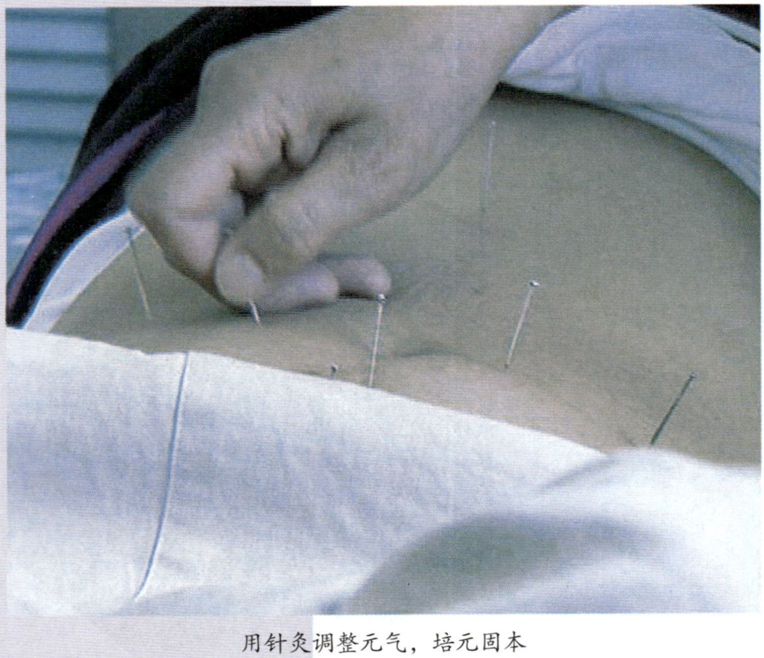

用针灸调整元气，培元固本

人也哭，她也哭。”

金母：“我姐和我姐的大姑娘，她俩就对着玉锦哭呢。我就说了，我说她就喜欢有姐姐、有妹妹，听我这么说，俺家姑娘就哭了。”

洪在范：“我当时就傻了，真哭了还是假哭了？这么一瞅，我高兴得够呛，她在那哭呢，我高兴得够呛，啊，终于醒了，太高兴了……”

经过一个多月的治疗之后，金玉锦开始逐渐地出现了情感反应。应该说，这是她摆脱植物人状态的一个重要预兆。也就是说，她现在对于来自于外界的刺激的感知能力在逐渐地恢复。我们知道植物人是没有意识的，而医生通过这种针灸，给他那些大脑当中受到抑制的组织提供了一个刺激，同时这些刺激还会去进一步地促进人体内的一些自我调节能力，慢慢地，这些受到抑制的大脑组织的功能就会逐渐康复。所以说，金玉锦就出现了这种情感反应逐渐恢复的情况，后来又经过一段时间的治疗之后，医生们发现，她的病情非常稳定，发展也非常好，终于，在5月的时候，促醒中心的医生们认定，金玉锦已经完全脱离了植物人状态。

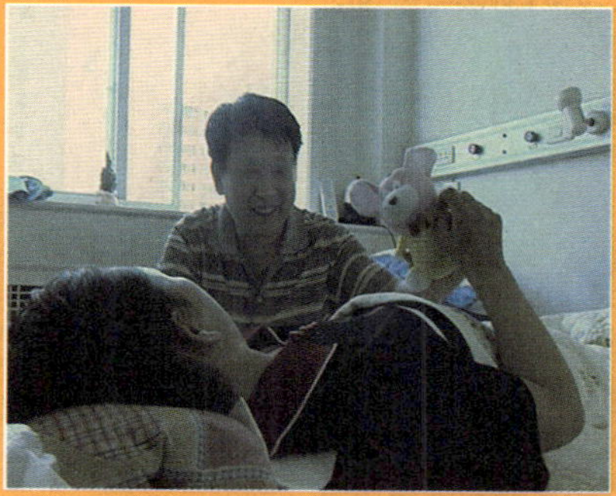

患者开始逐渐地出现了情感反应

5月8日，母亲节，刚刚从昏迷中苏醒过来的金玉锦接到了女儿的电话，听见女儿的问候，她悲喜交加。

李云琴："在这治疗有20多天以后吧，将近一个月的样子，判断她醒不醒必须是会按指令做动作。我就说，来，我们握握手，她就跟我握手了，就能听指令了。我说，把小熊还给我，我扔给她，'啪'，她就扔回来了。有了这些动作，就是能够按指令，以后她慢慢地又接着恢复，就可以解扣子，然后她自己用一只手还能系起来。"

6月6日对金玉锦一家来说并不是一个普通的日子，也许将永远刻在他们的记忆里，因为，金玉锦终于可以回家了。

就这样，金玉锦和她的家人们在经历了一场磨难之后终于团聚在了一起，让我们默默地为他们祝福，希望他们一家今后的生活能够平平安安、健健康康。但是我们回过头来想一想，金玉锦的苏醒，除了丈夫和医务人员的努力之外，应该说，针灸刺动促醒疗法绝对也是功不可没的，虽然说这种方法目前还不是治疗植物人的常规治疗方法，同时也不能说完全有效，

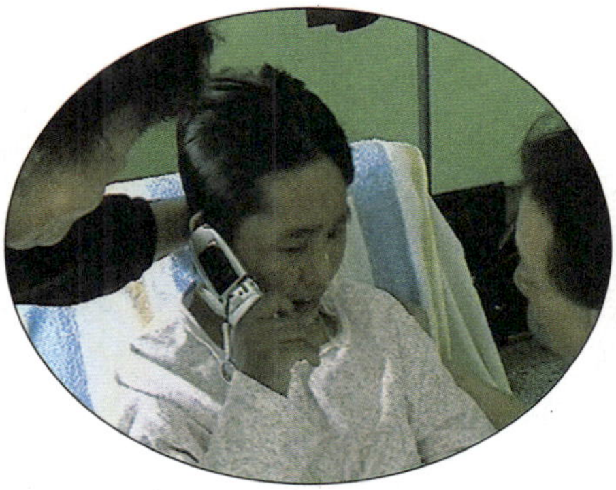

金玉锦接到了女儿的电话

但它毕竟是为唤醒植物人带来了一线希望。目前，在我国，因为各种原因导致的植物人有数百万，我们期望在不久的将来，他们都能在自己家人、亲人的期盼当中苏醒过来。

（谢许牧秋）

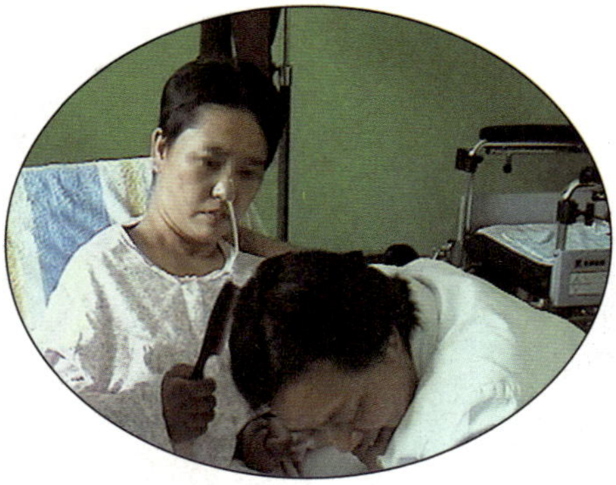

金玉锦可以自己梳头了

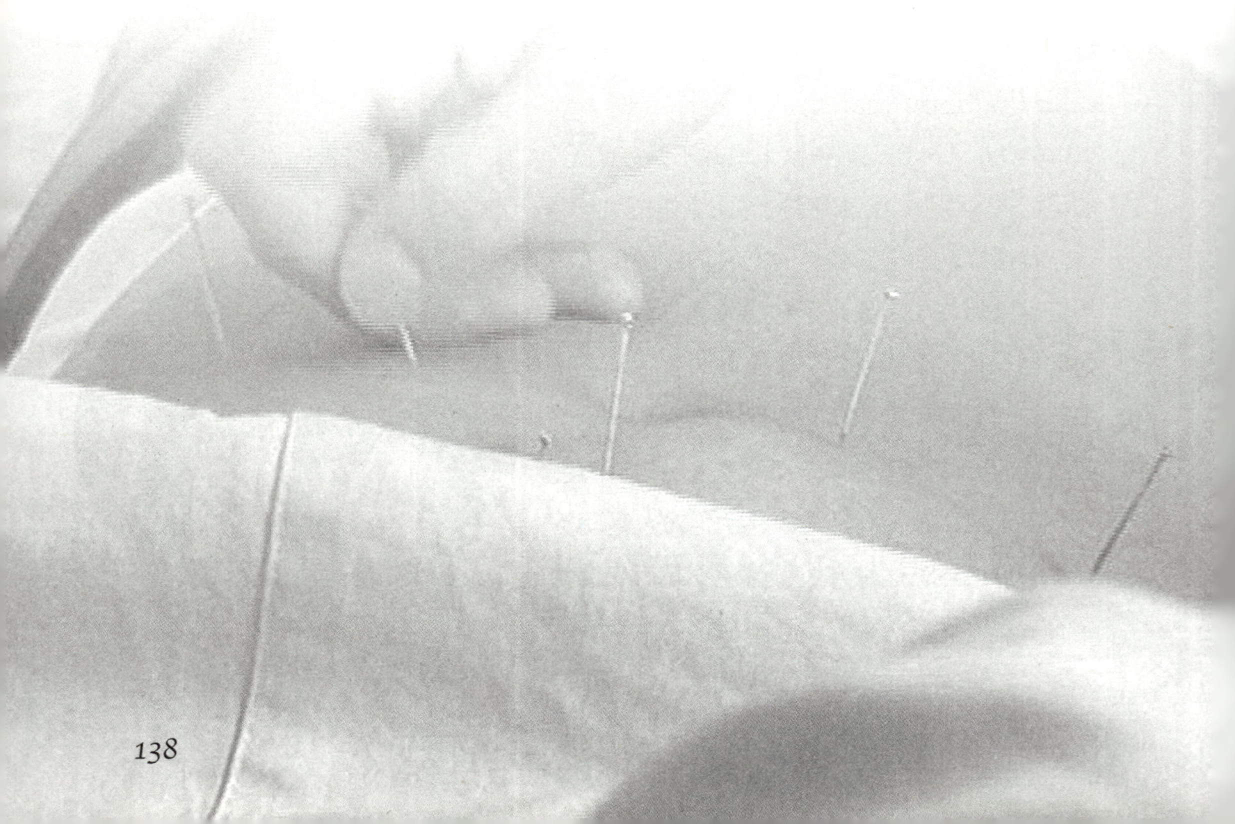

隐形祸首

是什么让她夜不敢寐？又是什么让她不得不离开学校？它无处不在，让你避无可避……

1. 小宇患上支气管哮喘

说起睡觉，那是每个人都必须要睡的，可是有些人却是真的无法入睡。有些人可能是因为工作的需要，有的人可能是患有失眠症。总而言之，不能睡觉绝对是一件非常痛苦的事情。据说在中世纪的欧洲，有一个国王非常歹毒，设置了一个刑罚，这个刑罚的名字就叫作：不能入睡。据说当有人犯了死罪之后，这个国王就要求给他施以不能入睡的刑罚。当犯人稍有困意的时候，旁边的狱卒就会用皮鞭子等施加酷刑在这个人的身上，不让他闭上眼睛睡觉。那犯人的感觉真是求生不得，求死不能。据说有一个犯人在临死的时候说，我真盼望着

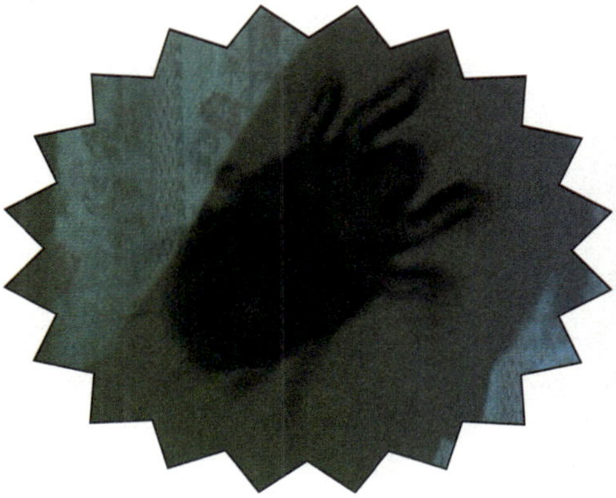

尘螨是螨虫的一种

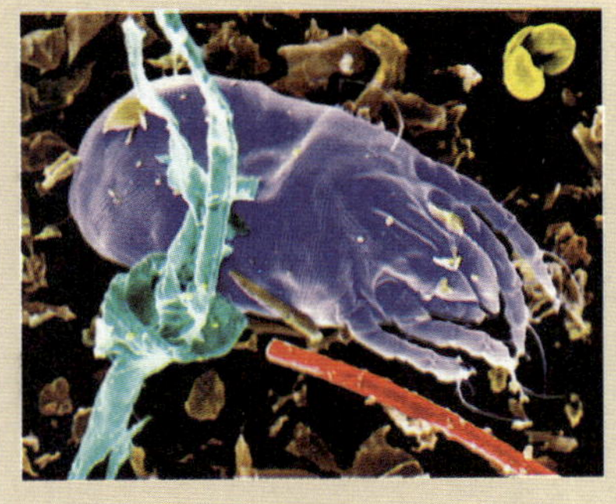

尘螨比寄生螨大

显微镜下螨虫的狰狞面目

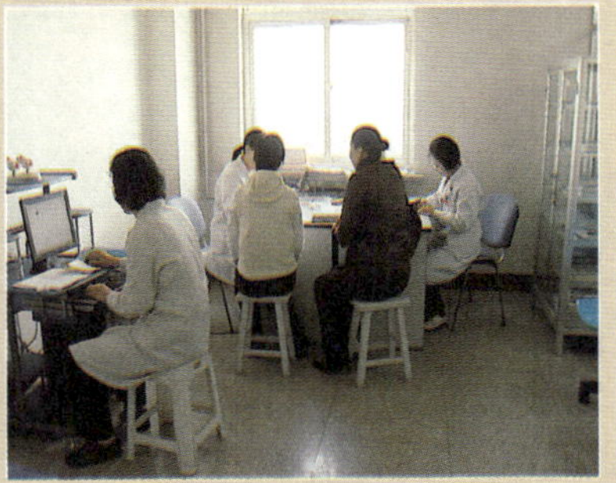

医生给小宇做特异性的血清抗体检测

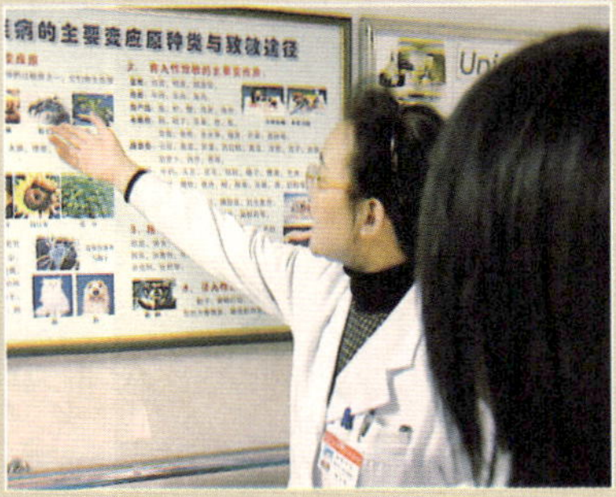

尘螨就生活在人类周围

自己能够早早地利利索索地去死，也绝对不愿意遭受这种折磨。由此可见，不能入睡的的确确是对于人的身体和精神的一种双重折磨。而如今，有一家人也不能睡觉，不是说是因为工作的关系，也不是说他们得了失眠症，而是因为他们根本不敢睡觉。

周女士：“我和我爱人晚上基本上不敢睡觉，一般都是半夜，孩子‘扑通’就坐起来了，开始咳嗽、出汗，咳嗽憋得她脸通红，眼睛都有出血点，还有耳根子也有出血点。”

家住辽宁省沈阳市的小宇是一名普通的小学五年级的学生。和所有在校生一样，小宇一天大部分的时间都是在学校度过的。而性格开朗的她也和同龄的小孩子一样，爱玩好动。可不知什么原因，咳嗽缠上了她。

小宇妈妈周女士说：“她就是咳嗽、喘、咳痰、胸闷。刚开始我们也没重视这个病，当一般感冒来治。”

可是治疗感冒的药物似乎根本帮不了小宇。她最害怕的就是自己在上课的时候咳嗽，因为一旦咳嗽起来就不容易停下来，并且还伴随着阵阵胸闷。每当这个时候，为了不影响其他同学上课，小宇都不得不暂时离开教室。

周女士：“有的时候上学，早上起来，送她去挺好。上着课病就发作了，咳嗽、喘、胸闷。这时候，老师就找家长，我就是在工作当中也得回去把孩子接过来，直接送到医院去打点滴啊。”

原本以为女儿得的只是普通感冒，可没想到十多天过去了，打针吃药都没用，病情仍没有好转。于是周女士带小宇来到了医院。

医生询问了小宇病症出现的时间、发病的症状，最后要求小宇进行肺功能检查。

按照医生的意思，母女俩去做肺功能检测。

经过一系列的检查，医生诊断，小宇患的是支气管哮喘。

高燕（沈阳军区总医院呼吸内科主任医师）：“（患者）来了以后，医生要看患者是否有一个呼气性的呼吸困难，体征上我们可以看到明显的一个改变。辅助的一些检查，主要是肺功能检查，肺功能检查在发作期的患者，支气管舒畅实验是阳性的，可以提示我们支气管哮喘的诊断，包括轻重的程度都可以用它来判断。”

哮喘患者病症发作的时候，医生一般采用的是对症治疗的方法，就是说，医生要针对像哮喘这类的症状而用药。自从小宇得上这种病，她就和这类药物结下了不解之缘。她平时总是随身带着这类药瓶、药盒。

就目前来看，治疗哮喘病的药物一般可以分成两种：一种就是支气管扩张剂，它可以在发作的时候缓解或是阻止这种呼吸的不顺畅，松弛支气管；另外一种就是吸入皮质激素，它是一种抗过敏消炎药。在这两种药的双管齐下之下，小宇的病情确确实实是得到了很大程度上的缓解，发病的时候没那么痛苦了。

小宇来到沈阳军区总医院变态免疫中心

从那以后，哮喘药物成了小宇随身必备的一样东西。药物不但能快速地让小宇摆脱发病时的痛苦，更可以保证她一段时间内不再复发。有了它，小宇就可以轻松惬意地做自己喜欢做的事。可她的心情还没放松多久，问题就出现了：

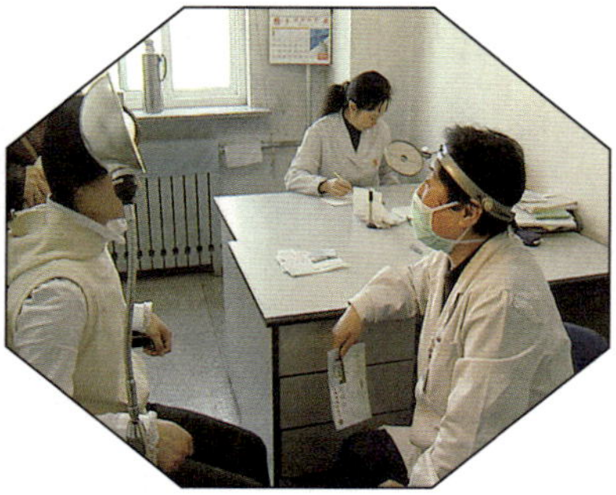
医生使用风流速仪来监测治疗程度

药效持续的时间越来越短，她用药次数越来越频繁。是药不对症了？还是小宇的身体产生抗药性了呢？

据高主任介绍，“这种疾病（支气管哮喘）在呼吸道疾病中是非常常见的一种疾病，而且在各个年龄层都是多发的。咳嗽、咳痰、胸闷、气短的反复发作是这个疾病的特点”。

反复发作是哮喘病的特点。得病一年多，频繁的发作、入院、治疗，已经使小宇的体质明显下降。体育课的剧烈运动已经不适合她了，她只能远远地看着同学们在上课，而自己则在图书馆看书。但是这还是阻止不了她止不住的咳嗽，似乎随时都会晕倒，现在小宇已经成了同学们眼中的病娃娃。无法正常上课，无法正常参加活动，甚至连正常的扫除工作对小宇来说，都是项挑战。小宇不再喜欢去学校了，她越来越怕到学校去。在学校，她的病症会比平时发作得更严重，而且渐渐地同学们也都开始疏远她了。无奈之下，周女士只能为小宇办理了休学手续。在休学期间，周女士带着小宇四处寻找根治哮喘的办法。她们几乎走遍了辽宁省所有有可能治好小宇病的地方，可惜结果却令人失望。

周女士：“得了这个病，确实是非常痛苦，还不像别的病，可以手术治疗。这种病特别难缠，医生也束手无策。那些年，我们非常苦恼，病没少去治，药也吃了不少。”

治病的地方没少跑，治病的办法也几乎都试过了。不知是全家的努力没白费，还是某种疗法真的有神奇功效。休学一个多月后，小宇的病情逐渐稳定下来了。为了巩固现在的好状况，除了保证规律的作息时间外，小宇还给自己安排了一套运动计划。笼罩全家的愁云也渐渐散去，可就在大家刚要松口气的时候，小宇的病情却突然加重了。

周女士：“孩子干咳了几声，马上就坐起来了，脸憋得通红，眼睛出现出血点，喘、胸闷，上不来气。”

本以为被控制住的病症，突然之间又卷土重来。每天晚上，小宇几乎都会发病。她不敢睡觉，因为她实在无法承受睡熟后被憋醒的痛苦。使用治疗哮喘的药物已经两三年了，按理说病情就算不能根治，也该得到控制了，可为什么小宇的病却反复发作，并且越来越重呢？家里人不禁开始怀疑，她得的真的只是一般的哮喘吗？

小宇又一次发病了，而且这次发病是来势汹汹。她的症状跟普通哮喘确实是非常类似，而且很多医生做了诊断之后都说，这就是哮喘，但细细一分析，就会发现它跟哮喘还是有不一样的地方。不一样在哪呢？如果是哮喘的话，那么病症的发作跟天气、季节和气候都有很大的关系。可是小宇发病和这些情况没什么关系，反而跟地点有关系。周女士发现，小宇发病最严重的时候，往往是在两个地方，一个是学校，另外一个就是家里的卧室里。可是乍一想，这两个地方好像并没有什么必然的联系，学校是上学的地方，学生老师加起来，少则几百号人，多则上千人，聚集在一起；家里的卧室肯定收拾得很简单、洁净，因为进进出出的也就是家里这么几个人。两个地方，一个是人非常多，一个是人非常少；一个属于公共环境，一个是属于私密空间。这两个地方能有什么联系？这又跟小宇的病情有什么关系呢？

2. 小宇出现新症状

小宇的病情还在恶化。初一的她，症状已经不单单是咳嗽、胸闷了。她的眼睛开始出现红肿刺痛、流泪不止的症状。

医生检查后诊断为轻度结膜炎。

旧病还没治好，怎么结膜炎又找上门来了？女儿的病怎么会越治越复杂？周女士开始动起了心思，难道是女儿跟什么东西犯冲？

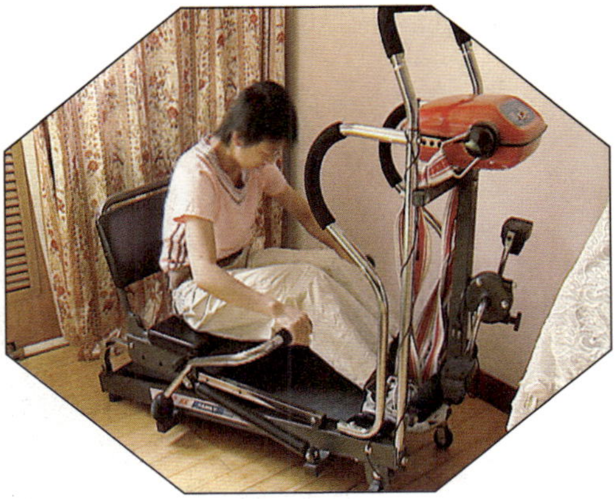

小宇加强体育锻炼

小宇无法和别的孩子一样享受正常的生活

“你说这病甩不掉，痛苦就一直折磨咱们全家啊。有人说，是不是那孩子长得好，你给她烧点东西吧，你信点邪门歪道吧……”

歪门邪道当然帮不了小宇。她的状况仍然是时好时坏。直到小宇初中二年级的时候，周女士偶然听说，沈阳军区总医院有一个变态免疫中心，是专门治疗过敏症的。女儿的病治了两三年都没有根治，是不是应该换个思路，重新做个检查呢？经过再三考虑，周女士决定，带小宇去那里试试。

周女士并不敢抱太大希望：“我刚开始来的时候也是试试看，也没完全相信，因为我给孩子治病这么多年了，不说是刚得病，心态是半信半疑，也不是说对它特别信任吧。”

小宇最害怕的就是自己在上课的时候咳嗽

乍一听到“变态”这个词，每个人多少都会有排斥的心理。其实“变态反应”这个词是音译词，首先提出它的是一位奥地利的医学家，变态反应就是过敏反应。而过敏就是因为人体的免疫系统对侵入体内的外界物质做出了错误反应，从而使身体出现各种不正常的症状。最常见的就是流泪、打喷嚏、皮肤这种怪病一直紧紧地缠绕着小宇。

小宇喜欢弹钢琴

红肿起包。而特殊一点的则会出现呕吐、咳嗽、皮肤脱落，甚至休克。

林小平（沈阳军区总医院变态反应疾病治疗中心副主任医师）回忆："这个家长开始也有点怀疑，因为走了那么多医院啊，到底能治好吗？她首先就问，这能根治吗？孩子来了之后，我就问了她的病史，在她把整个过程告诉了我以后，当时我脑子里就有一个概念，很大一部分和过敏有关，特别是和呼吸道的一些致敏物质有关，于是我就给她检测。"

通过了解症状，林医生初步断定，小宇的病情是由过敏引起的。而要判断她究竟是对什么过敏，就要做点刺实验。所谓点刺实验，就是将一些常见的过敏源比如花粉、尘螨、真菌等，稀释到最低的浓度，然后按顺序将它们点刺到皮下，原理就像我们熟悉的青霉素过敏实验一样。如果患者是过敏反应的话，被点刺的部位就会出现红包。由此，就能判断患者是对哪种过敏源产生反应。检测 15 分钟后，医生发现，点刺尘螨的部位起了变化。

尘螨，是螨虫的一种。螨虫跟我们人类共同生存在这个地球上。尘螨比我们熟知的专吸人油脂的寄生螨大，它们依附在灰尘上，靠吃灰尘中的漂浮物以及动物脱落的皮屑为生。尘螨无处不在，无孔不入，充斥在地球上的每一个角落。在我们周围，它们就生活在被褥、沙发、地毯等地方。只要温度、湿度适合它们生存，它们就会以惊人的速度繁殖并向其他地方蔓延。不仅尘螨本身是很强的过敏源，它的排泄物及尸体都可以引起人体的不良反应。它们还会随着呼吸进入我们体内，附着在呼吸道黏膜上，导致呼吸道发炎。

那么究竟是不是这个小东西让小宇饱受折磨呢？为了确定，医生采集了小宇的血样，准备给她做另外一项检测——特异性的血清抗体检测。这个实验是要从患者的血清中分离抗体，如果血清中存在抗体，那么就说明被检测者是过敏体质。之后再通过区分抗体类型，来确定患者具体是对哪种过敏源过敏。

经过检查，医生确定了小宇确实是尘螨过敏。

一般情况下人体并不会对尘螨过敏，造成这种过敏症状一般有两种原因：一个是遗传性的家族遗传史，也就是说当你的父辈祖辈当中，有人出现过这种症状，那么有可能你也会对尘螨过敏；另外一种就是人体出现了肌体内部免疫系统失衡，使得尘螨乘虚而入，也会得上这种过敏症状。医生在了解了小宇的家族病史之后发现，她们家人没有这个问题，因此这点就可以排除；而从小宇个人状况来看呢，医生分析很有可能是她在发育期的时候肌体内部的免疫系统失去了平衡，因而对尘螨产生了过敏。螨虫，尤其是尘螨只要在有空气的地方，就会有它的存在，要躲它是不可能的。

具体到小宇身上，小宇发病比较严重的是两个地方，一个是学校，一个是她的家里。学校里有很多小朋友集中在一起，下课、课外活动还有体育课的时候，哪位同学不愿意到操场上踢踢球，哪怕是跳跳皮筋、丢丢沙包之类的。在这种环境之下毫无疑问会暴土扬尘，那么这个时候小宇可就危险了。而学校大扫除、擦玻璃、扫房顶、扫地，肯定到处都是灰尘，小宇在这种情况下肯定发病，而且会相当严重，因此小宇就休学回家了。在休学的初期，由于接触不到这些尘土，空气当中尘螨的含量自然少了，小宇的病情就得到缓解，但是之后，因为家里的卧室通风条件不是很好，家长也没有注意这方面的因素，所以那些被褥、枕头往往就成了尘螨大量滋生的温床，在这种情况下，小宇的病情才又开始发作并且越来越严重。

3. 脱敏治疗起奇效

由于小宇治疗得比较晚，加上一直暴露在高密度过敏源中，使得她的过敏等级已经达到了6级，也就是说，如果按照轻度、中度、重度来划分过敏等级，小宇已经是重度过敏了。

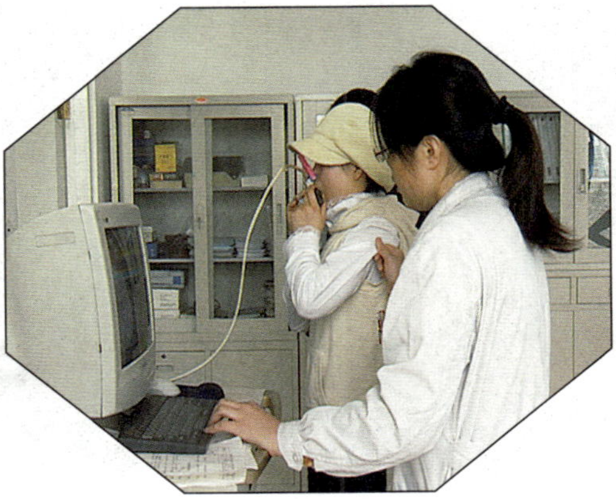
小宇在放射科室做肺功能检测

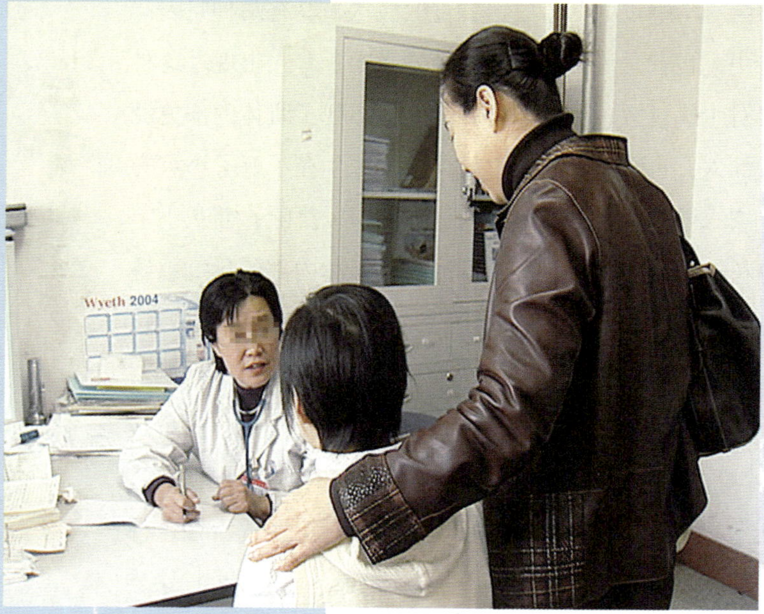

小宇的整个脱敏治疗过程进展得十分顺利

只要我们防控措施得当就能远离尘螨

林主任："根据她这个情况，首先就是要把她症状控制住，我们就给她用药。以后我们就告诉这个孩子怎么用药，如何喷鼻，如何吸药，先吸什么药，后吸什么药。然后我们给她一个风流速检测仪，要每天监测肺呼吸的空气量。"

在前期对症治疗的同时，小宇还要使用风流速仪来监测治疗程度，这个仪器是通过测试小宇一秒钟呼出气体的气流量来判断药物对她呼吸道产生的消炎效果。像小宇这么大的孩子，应该吹得的正常数值是375。因此她必须每天记录下自己吹的数据，并跟正常值比较。只有呼吸道的炎症消除，医生才能给她进行最重要的治疗——脱敏。

之后小宇就开始要求每天吸药，每天记录，每天吹风流速仪，情况一天比一天好，3个月以后就非常好了。

医生为小宇选用的脱敏治疗药剂叫“特异性标准化病原疫苗”。众所周知，疫苗有很多种，我们平时见到的有乙肝疫苗、卡介苗，还有流感病毒疫苗等等，这些都是预防性的疫苗。比如，当流感季节快要到来的时候，先注射一针流感疫苗，就可以防止人体得上流感。因此说它们都是以预防为目的的，而这种疫苗不一样，它是以治疗为目的的，它如何治疗呢？它通过在皮下注射一种特定的过敏源，让患者机体的免疫系统慢慢地去适应。一开始治疗的时候，先给患者注射一号疫苗。一号的浓度最低，那么毫无疑问，注射进这个过敏源之后，人体自身的免疫系统肯定对它产生一系列的反应，甚至会产生一些过敏的症状，比如局部红肿，身上出现疹子等等，但是因为它的量还不足以让患者完全发作，所以经过一段时间治疗之后机体就逐渐适应了这种浓度的过敏源了。当出现症状比较稳定的时候，就可以注射第二号药，再注射第三号药，而第四号药的浓度最高，一般人只用注射到第三号就为止了，四号是用来维持治疗的。由医生来决定到底注射到哪一号。据医生介绍，四号药的浓度已经远远超过自然界当中能够接触到的过敏源了，也就是说如果把这瓶药给小宇注射进去，而她的身体都能够适应的话，那么就肯定不会对生活当中的尘螨再出现过敏症状了，小宇的病也就可以被治好了。

病原疫苗的疗效需要一个循序渐进的过程才会显现出来。小宇的整个脱敏治疗进展得十分顺利。不过由于她属于重度过敏，因此她从一号疫苗过渡到三号疫苗用了整整两年的时间。之后就进入了注射四号疫苗的稳定治疗期。

小宇痛快地玩乐，自由地呼吸

林主任：“最高维持浓度是1∶10万，在这种情况下，我们患者就开始2周打

1 次，然后 4 周 1 次，最后在第 21 周的时候，我们要求患者 6 周来 1 次。小宇在我们这儿已经坚持了 3 年的时间。”

周女士：“在这个医院进行系统治疗有四五年的时间。不管刮风下雨我们都没间断过。上高中之后，病基本上就好了，重新做皮试，过敏源都减轻了，症状也都缓解了。”

自从小宇五年级开始得病，一直到高中三年级过敏症彻底治愈，这 7 年来小宇一家人饱受了外人无法想象的折磨。现在的小宇又可以和别的孩子一样，痛快地玩乐，自由地呼吸，享受正常的生活。受尘螨威胁的日子已经彻底离她远去了。

虽然尘螨的威力非常大，但是只要防控措施得当的话，人们同样也能远离这种过敏症状，只要经常保持室内的通风，让被褥保持洁净，经常把被褥拿到太阳底下晒一晒。尘螨是很讨厌这样的环境的，它们喜欢生活在湿润的环境里，这样的话，即便是过敏体质，尘螨也不会来打扰我们的正常生活。

（张瑶）

一个都不能少

3 个小婴儿，命悬一线。

40 名医护人员，夜以继日。

30 位亲友团，苦苦坚持。

4 个月零 4 天，他们打了一场怎样的生命保卫战？

1. 妇检查出三胞胎

10 月的一天，怀孕 5 个月的王昀女士在上海浦东妇幼保健院做了一次例行检查。检查的结果令王昀和家人大吃一惊。

王昀："没想到会那么多……"

王昀的丈夫："刚开始他们跟我说是三胞胎，我一愣，完全没想到会是三胞胎。不过当时我老婆肚子挺大的，我想多数是双胞胎，但也不敢肯定，B 超做了一下，发现是 3 个。"

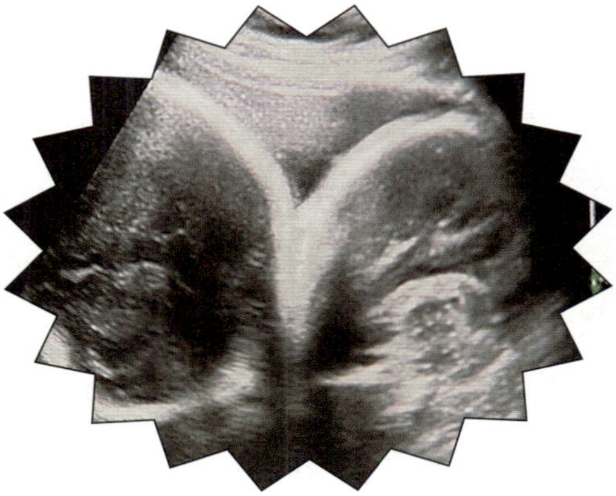
检查的结果显示王昀有了三胞胎

王昀怀了三胞胎的消息，立刻让这个热切期盼着第四代的家庭沸腾了。两年前，王

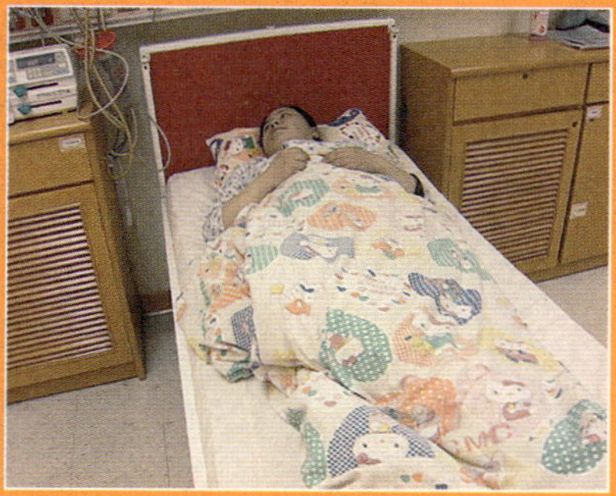
王昀住进了医院保胎

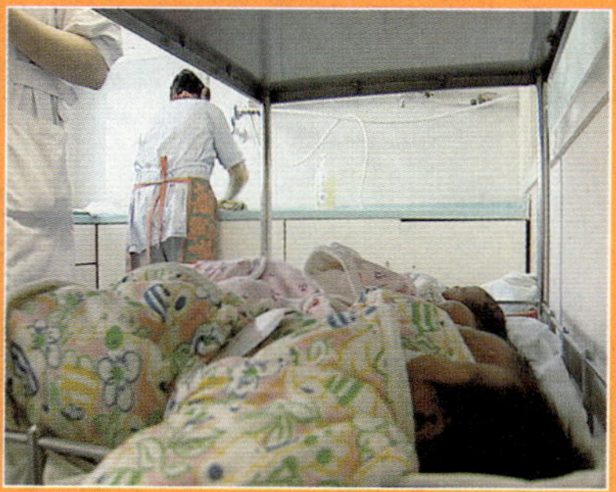
三个小家伙出生时的情况非常好

昀曾经怀过一对龙凤胎，可是，孩子在她怀孕3个月的时候流产了。

王昀回忆当时的情形：“孩子流产的时候，我们非常伤心，那时我们不知道怀孕了，还出去旅游，都是太累的缘故。”

很长一段时间，王昀和家人都没能从失去孩子的痛苦中摆脱出来。这次，知道自己怀孕后，王昀请了长假在家休养。很快就要有3个孩子同时降临，这意外的惊喜让全家人都对未来充满憧憬。

现在经常能够看到报纸上刊登，什么地方出了一个母亲，生了双胞胎，甚至五胞胎、六胞胎。很多人都期盼着自己能够有双胞胎，最好是龙凤胎。在自然情况之下，怀双胞胎的概率是非常低的，那么怀三胞胎的概率就更小了。王昀一家人真的是很幸运，前不久虽然说痛失龙凤胎，但是现在母亲的肚子里又有了三胞胎，让人很羡慕。不过说到底，羡慕是别人的，但是真正痛苦、难受的可能就是母亲了。三个孩子在肚子里，可以想象，她每天承受的重量，每天负担的孩子们的营养、压力和负担有多大，也因此三胞胎特别容易早产。但是对于王昀一家人来说，因为有过痛失龙凤胎的经历了，所以在这个时候他们特别期盼这三个孩子能够顺利降生，那么他们的愿望能够实现吗？

就在知道自己怀的是三胞胎后没几天，王昀感到身体不适，谨慎的她不敢怠慢，索性住进医院保胎，那时候，离她的预产期还有3个多月。在使用了一段时间保胎药后，王昀突然高烧不退，11月13日早晨，她出现了抽搐、呼吸困难、嘴唇发绀等心率衰竭的症状。

王昀的妈妈很紧张：“我马上把她的床摇高，氧气接上去，去请医生，这个时候医生也很紧张。我一直安慰女儿。”

此时王昀所能够想到的就是使劲抱住肚子：“那个时候已经神志不清了，呼吸不上来，当时也没想到自己会怎么样，事后才知道自己也非常危险，当时想到的只有孩子”。

巨大的阵痛和呼吸困难让王昀有了不祥的预感，保胎可能是保不住了，在只怀孕了26周的时候，不得不将孩子生下来。可只孕育了6个多月的孩子，能活吗？

王昀妈妈不甘心：“我这时候真的是求医生了，求他们一定要救救这几个小孩。只要他们生出来有一口气，我们就一定要抓住这个机会，绝对不能放弃，能保一个是一个。”

妇幼保健院的医生面对这突如其来的状况，感到情况危急，如果不马上生产，不要说3个孩子的性命，就连王昀的性命都将不保。由于妇产医院缺乏抢救早产儿的设备，他们迅速联系了同在浦东的上海儿童医学中心，请求援助。

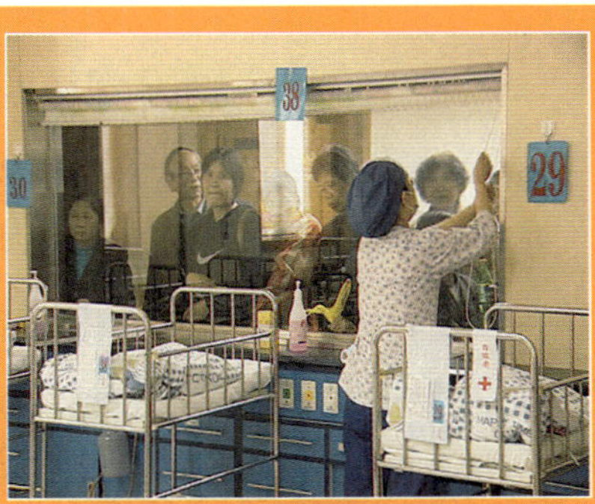

三个小家伙转运到新生儿重症监护室

2. 三胞胎顺利降生

上海儿童医学中心是上海一流的儿童综合医院。接到电话后，新生儿重症监护室的孙主任和步医生立刻携带转运暖箱和急救设备赶往浦东妇幼保健院。这个时候，王昀已经被推进了产房。

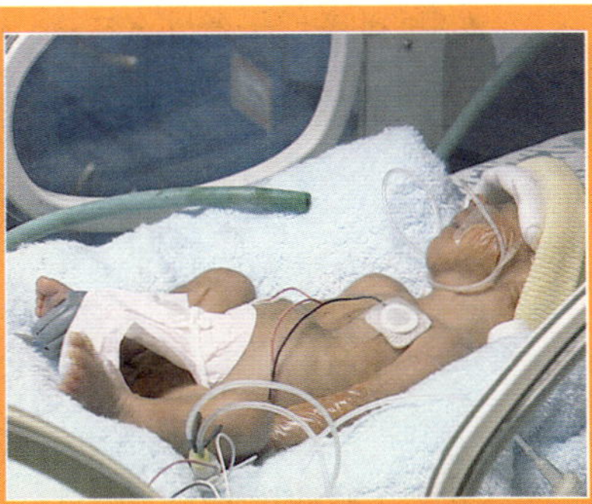

三个孩子都出现了呼吸暂停的现象

半个小时过去了。孩子们陆续降生。

守候在产房外的孩子外婆此时非常激动，

一个劲地问，孩子哭了没有。“那个护工阿姨说，哭了，我这时候心情真的很激动。

出乎所有人意料的是，3个小家伙出生时的情况非常好。

孙主任：“因为他们3个人出生的时候，第一次的新生儿评分基本上还是比较好的。所以说对我们初诊的治疗还是一个比较好的状况。”

每个新出生的婴儿，医生都会给他们打分。分数是根据婴儿出生时的哭声、肤色，以及心跳血压的情况来定的。王昀的大儿子和大女儿都得了满分10分，只有最晚出来的小女儿得了8分。

爷爷分别给他们取名为皓皓、妮妮和姗姗。虽然出生时情况不错，但由于严重地早产，3个小家伙实在太小了，最重的老大才900克，3个孩子加起来刚刚够一个足月婴儿的体重。医生把他们转运到儿童医学中心的新生儿重症监护室。

只在妈妈的肚子里待了26个星期，就这么着急地出来了，而且出来得还非常顺利，医生们都感到很惊奇。但是俗话说怀胎十月，人必须要怀胎十月降生才能有一个健康的保证。因为这些孩子如果早产的话，看起来虽然具备人形，能够从这个外部判断出来是男是女，但实际上他们的器官还没有发育完成，很多功能都还没有具备，比如说这些孩子就都不会吸吮，而不会吸吮的话就吃不到奶，吃不到奶就无法补充营养，可能就坚持不下去。据医生介绍，早产儿最难度过的就是头24个小时，如果护理不及时，或者孩子体质比较弱，或者是医疗水平没有达到一定程度的话，那么早产儿的死亡率高达70%。虽然说小家伙们顺利降生带给了每一个人一份惊喜，但是惊喜过后，马上心又被悬了起来，那就是孩子们能不能挺过这24小时，能不能今后快快乐乐地和家人共享天伦之乐？

3个小家伙的到来让儿童医学中心的新生儿重症监护室忙开了。

怎样才能让这些过早来到这个世界的生命在这陌生的环境中活下来呢？外面的世界实在太亮了，而妈妈的子宫是黑暗无光的，于是，医生在他们的暖箱上盖了厚厚的棉被。可是，习惯了在羊水中生活的胎儿，突然离开了湿润的环境，又该怎么办呢？医生将他们暖箱的湿度控制在80%左右。每一个早产儿都被放置在棉布做的早产包里。

杨护士长：“这个早产包我们就做成鸟巢状，让他脚有一个支撑，让小朋友脚有一个触感，手也能够有一个周边感，就像小朋友在妈妈肚子里会动，贴到妈妈子宫壁了以后，他觉得妈妈和他在一起，就会感到很安全。”

整个监护室都非常宁静。躺在模拟子宫环境中的小宝宝们明显安分了许多，没有人打扰他们的时候，他们就在这个像妈妈子宫一样的环境里酣睡，继续成长发育。

3．三胞胎病危

可是，这样的日子只过了两天，三胞胎病情的突变打破了监护室的平静。

毕竟他们只在妈妈肚子里待了 6 个多月，肺和整个呼吸系统都没有发育完全，自主呼吸的能力几乎为零。很快，3 个孩子都出现了呼吸暂停的现象。如果不马上采取措施，窒息将会威胁他们的生命。

3 个宝宝病危的消息，让家里的气氛紧张起来。

医生告诉他们，这个时候，唯一的办法就是马上使用呼吸机。可是，使用呼吸机又可能会给孩子的其他方面带来后遗症。

阴云笼罩在每一个家庭成员的心头。

孩子外婆：“（医生说）为了要保住他们的性命，我们想搏一搏，你们看情况怎么样。那时我们想你们医生要搏一搏，我们也是要搏一搏。”

插上呼吸机的 3 个小家伙刚刚从窒息的危险中摆脱出来，步医生又发现了老二妮妮的异样。

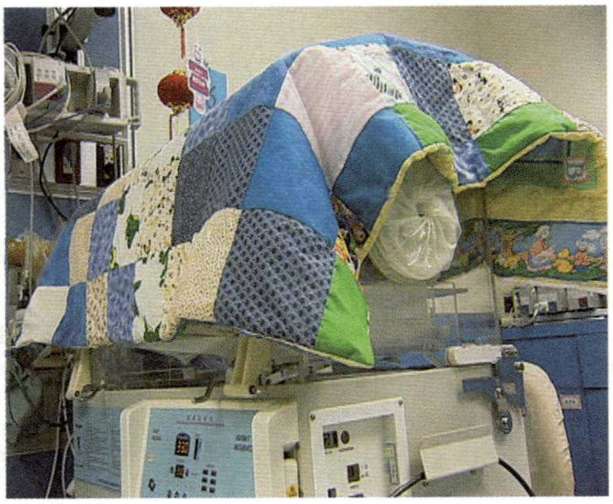

医生在他们的暖箱上盖了厚厚的棉被

步医生：“那天正好我查房，前面

一直很好，突然有一天妮妮突然发生了明显的呼吸急促，人也有点发紫。这时候我第一个念头就是，这个孩子不要出现了先天性心脏病啊。可是，后来的超声波检查发现，孩子的动脉导管开放了。”

动脉导管是胎儿在妈妈肚子里时为心脏输送血液的一根血管，一旦出生，心脏就不再需要这根血管提供血液了，血管就会自然关闭。如果不关闭，过量的血涌向心脏，心脏将无法承担。

这时候的妮妮，动脉导管已经打开到了四五毫米，肺充血非常严重。这个脆弱的生命，才刚刚长到 1 千克。而由于心脏的问题，她的体重已经开始停止增长。一个艰难的选择摆到了医生们的面前。是继续保守治疗还是手术？在一个刚过 1 千克（2 斤）的婴儿身上动心脏手术，她能不能承受？但是面对已经停止生长的妮妮，如果再等下去，她会不会错过最后的生存时机？

妮妮突如其来的病情，让还没有从孩子们呼吸窘迫症中缓过神来的家庭再次面临打击。

时间每过去一天，妮妮生的希望就渺茫一点。

步医生：“我们咨询了我们内、外心脏科的医生，最后还是决定手术治疗。”

接踵而至的病情，让这个坚强的大家庭不堪重负。早产儿的先天缺陷一股脑地摆在了他们面前，无法预知的种种状况纠缠着每一个人。

妈妈：“当时心里是很矛盾的，他们之中的任何一个我都不想放弃。”

爸爸：“生出来宝宝这么小，后来又上呼吸机什么的，我真的有点怕失去他们。”

爷爷：“实际上我每次到医院的时候，心情总是很沉重，特别到了三楼，很沉重。”

外婆：“我们三个小孩送出去的时候大家都看到的，都很喜欢他们，如果少了一个心里总归不是滋味。心里要崩溃一样的。”

妮妮的手术准备工作紧张地进行着。主刀的心胸外科主任张海波医生迎来了他从医生涯中最小的患者。

张医生：“手术难度不是很高，但是风险相对比较大。因为孩子只有 1.1 千克，

三个早产宝宝处在危险之中

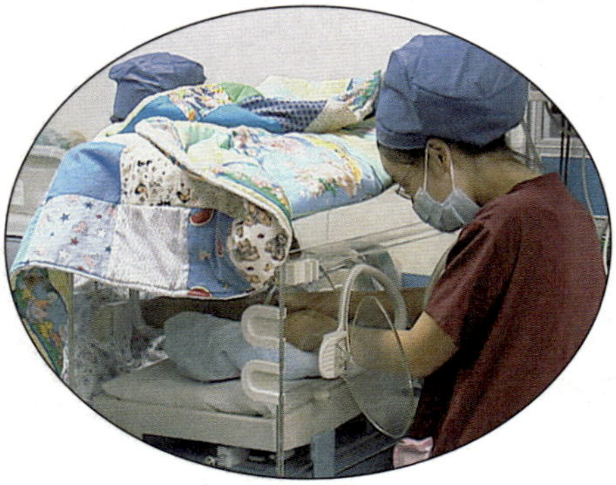

每一个早产儿都被放置在棉布做的早产包里

比如上麻醉、动静脉插管等都有一定难度，我们也碰到过有更大一些的小孩在麻醉阶段发生心律失常，甚至于心室颤动、心跳停止。”

小宝宝的外婆清楚地记得当天那一幕：“12月22日做的手术。进手术室的时候，我就和小宝宝说，宝宝，你要挺住，你一定要挺住，我们都盼望你健康回家。”

医生准备了一套专门为婴儿动手术的器械，但对只有2斤重的妮妮来说，依然显得太大了。全身麻醉的妮妮躺在手术台上，所有的仪器对她来说都像庞然大物。妮妮能挺得住吗？

上天再一次眷顾了这个弱小的生命，妮妮的手术非常成功。手术后，她的肺充血状况很快缓解，体重也开始增加。

可是，紧接着，姗姗的一份检查报告又让孙主任的心揪了起来。

“3个孩子入院以后由于呼吸状况不太稳定，都有间隙低流量吸氧的治疗，在我们开始做眼底监测的第一次时，3个孩子基本情况还是稳定的，到再复查的时候老三就发生了眼底视网膜血管增生。我们叫它早产儿视网膜病。”

这3兄妹刚住院的时候，都使用过呼吸机，也都吸过氧。在使用这种治疗方法的时候医生就说过，它的副作用可能会导致眼睛出现一些问题。现在很多人都认为，早产儿只要是使用呼吸机吸氧，那毫无疑问，就会对他们的眼睛产生影响。就会出现这种早产儿视网膜病。但是专家说，这么理解有失偏颇，应该说这个问题比较复杂，由于早产儿先天不足，再加上颅内感染以及血管当中的血液pH状态不稳定，都可能会导致早产儿视网膜病的出现。不管成因到底是什么，这种疾病对孩子们的视力影响非常大，稍有不慎就会出现失明，而且一旦失明就是一个不可逆的过程。

姗姗的视网膜病还在不断恶化，孙主任感到了巨大的压力。比死亡更让她感到担心的，是姗姗漂亮的大眼睛从此失去光明，一出生就遭受这么多磨难的孩子难道还要带着缺陷开始她的人生吗？

在眼科专家的会诊建议下，医生们决定及早进行干预，使孩子新增的血管能够得到抑制，不再过多增殖。

接二连三的坏消息，让3兄妹的爷爷承受着巨大的精神煎熬。他再一次在姗姗眼睛手术的通知书上签了字。

爷爷："当时我的想法是争取3个宝宝都能渡过这个难关，因为他们太可爱了。既然他们迫不及待来到我们家庭，我们肯定要善待他们。"

姗姗手术以后，王昀每天都去医院问孩子的情况，然而，无论医生怎么劝说，她始终不愿意走进监护室看看她的三个孩子。

"有种很害怕的感觉，很害怕去面对他们，我和我老公说过一句话，其实我有一种很自责的感觉，他们在我肚子里的时候，我没有能够好好保重自己的身体，让他们生下来就受了那么多的磨难。我觉得很难去面对他们，非常害怕看到他们的脸。"

春节，三胞胎的家人来到医院给他们过节。王昀终于鼓足勇气走进了监护室，母子4人在出生后第一次相见了。

这时的3个小家伙已经摆脱了呼吸机和吸氧，模样长得越发俊俏，成了监护室里的明星。

妮妮突如其来的病情让这个家庭再次面临打击

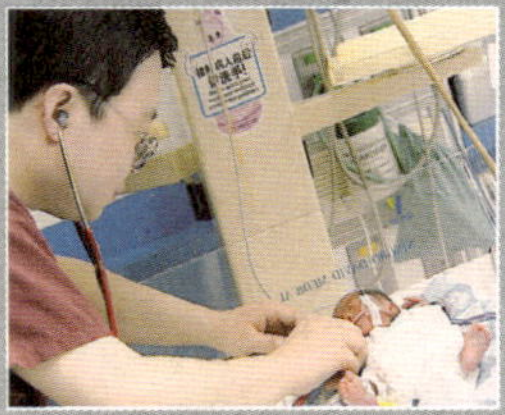

张海波医生迎来了他从医生涯中最小的患者

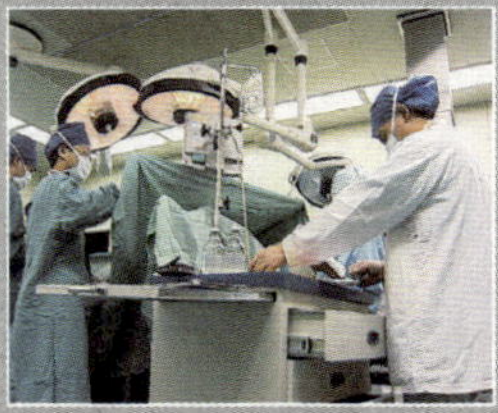

全身麻醉的妮妮躺在手术台上

4. 三胞胎健康出院

3月18日，这一天对上海儿童医学中心来说是个节日。与死神斗争了4个月后，3个小家伙终于要出院了。4个月的生死相依，医护人员对他们已经有了特殊的感情。

孙主任："出院那天我们有一个小型的派对。其实在那天之前，我们几个护士、护士长、主管的医生都已经比较兴

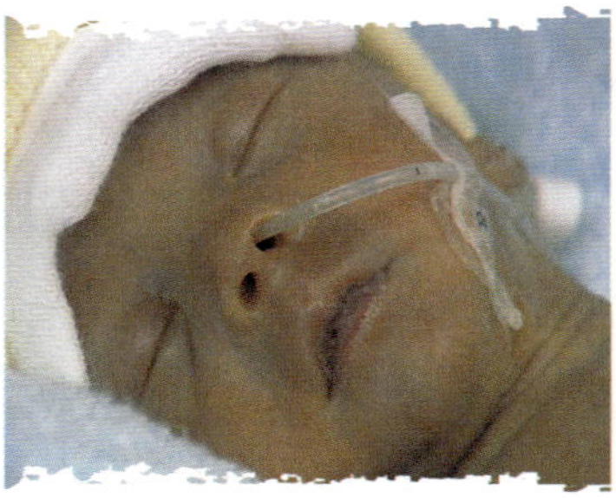

妮妮的手术非常成功

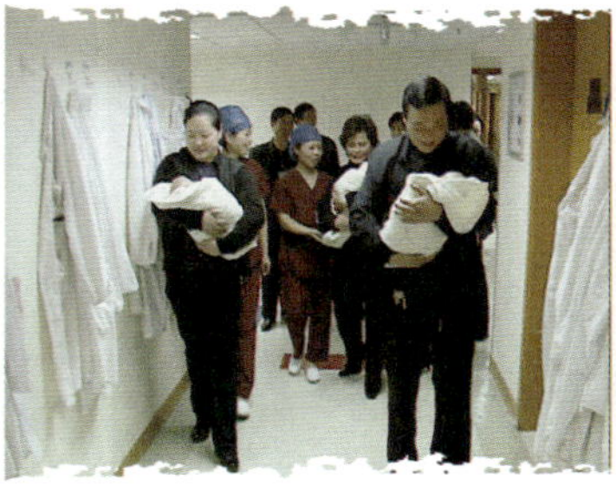

3个小家伙终于要出院了

3个小家伙和家人共享天伦之乐

奋了。”

杨护士长：“走的时候我还落泪了，毕竟好像是自己养大的。4个月了，我对他们的感情可能不比他们的父母来得浅。”

出院时，3个小家伙的体重都已经长到了3千克左右。在闯过了一道又一道生命关后，医院为三胞胎颁发了毕业证书，表彰他们与死神搏斗时的顽强表现。

最感人的也许应该是这个家庭对每一个生命的一种珍视，包括给医生的信任、在医疗上的配合。在这三胞胎的奇迹中家庭起了非常关键的作用。

连妈妈王昀都没有想到，她的3个孩子能这样健康地出院。这噩梦般的4个月，无数个流着眼泪入睡的夜晚，一次又一次的绝望，都值得了。

这场挽救3个小家伙生命的战斗到这里算是取得阶段性的胜利了。但是医生又特别强调，这个时候绝对不能掉以轻心，4个月，100多天，的的确确每一个人都不容易，可能家属们心理承受能力也达到了一个极限，但是仍然要做好长期抗战的准备。根据医生们的经验，只有早产儿顺利地度过周岁，才能够向大家宣告说，他们今后应该不会有什么大问题了。祝愿3个小家伙能够健康顺利，能够幸福地和家人共享天伦之乐。

（吴宁远）

性别的挣扎

春节前，湖北省沙洋县的杨兆金夫妇满心欢喜地备好年货，等待着离家多年的独子杨士华回家团聚。没想到苦盼多年的儿子没见回来，一位漂亮姑娘却登门入室，声泪俱下地跪倒在杨氏夫妇的面前。看着这个和儿子略有几分相似的姑娘，两位老人一下子愣住了，不明白这究竟是怎么回事？

等到这位姑娘细细地把事情的缘由讲述清楚之后，杨兆金夫妇才终于弄明白，眼前这位漂亮姑娘正是他们苦等多年的独子杨士华，只是十年前离家时还是男孩子的独子如今已经变成了一位亭亭玉立的大姑娘！一位男子汉为什么要变身成为女人？既然最终选择成为女人，为什么 22 年前会走进医院从女孩儿变性成为男孩儿呢？是什么样的难言之隐令小杨在短短 32 年的时间内，体验了从女孩变成男孩又从男孩变回女孩的离奇经历呢？变性后的他能适应今后陌生的异性生活吗？

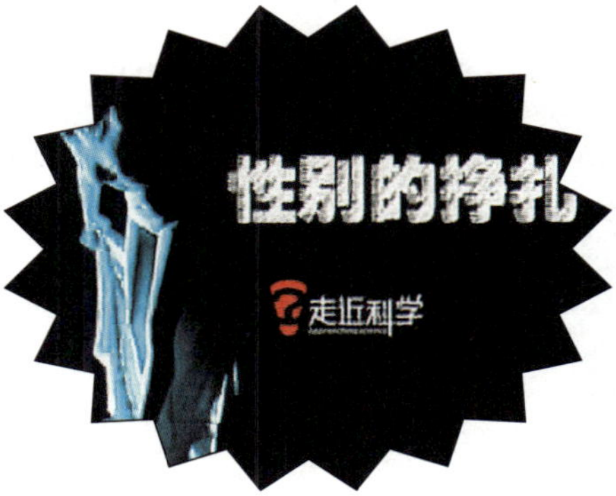

《性别的挣扎》片头

1. 收养了两性人孩子

“当窗理云鬓，对镜贴花黄。出门见伙伴，伙伴皆惊惶。同行十二年，不知木兰是女郎！”

一位农村妇女抱着出生刚刚三天的婴儿去找杨兆金

这是著名的《木兰辞》中的选段，《木兰辞》说的是花木兰从小替父从军，一去12年，等打完仗回来，换下戎装穿上女儿装以后，把她当时的战友们都给吓呆了，他们万万没有想到自己身边的这个袍泽、战友，居然是一个女儿身。

当时写《木兰辞》的人肯定没有想到，在1 000多年之后的今天，一个男人想变成女人，或者一个女人想变成男人，只要通过手术就可能完成。

一位女性是通过手术由男性变过来的，这并不算稀奇。特别的是，这位女性在22年之前，也就是她10岁的时候，同样也做过一次变性手术，不过那次变性手术，却是从女性变成男性，也就是说她这一生变过两次性，第一次是女变男，第二次是男变女。那么她怎么能够下定如此的决心变了两回性？她的父母又怎么来面对这个事，她的家人又怎么承担这个压力呢？

春节前夕，湖北沙洋县花立村的杨兆金夫妇满心欢喜地等待着离家多年的独子杨士华回家团聚。而此时，他们唯一的儿子杨士华已经住进了千里之外的广州市曙光医学整形医院，准备进行变性手术。这已经是这位32岁的男青年人生中的第二次变性手术了，这一次他选择了由男性变为女性。既然他选择作为女性，为什么22年前他要变为男性呢？这还得从他出生那年说起。

1972年3月，一位农村妇女抱着出生刚刚3天的婴儿来找杨兆金。

杨兆金一直希望有个孩子：“我们结了婚那么多年没有生孩子，别人就对我说有个女娃，刚出世的，问我们要不要，如果不要再送给别人，我马上请假回来，跟我老婆说了之后她就同意了。”

孩子的到来给久未生育的杨兆金夫妇带来了从没有过的快乐，有了孩子的杨家笑声渐渐多起来。襁褓中的杨士华长得十分清秀可爱，不管在外面有多累，回到家看到女儿可爱的小模样，杨兆金就什么烦恼都没有了。然而，刚刚为人父母的杨兆金夫妇，并没有意识到这个给他们带来无限欢乐的孩子，同时也带来了难以预想的灾难。直到有一天，孩子不知道什么原因哭个不停。

杨兆金："我就把她抱到医院去看病去，因为她长得蛮好玩的，医院中的人，就把她抱着玩。结果那个医生抱过去一看，她说哎呀这个小孩子是个两性人，你们怎么养了这样一个女孩？我一听，哎呀，脑袋就像要爆炸一样，这怎么办哪，天哪……"

医生的话让杨兆金一下子跌进了痛苦的深渊，他不明白什么是两性人。

两性人就是一个孩子同时具有两套生殖系统，既有男性生殖系统，又有女性生殖系统，但两套生殖系统都发育不完善。这种两性畸形的发生概率在正常出生的婴儿里面是极低的。

很快，杨士华是个"阴阳人"的消息就传开了，人人都说这是个不吉利的怪胎，谁碰上谁倒霉。

当时村子里面很多人都劝杨兆金夫妇把孩子扔到河里去不要了。

面对村里人的闲言闲语，杨兆金如同掉进了绝望的深渊，难道真的要把这个还没有断奶的孩子扔到河里淹死吗？

杨兆金很痛苦："我说怎么办？她是一条生命呀。"

几个月的朝夕相处，这个旁人眼中的怪物早已经成为杨兆金的心头肉，别说是扔到河里，平时不小心磕碰一下，他都会心疼很久。究竟应该留下这个孩子还是扔掉，杨兆金一时也拿不定主意，于是就和妻子商量。

妻子："不要管别人怎么说，我们收养了她就是我们的娃，我们做主。"

征得妻子同意之后，杨兆金不仅没有抛弃这个可怜的孩子，反而更加疼爱她。从此夫妇俩将杨士华当女孩继续抚养。但村里人对两性人的偏见却给童年的杨士华带来巨大痛苦。不仅"阴阳人""不男不女"这样的话天天不绝于耳，杨士华还常常被人扒光衣服围观。因为自己身体上的这种与众不同，杨士华渐渐变得敏感、内向。

孩子竟然是两性人

杨兆金："别人就说她是个阴阳人，都说她男不男，女不女，当时的同学就把她按到田里，

杨士华决定离家外出打工

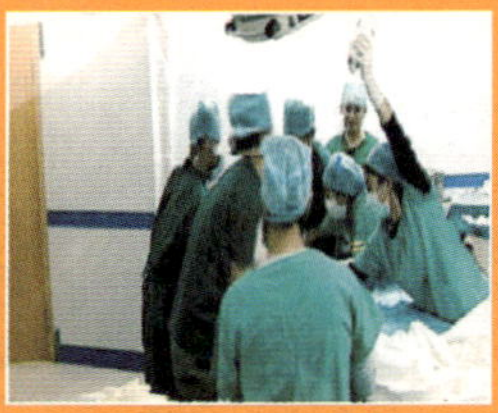

杨士华被推入手术室

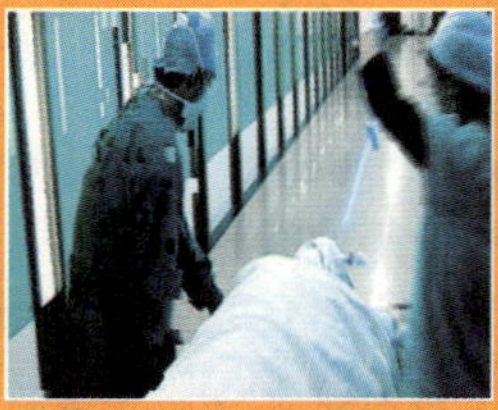

杨士华重新回到病房

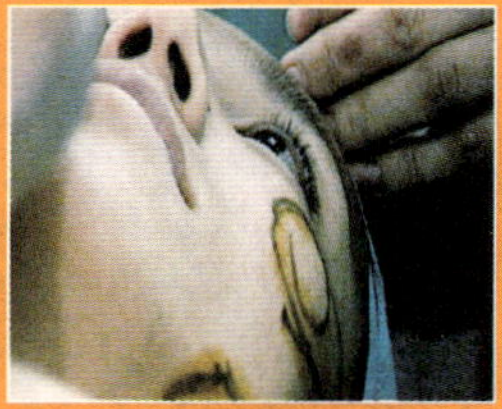

整个人的脸形都改变了

手术给了杨士华一个近乎完美的女儿身

衣服裤子全部给她脱光了，把她弄得一身泥巴。她就回来哭着说，爸爸，我不读书了，我读不成了。”

杨兆金已经记不清楚，到底有多少次杨士华就这样哭着跑回家的，这个父亲实在是心里过意不去，难道孩子这一辈子都要在这种不男不女的嘲笑声中度过吗？难道真的就没有办法去给她改变这种生活状态吗？所以从杨士华刚刚懂事开始，杨兆金就带着她跑遍了湖北的医院，但是所有的医院看完之后都说孩子现在年龄太小不能做手术，只有等到稍微大一点的时候才可以进行变性整形手术。到了杨士华 10 岁的时候，终于有一家医院愿意接收她给她做手术，但是临到手术前，杨兆金却为难起来，因为杨兆金不知道自己的孩子到底是该变成男孩还是应该变成女孩，难道就不能判断出杨士华真正的性别到底是男是女吗？

人体里有一对特殊的染色体，叫性染色体。表面上看，似乎性别是由生殖器官决定的，其实生殖器官究竟是男性还是女性是由性染色体决定的。如果体内的性染色体是 XX，这个人就是女性；如果是 XY，那么他就是男性。染色体不仅决定了生殖器官的特征，而且还会影响一个人的骨骼发育、内分泌以及外表轮廓。青春期以后，成熟的腺体还会分泌性激素，让性别特征更加完善。为了判定杨士华的生理性别到底是男还是女，医院进行了染色体检测，结果是 XY，杨士华是男性。

杨兆金如今想来很懊恼：“当时我们哪里懂，我们也不懂医术，医院就下的结论说孩子是真男假女两性畸形，说是从科学上判断他是个男孩。”

让杨兆金不明白的是，既然孩子是男性，身体为什么又会长得像女孩呢？

她在三十多年的时间里，变过两次性。

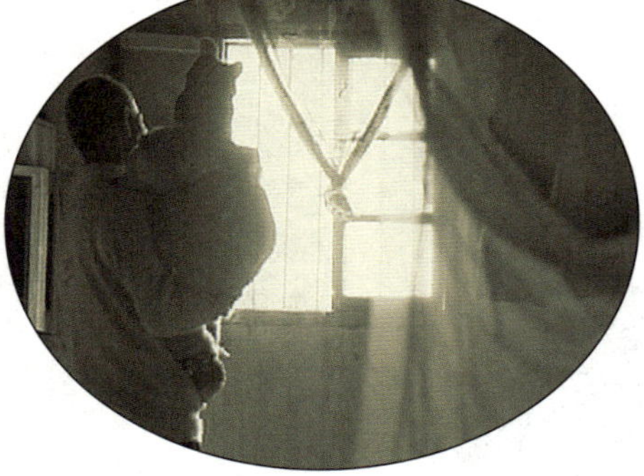

襁褓中的杨士华长得十分清秀可爱

中国医学科学院的外科整形医院博士是这么解释的：人的胚胎发育过程一般在12周左右，即3个月到4个月之间，在性别器官分化过程中发生了意外，比如母亲在怀孕的时候感染了病毒，刚好吃了一些药物，或者是有些疾病影响了胎儿，她的内外生殖器在这时候就会出现问题，就可能出现性别畸形。

因为染色体是XY型，医院决定给杨士华做女变男的手术，对于这个结果，杨兆金除了意外，甚至还有些高兴，不仅孩子以后不会再遭人歧视，家里还有了顶门立户的男子汉。这可是杨家求之不得的好事，然而谁也不会想到一场可怕的噩梦正因为这次手术而悄悄开始。手术后，杨士华遭遇到比以前更大的难堪。

杨士华："他们就在路边捡些小石头之类的东西打我，说我是假男孩子。没做手术之前，他们说我是假女孩子，做完之后又说我假男孩子，当时都不知道，自己究竟是男孩子还是女孩子？"

令杨家人痛苦的不仅仅是孩子比以前更受歧视，手术一个月之后，令人意想不到的事情发生了。

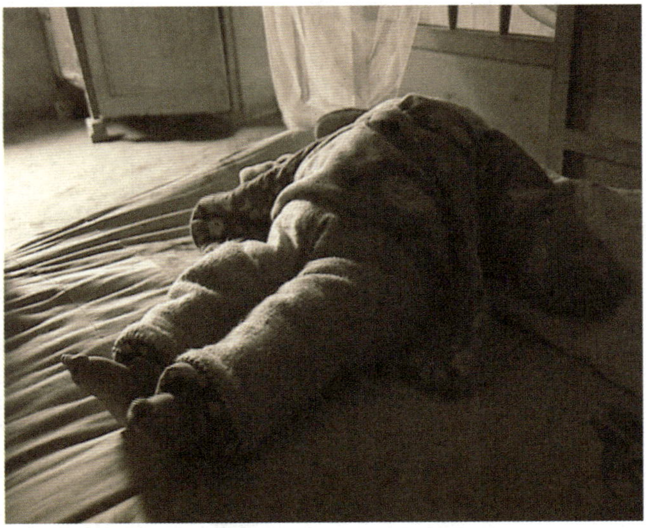

孩子不知道什么原因哭个不停

杨兆金记得："又过了7天后，因为要拆线，我们就又去了医院，最后一解开我一看，怎么手术做成这个样子？"

1个月之后，伤口甚至出现了破裂。

撕裂开的伤口直接导致了杨士华小便失禁。从那时开始，22年来不管何时何地，他的小便都会不受控制地顺着裤管流个不停。

杨士华："每天上厕所，我不能下课时跟同学们一起去，要等他们上课时候请假再去。20多年来我最怕的就是小便，什么都没怕过，以前再苦再累都不怕，就是怕每天小便，那种痛苦，真是难以忍受。"

这种难言之隐让他对男性世界越来越陌生，处处受人歧视的杨士华，在19岁那年终于决定离家外出打工。然而城市里的生活并没有想象中那么容易，手术后遗症像魔鬼一样紧跟着他，因为身体常常会不自觉地漏尿，很多工作他都没法胜任，杨士华的生活主要靠家里的接济艰难度过，但不论父母怎么劝说，他始终不肯回到家乡。

为什么他不愿意回家呢？原因很简单，那就是在外面没有人知道他从小的身世以及他的小秘密，不会有人歧视他、嘲笑他。

2. 一段错误的姻缘

杨士华原本以为自己可能就这样孤独地过一辈子了，但没有想到老天爷还偏偏给他安排了一段姻缘。他的一个同学最初因为同情和老乡情谊而愿意和他来往，慢慢地两个人产生了感情，就这样走到了一起。但是仔细想一想，这段感情的生理基础并不牢靠，所以自然会产生一系列的问题，杨士华连小便都不能够正常完成，更不要说夫妻间的性生活，他也不具备相应的性功能。刚开始两个人在一起的时候，对这方面好像也无欲无求，真的是非常纯真的感情，可这种生活过了6年之后，连杨士华自己都开始怀疑，有没有必要把这段感情再继续下去呢？

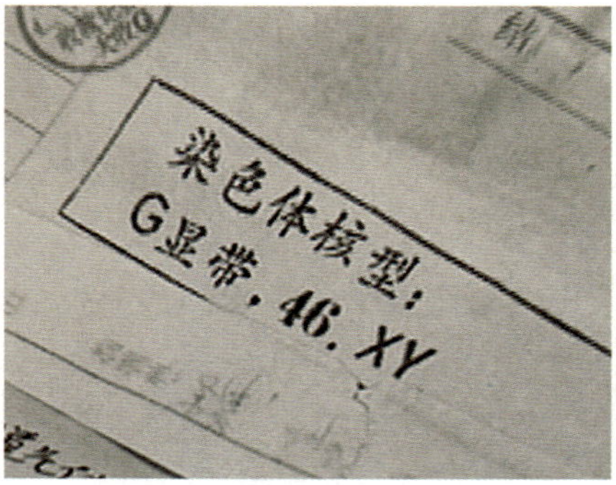

医院进行了染色体检测，结果是男性

杨士华觉得，再这样拖下去会害

杨士华原本是一个比较高挑的男性

他经常偷偷化妆

了女友一生。两个人痛苦不如一个人痛苦。于是把自己的想法对女友说了："说完之后那天晚上她也哭了。"

为了不影响女友一生的幸福。杨士华瞒着女友一个人来到广州市曙光医学整形医院，要求做变性手术。

广州市曙光医院蔡方明院长接待了他："我那时候看见一位男性，这个男性比较高挑，同时比较瘦，脸色也是比较憔悴，他不但是有要求变性这一个问题，同时还有要求治疗疾病的问题。"

这个清秀瘦弱男子的遭遇引起了蔡方明的同情，作为医生他十分清楚杨士华正在忍受的痛苦，而对于他的变性要求，蔡方明却始终没有做出正面的答复。

那么为什么这家医院迟迟没有给杨士华答复呢？要知道，对于一家比较成功的整形医院来说，上门来要求进行变性手术的人，绝对可以用络绎不绝这个词来形容。

一位中国非常有名的整形医生陈焕然老师就曾经说过，通常患者来了之后，都不是马上就可以手术的，因为这个手术本身，并不是说一个女人想变成男人，一个男人想变成女人，摘掉某套性器官，给他再造出某套外生殖器官，就可以完成的。这需要经过一系列复杂的过程，还要患者家里人必须得同意，公安局也得出具相应的证明。这一方面是为了今后更改身份有所证明，再有一个就是怕你万一是一个嫌疑人，作了案，跑到这来做一个整形或者变性手术，以此想逃脱法律的制裁。这两方面的证明是不能少的。

此外，对于要整形的患者本人来说，也存在一个心理问题。有人是一时受到刺激，一时冲动，于是想为自己变性；也有的人真的是因为心理问题，或者生理问题，长期受到压抑，需要做这个手术。一般情况下，第一种情况，绝对是不能给他做的，因为这个手术做完之后，再想要反悔，可不是穿衣服那么简单。一般而言，做完了再想变回来，基本上不太可能。只有那种经过家人同意，公安局出具证明，本人经过一系列的检测，包括心理检测之后，认为确确实实是不变性已经没法在这个社会上生存的人，才能去给他进行这个手术。

他逐渐发现自己越来越喜爱女性的打扮

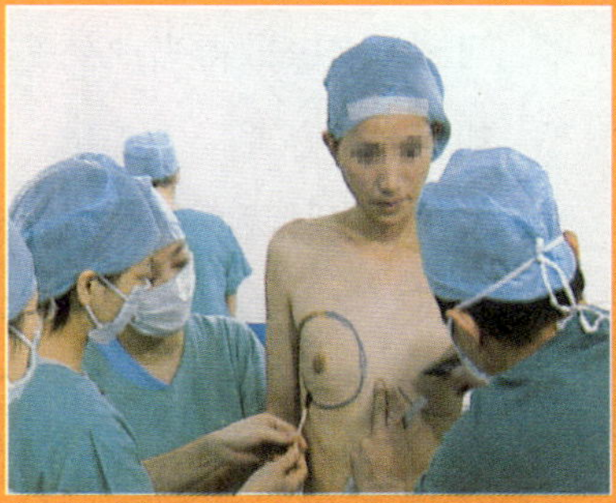

医生为其重新塑造胸部

那么杨士华到底是不是在心理上急需整形变性？还是说他只是一时的冲动呢？

急切想要变性的杨士华，在蔡方明的一再追问之下才不得不说出他一直埋藏在内心深处

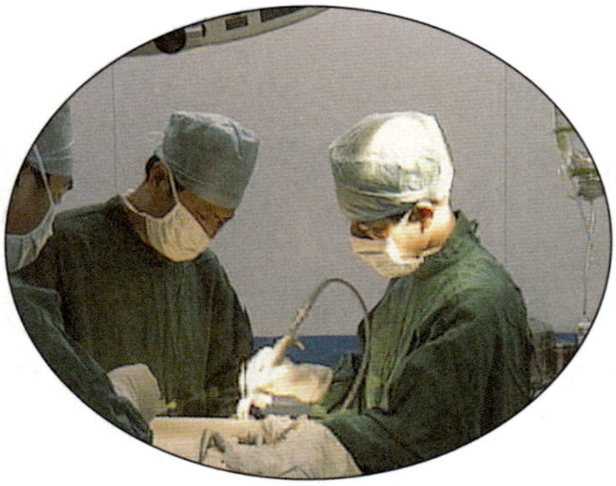
医生在做手术

的秘密。原来他在与女友朝夕相处的6年时间里，逐渐发现自己越来越喜爱女性的打扮，还经常偷偷化妆。他不知道自己究竟为什么会这样做。而在医生看来这很可能是患者心理性别的一种表现。

中国医学科学院外科整形医院博士对此解释说："一个小孩生下来，生长发育到3～5岁之后，就会产生一个性别的自我认知，他想知道自己是男孩还是女孩的意识就产生了，这就是心理性别。世界上的一些权威的专家和学者都认同心理性别一旦形成是不可逆转的，也就是一个人一旦认定自己是男孩还是女孩，这个状态一旦形成以后，他一辈子都很难逆转。"

心理性别的确定，是整形医生最终决定这个人应该变为男性还是女性最重要的判断依据。

"一旦心理性别是男，我们就把他做成男的，一旦心理性别是女的，就把他做成女的，不管以前是男是女。一定要掌握这个原则。这也就是我们常说的心理性别优先，也就是说，一个人不管他的生理性别是什么，他长大之后，一旦过了青少年时期，心理性别就已经形成了。这时候，就要遵从心理性别优先的原则，去进行外科手术，而不管他的性染色体是XY还是XX。"

经过全面的心理评估之后，医院认为杨士华的心理性别是女性，同时他的外表生理条件也适合变为女性，为了慎重起见，医院还派专人和杨士华一起赶回湖北老家取得当地公安部门的许可。在所有必要条件都准备好之后，杨士华却有些担心了。

"当时我心里其实也挺复杂的，一面想马上要做回女人了，然后又想做的结果会是怎么样，还有就是做出来之后社会是否会认同，还有我家人的看法，反正想得特别多。"

12月8日上午10点15分，经过两个月的术前准备，阴差阳错做了22年男人的杨士华被推入了手术室。

5个小时后，杨士华重新回到了病房。

杨士华在镜子前满意地看着自己

3. 手术成功了

做完一期手术的杨士华既渴望又十分害怕看到自己的女儿身。

杨士华：“反正当时拆纱布我都不敢看。后来有一天，因为在换药室里面有一个大镜子，我过去看了一下，跟以前的自己不一样了，整个人都改变了，脸型还有胸都挺好的。”

半个月后，医院又为杨士华进行了第二期手术，也是变性手术最为关键的生殖器官整形。

广州市曙光医学整形医院博士刘医生说：“手术切开以后发现尿道是完好的，于是直接做了一个尿道口成型，然后把两侧睾丸切掉，前列腺摘除，最后用阴部皮瓣做了一个女性阴道再造手术，手术过程比较顺利。”

杨士华回想起手术后的情形仍然很激动：“3天之后，尿管拔了，就自己可以小便了。哇，那种感觉，22年来的第一次小便不痛的感觉，我开心得都哭了。”

杨士华以女性的身份回到了湖北老家

手术后，杨士华以女性的身份回到了湖北老家，家人以非常宽容的态度接纳了她的第二次变性，当地公安局还特批了她变更性别的请求。已经做了22

年男人的杨士华终于找回了自己想要的女性生活。手术不仅仅根治了折磨杨士华20多年的尿漏，而且给了她一个近乎完美的女儿身，除了不能生育之外，她跟其他女性没有任何区别，爱漂亮爱打扮，走在街上经常能够赢得非常高的回头率。

抛开杨士华不说，单就她这种病而言，目前在全国有记录的病例大概是上百万，很多地方的福利院里都收留了不少这样的儿童。这种病是在胎儿的发育阶段形成的，而那个时候通过B超等一些早期的孕期检查是很难发现的。所以往往是等孩子生下来了，才会发现，很多父母出于种种考虑，就这样狠心把自己的孩子抛弃掉。其实通过杨士华的经历，也可以看到，根据现代医学的发展，对他们进行矫形是比较容易的一件事情，除了可能会留有不能生育的遗憾之外，他们完全能够以一个须眉或者是巾帼的身份在这个社会当中生活。而对于他们身边的人而言，这些患者绝对不是什么怪物，大家没有理由歧视他们，他们也跟普通人一样，有权利幸福地生活在这个社会上。

（谢君）

幸福倒计时

一日三餐的美食，
对他们竟是一种威胁；
无形的病魔，
正在悄无声息中，
残害他们的大脑；
智力的下降已经开始了倒计时……
该如何中止悲剧的发生？

1．小可可得了湿疹

曾经有人说过人一出生其实就在往死亡走去，换句话说，人一生下来，就已经背上了一个生命的倒计时器，开始了生命的倒数。而有这样一些孩子，他们得了一种特殊的遗传代谢疾病，注定要过一种和别的孩子不一样的生活。

一个可爱的女孩降生在这个内蒙古的小家庭

如果还是用倒计时器来比喻这种疾病对

活泼可爱的可可

孩子的伤害的话，那么当指针倒数到零的时候，这些孩子将永远成为智力残疾人。然而，如果能及时确诊这种疾病，及时地进行控制和治疗，那么这个代表疾病的倒计时器将停止走动，孩子们是能够健康聪明地成长的。因此，一切都取决于，当倒计时开始的时候，能否在第一时间内让它停止。

一声啼哭打破了清晨的寂静，一个可爱的女孩降生在一个内蒙古的小家庭，在爱心的包围下，襁褓里的小不点发育得很好。这个孩子被取名为“可可”。可可的到来，为全家带来了无限的快乐和希望。

可可的母亲郑晓娟：“可可出生的时候是3.5千克（7斤）多重，头发又黑又长，都能齐耳。就在出生后20多天，还没有出满月我给她洗澡，水稍微热一点了，她整个胳膊和腿全盘收缩了，并拽着我的项链就不撒开。我觉得这是应激反应，这反应很正常。”

这个胖嘟嘟的内蒙古小女孩胃口非常棒，爱运动，一岁时饭量就已经比两岁的孩子强了。更难得的是，可可从小对音乐有着独到的天赋。

郑晓娟为此很骄傲：“《梁祝》刚开始的时候她就哭，一听这调就哭，快到结尾的时候，是两只蝴蝶比翼双飞，她就不哭了，马上安静下来，还很高兴的样子。还有很多名曲，在我家听完以后，到另外一个地方再听，她就好像已经知道这个曲子，因为听过，所以能全神贯注地听。”

爸爸妈妈在可可身上灌注了全部的心血和期望。然而，幸福开始的时候，不幸也同时来临了。

这一天，郑女士把可可抱到窗台上晒太阳。正是这一缕阳光让她发现了异常。

“阳光底下一抱，发现她头顶长了一个厚厚的黄疮，当地中医管它叫胎毒，西医看了说叫湿疹，能治，于是开始给她抹药擦药。可是头上出现后身体上也接着出现了，再后来是脸颊这一块都开始往下流水，而且医生说这水滴到哪哪儿就会接着长。”

环境潮热、真菌感染和食物过敏都会引起婴儿湿疹、痱子。然而，可可的湿疹长得有些莫名其妙，因为屋子里非常干爽，卫生和通风都很好，这样的外在环境并不会引起湿疹。

后来，由于湿疹最后有所好转，郑女士再也没有追究可可起湿疹的原因。这也是后来让她感到非常遗憾的一点。

自从可可长出湿疹后，这个三口之家的平静生活就此打破，奇怪的事情接二连三地发生，可可那一头原本乌黑的头发变得越来越黄，尿液也散发出一股刺鼻的味道。除此以外，每天的午夜和凌晨，可可都好像戴上了紧箍咒，总是突然间就毫无征兆地哭闹起来，把全家人都折腾得筋疲力尽。

郑晓娟："半夜总是跟小马似的'吱吱'叫唤，有时蹭她脑袋就能停下来睡了，可一会儿又叫，一蹭又睡了，也不知道为什么。有一段时间我们怀疑可能是我们搬了新家，她不习惯，半夜醒来哭得特别厉害，声音特别大。有人说这孩子还是有点毛病，可能哪疼，她不会说，你们还是领她到医院去看看吧！"

在丈夫的陪同下，郑女士带着可可来到了通辽市的一家医院就医，医生取可可的头发做了化验，化验结果显示，可可缺钙，被确诊为夜惊症。原来只是缺钙，郑女士松了一口气，如释重负。

然而，事情远不如想象的那么简单。日子一天天过去了，可可的脾气和举止明显起了变化。

她以前听音乐，踩点踩得特别准，能踩着点跺脚，还甩动胳膊扭动身子，晃晃脑袋，后来慢慢脾气越来越暴躁，这些现象就慢慢消失了，而且别人都说孩子该说话了，可可还是不会说话。

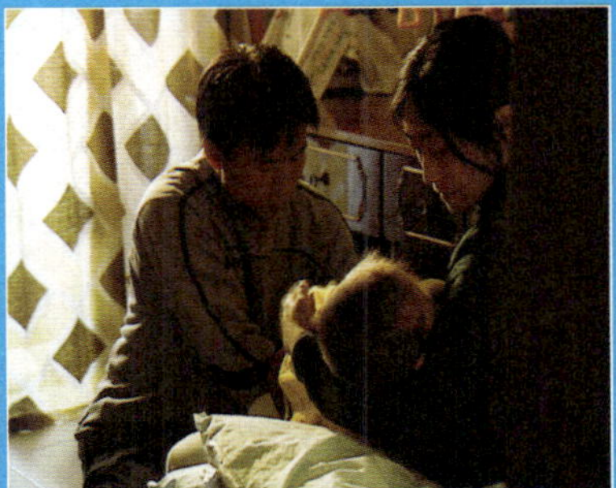
可可头顶长了一个厚厚的黄疮

不知道从什么时候开始，爱笑的可可似乎不再喜欢与人交流，脾气变得非常暴躁，仿佛只有发出韵律和节奏的机器才能够得到她的信任和喜爱，有时候，就连震动的刮胡刀也是她最信赖的朋友，她忘我地沉浸在自己的世界里，就连爸爸妈妈都成了陌生人。

郑女士自我安慰，可可不爱说话，应该只是时间上的问题，过一段时间就应该会说了。

可是时间还来不及回答这一切，新的问题又来了：可可就连走路也出现了问题，全家人顿时紧张了起来。

一周岁以后，别的孩子会走路了，她还不会站，等她慢慢会站了，却又发现她脚掌有点外翻。

由于要过年了，亲戚朋友走动多了，有的亲戚就说了，你家孩子学走路怎么这么晚。还有一个亲戚家孩子股骨头坏死，就是走不了路，有人就说会不会是股骨头的原因？爷爷奶奶就说，直接上北京看吧，北京毕竟是首都，有好医院。

就这样，夫妇俩请了假，一家三口专程从内蒙古赶到北京为可可看腿病，在一家人看来，如果腿有毛病，势必影响孩子将来的形象，因此可可身上其他的问题都可以暂时忽略不计。

骨科检查进行得很顺利，在结果出来之前，夫妻俩带着女儿顺便到神经科检查了一下，想要知道为什么女儿晚上不睡觉老爱折腾人。

医生为孩子做了尿检、血检，还有其他的一些化验。

令父亲万万没有想到的是，正是这一个“顺便”，拯救了可爱的女儿。

骨科的结果让夫妇俩很高兴，可可的腿只需要后天的简单矫正就能恢复正常。夫妇俩心里面最大的石头终于落下了。

夫妻俩觉得孩子基本上没有大问题了。因为神经科的尿检时间特别长，大概得 10 天左右，一家三口就没再等，欢欢喜喜就回去了。

这个温馨的三口之家又恢复了往日的宁静。令夫妇俩非常安慰的是，虽然问题连连不断，女儿的胃口还是那么好。

然而，老天似乎故意和他们开了个玩笑，就在回家后的第三天，电话铃响了。

神经科医生告诉他们：“尿检的结果有些异常，我们怀疑，您的孩子有可能是 PKU 儿童，请您尽快回来复检。”

电话里并没有对 PKU 进行过多的解释，PKU？这到底代表着什么？无数种猜测萦绕在夫妇心头。是肾的问题还是血液的毛病？还是大脑的疾病？行李还没来得及完全卸下，一家人又匆匆踏上了北京求医的路。

夫妇俩根本不知道这种病会让自己和孩子面对一个怎样的未来。那么，这究竟是种什么样的疾病？

2. PKU 是什么病

PKU 这三个英文字母，对很多人来说都非常陌生，其实它的全称叫苯丙酮尿症。1943 年，一个叫福林的挪威医生在研究一个弱智家族的时候有了意外地发现，他发现这个家族里所有的成员身上都散发出一种非常刺鼻难闻的味道，尤其是他们的尿液，这种味道更加强烈，就和老鼠尿的味道差不多，于是他特意分析了这种尿液的成分，发现里面大量含有一种化学物质——苯丙酮，再经过长时间的观察和研究，他确定了这是当时的一种新的常染色体隐性遗传代谢病。1947 年，这种疾病被正式命名为苯丙酮尿症，英文缩写就叫 PKU。福林医生不仅发现了 PKU 致病的原因，而且还总结出 PKU 发病的特征，那就是，如果不治疗或者晚治疗就会造成永久性的智力障碍。而且还发现了弱智背后的原因：那就是因为他们吃了正常人都能吃的食物！

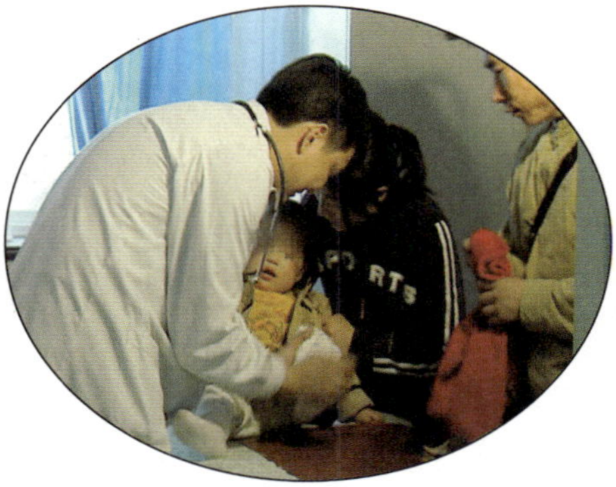

一家三口专程从内蒙古赶到北京为可可看腿病

在大米、面粉、肉类等富含蛋白质的食物中，有一种氨基酸叫苯丙氨酸，对于健康人来说，它是必不可少的营养成分，然而对于 PKU 儿童来说，它却像砒霜一样可怕。

正常人的肝脏有一种特殊的酶，能把食物里的苯丙氨酸转化为身体必需的营养成分，然而，对于 PKU 孩子来说，他们肝脏里偏偏就缺少这样的一种酶。

这样，原本应该被转化成营养成分的苯丙氨酸不能得到正常的代谢，反而转化成一种有害物质——苯丙酮酸，而苯丙酮酸会随着血液游走于全身各个部位。这种物质能够阻碍黑色素的分泌，它堆积在膀胱，使得患者的皮肤变白、头发变黄、尿液发出一种特殊的味道，同时损伤神经系统，使脑组织细胞萎缩、死亡。而神经系统的损伤是不可修复的。当神经系统受到损害时，患者通常表现为：动作不能协调，脾气暴躁，语言发育迟缓，甚至发生癫痫等等。

据北京中日友好医院喻维民医生介绍："PKU 最严重的后果就是导致智力低下，在我们的经验当中，不治疗或者晚治疗的孩子，99%都存在有智能障碍；根据病情不同，智能障碍的轻重也不同，但是概率是 99%。"

从这些孩子们吃下第一口饭起，毒害智力的苯丙酮酸就开始积累，开始了智力下降的倒计时。大脑的损伤是不可修复的，一旦错过了最佳的治疗时机，倒数接近终点时，一切都无可挽回。

媛媛，25 岁，她没有自己的思想，仅存的那一点表达能力也是鹦鹉学舌般地模仿。

"不要吵，带你看奶奶，哈哈哈哈。"

不论高兴还是悲伤，她都这样高声尖叫。

已经有整整 3 年，她都没有迈出家门一步……

媛媛母亲很无奈："就连弱智学校也不收她。"

有的病童目光呆滞，没有语言，没有任何辨认能力，动作不能协调，甚至连大小便都无法自理。

虎虎，12 岁，外表看起来虎头虎脑，却连下楼梯都不会，家人每天的功课就是陪他练习上下这不到 10 级的楼梯。

对于面前站着的是妈妈还是奶奶，虎虎没有一点辨识能力，他把所有人都同等看待，大小便完全不能自理，就算把大便糊在脸上也完全没有感觉。

虎虎从出生到现在，连一个完整的词都没有说过，从他喉咙里发出的只有两种声音，一种是哭，另一种便是代表着高兴的怪声。

在北大医院的 PKU 诊室里，PKU 专家顾强医生正在为可可抽血复检。尽管，黄色的头发、雪白的皮肤和刺鼻的鼠尿味、烦躁不安的脾气，再加上白纸黑字的尿检报告，这些都足以说明事实，但为了慎重起见，顾医生还是需要进一步确认，可可到底是不是PKU儿童。血液里的苯丙酮酸的含量果然是正常标准的30～40倍，检验结果毫无疑问是确定的。

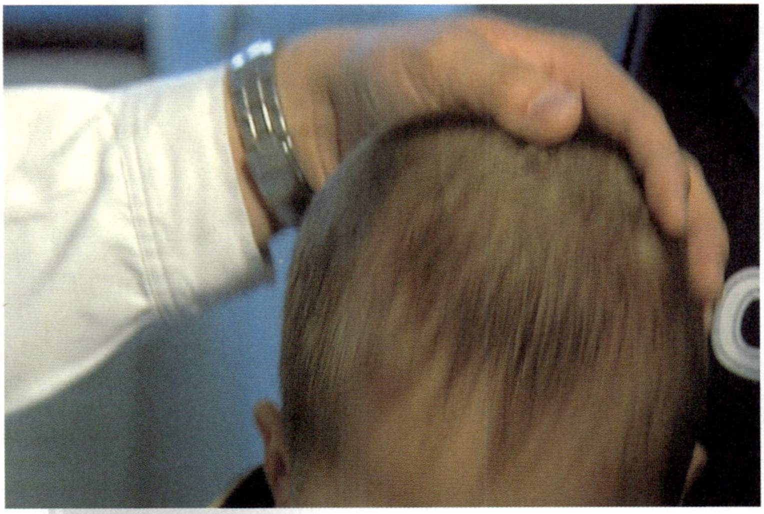

检查进行得很顺利

可可的确就是一名PKU患者。她需要终生进行饮食控制。

医生的话犹如晴天霹雳，给这个家庭带来了天塌下来的感觉。

顾强医生介绍："所有含有蛋白质的饮食都要受到控制。平常人日常的饮食当中，笼统说就只有蔬菜和水果对这孩子来说基本没有影响，其他的都是要受限制的。"

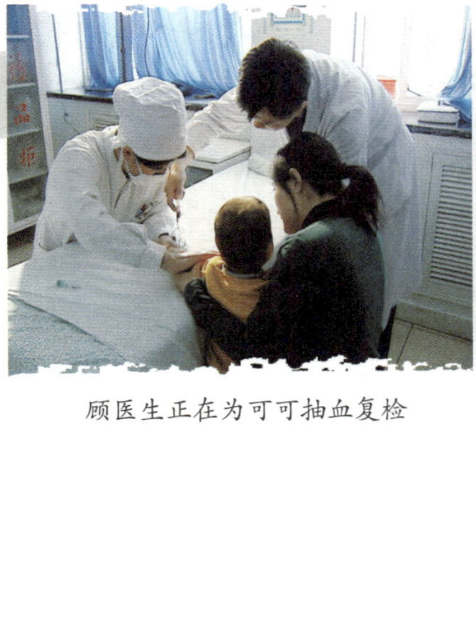

顾医生正在为可可抽血复检

黄色的头发、雪白的皮肤都属于PKU儿童特征

喻维民也说：“天然的饮食，包括大米白面都不能随便吃，所以他们的生活质量比较差，甚至有的家长就说，这些孩子真是可怜，正常孩子吃米饭、吃肉还经常挑食，我们这些孩子想吃一顿米饭都是奢望。”

女儿的胃口一直是夫妇俩的骄傲，没想到，竟是这些美食一天天地毒害着女儿的大脑，让懂事的女儿和自己的距离越来越远，想到这些，夫妇俩万念俱灰。

丈夫：“好像不可能在我们俩之间发生的那种心情似的，特别意外。说严重一点，天突然塌的那种感觉，已经做好了最坏的打算。”

妻子：“就觉得这孩子太可怜了，现在小，有父母在，岁数大点，需要自己独当一面的时候怎么办，以后结婚的时候怎么办，等我们老了，我们不在了，谁管呀。那天从医院抱着孩子是走回来的，走一会儿想一想，就哭，走一会儿想想就哭，老天爷也太不公平了。”

3. 饮食治疗

看到这里，可能有人会说，这好像也没有什么，治疗这种疾病不用开刀、不用化疗，无非就是不吃正常人的饭菜罢了。

可是让我们设想一下，一碗特殊的饺子，看起来和普通饺子没什么不同。可是，PKU 孩子所能吃的饺子的材料并不是面粉，而是 PKU 儿童的治疗面粉，这种面粉是完全提取了苯丙氨酸之后的特殊面粉。这种面粉和普通人所吃的面粉完全不是一个味道，没有任何面粉的香味。而馅儿是西葫芦的，因为这种孩子只能吃素食，综合评价下来，真的只能说是索然无味。这绝不是手艺的问题，而是饺子的材料实在太特殊了。

想象一下，如果让你每天三餐都吃这样的东西，你会做何感想呢？不过对于他们来说，别无选择，只有及早进行饮食控制，坚持下来，才会有好的回报。

文文今年 4 岁半了，她是在 9 个月时被检查出是 PKU 儿童的。几年来，家人们在她身上倾注了全部的财力和精力，妈妈甚至不到 30 岁就主动申请下岗，

PKU 患者需要终身进行饮食控制，才能阻止
脑部损伤

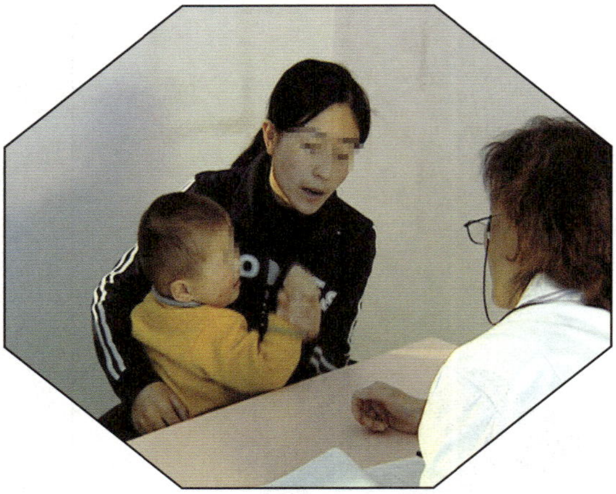

烦躁不安的可可的确就是一名PKU患者

专门在家为女儿烹制特殊食品。从9个月以后，文文就再也没有尝过一口肉、一个蛋糕了。

文文妈妈边做饭边说："我们吃肉都得偷着吃，要让她看见了她就控制不了……有时候想想，我们的女儿过了4年的生日，都没有吃过一回生日蛋糕……"

但是，也正因为这样严格地坚持着饮食控制，文文的大脑才躲避了苯丙酮酸的侵害，停止了智力的倒退，发育成了健康聪明的孩子。

这个能歌善舞、机灵活泼的小女孩一直是爸爸妈妈的宝贝，除了那一头微微发黄的头发，在她身上，我们看不到任何PKU儿童的影子。

文文的故事给了刚被确诊为PKU的可可的父母很大的信心。但是，人体的大脑发育一般到3岁的时候就能够完成整体的60%，到6岁基本能完成80%，青春期完成最后20%的发育，至此，大脑的发育就结束了。毕竟文文是从9个月就开始饮食控制的，而可可确诊的时候已经2岁多了，大脑发育过程中受到损伤的程度肯定要比文文严重得多。所以，很难保证可可的治疗效果会和文文一样好。尽管如此，还是要替可可的父母感到庆幸，因为他们如果不是在看骨科的同时顺便看了神经科，可可的病情也许会在不断的误诊和错误的猜测中继续恶化，最终也许会变成另一个媛媛或者虎虎。

由于可可确诊时的年龄较大，治疗的难度不仅大大增加，治疗效果也将事倍功半，这也意味着，可可将来的学习、工作和生活将受到一定的影响。看着女儿，夫妇俩后悔不已，如果一切可以重来，在种种异常的现象初露端倪时，第一时间进行全面的身体检查，局面也许就不会像今天这么被动了。

然而，不管女儿的病情最后怎样，她仍然是全家人最大的希望。

孩子的父母铁了心："无论她怎么样，我就要这一个孩子。起点低了点，后天努力教育，照样能赶上。吃什么样的食物已经定下来了，我现在能做的工作就是使她性格更开朗一点，能够有个积极态度对待病情，让孩子知道，我吃这样的食物并不是和别人有差别，我吃这样的食物为了自己更健康。”

可可一家三口已经踏上了回家的归途，可可的预期治疗效果并不乐观，等待他们的将是未知的考验，如果在倒计时开始之前，中止一切的发生，挽回的不仅是可可健康的人生，更将是一家人的幸福。

据统计，我国 PKU 的发病率为 1/6 000 至 1/20 000，专家推算，在我国每年 2 100 万名新生儿中，约有 2 000 名 PKU 患者。从 40 年前发现第一例 PKU 患者至今，患者总数已逼近 10 万。

喻维民认为：“PKU 的问题早期诊断、早期治疗的问题还是应该引起社会一定的关注。因为它是个不小的群体，一个患者的背后是一个家庭，10 万患者的话，就会至少影响 60 万人，所以我们如果能够把这 10 万智力方面残障人士拉回到正常人队伍，我觉得对这个社会就是做了贡献了。”

其实，在倒计时开始之前中止悲剧发生的方法是有的，那就是在新生儿出生后 72 小时内，从脚后跟取出三滴血进行血液分析，及早发现遗传疾病，降低出生缺陷——这就是新生儿筛查。但是，除了北京、上海、广州等大城市是在第一时间启动了新生儿筛查工作以外，许多中小城市的新生儿筛查工作都启动得比较晚。而且因为条件限制，无法普及每一个县、乡镇的医疗单位。所以，很多孩子，包括可可在内，都没有及时得到筛查。

另外，新生儿筛查是本着自愿原则开展的，一些对新生儿筛查不了解的家长并没有意识到这项工作的重要性，没有主动配合，错过了最佳的筛查机会，便造成了无可挽回的损失。所以，当发现孩子的脾气、举止出现了种种异常的时候，千万不能掉以轻

正是这些普通食物一天天地毒害着PKU儿童的大脑

心，更不要盲目猜测，一定要到正规的医疗机构去做专业的检查，避免类似悲剧的发生。衷心地祝愿可可能早日适应特殊食品的口味，像文文那样，健康快乐地成长。

（李慧）

长在腿上的手臂

俗话说得好，“一失足成千古恨”，很多事情就因为一念之差，最后铸成大错。很多人有时候就因为一时的疏忽大意，或者做错一件事情，最终造成了不可挽回的后果。今年40岁的陈会春是家里的顶梁柱，平时靠外出打工维持生计，可就是由于一次小小的疏忽，他的右臂从肘关节以上十厘米处被完全挤压绞断了，损伤严重，血肉模糊，已经没有任何皮肤肌肉神经等重要部分，露出了一块光秃秃的骨头。

这对于陈会春来说，无疑是一种巨大的打击。可是令人奇怪的是，医生没有将这支已经断了的手臂直接接上，却将它放进了大腿里，这究竟是怎么回事？他的手臂还能不能复原？究竟是什么原因，让陈会春的手臂遭到如此严重的损伤呢？

1. 一时的大意

某年8月3日下午，像往常一样，外出打工的陈会春在长沙市的一处建筑工地上忙碌着，为了让墙体稳固，每天他们都要在这里钻孔灌浆，几年来，陈会春也一直从事打

惊慌失措的工友赶紧扶着陈会春赶往最近的一家卫生所

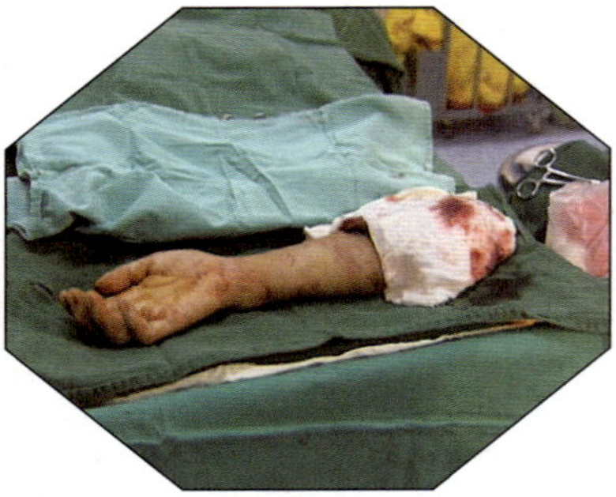
右上臂的残断血肉模糊

钻机操作员的工作。

但是，谁也没有想到，在接下来的这一分钟之内所发生的事情，对陈会春来说，简直就是一场噩梦，也让在场所有人都惊恐万分。

工友当时听到一个助手在喊："哎呀，快打电话，陈会春的手已经断了。"他一边打电话一边赶过来，就看到陈会春的手吊在那里，连工友都感觉整个身体不由自主地使劲晃起来。

陈会春对当时的印象是："力量大得很，马上就把衣服勾绞住，手就被绞进去了。"其他工友在一旁看着，有的害怕得都走不动路了。对他们来说，在那里出事是不可能的，也是想象不到的。

陈会春的右臂衣袖是在打钻机飞速旋转的过程中，被疯狂地撕扯进去的。毫无防备的他一时间被巨大的拉力吸了过去，右手臂跟着卷了进去。手臂绞断以后机器还在那里转，那只手也跟着转了几圈，这时，另两个助手把电源关掉了。

陈会春的右手手臂在顷刻间被扭转断裂成两截，一半摔在地上，另一半不住地冒着鲜血，血肉模糊。他看到自己的手掉在地上，看到血往地上喷出好远，知道自己的那只手算是完了。惊慌失措的工友赶紧提着已经断裂的手臂，扶着陈会春赶往最近的一家卫生所。打了一针吊针后 120 就来了。救护人员准备将陈会春送往距离工地最近的长沙市人民医院。

一路上，陈会春都十分清醒。虽然忍受着巨大的伤痛，但是，更让他忐忑不安的是，他从此将失去手臂。那么，作为两个孩子的父亲，他该如何告诉妻子所发生的一切？他的后半生该如何度过？一路上，他都在对工友说，"我的手没有了，我这一辈子不知该怎么办"。他担心自己的那只手怕是治不好了。

50 分钟后，120 救护车呼啸着开进了长沙市中心医院。接诊医生阳国钧简单询问了事情的经过，并认真检查了陈会春严重毁损的右臂，发现出血很多，右上臂的残断毁损情况比较严重，血肉模糊。

虽然在此之前已经进行过简单的包扎，但是伤口仍在不停流血，断的手臂很有可能因为失血过多而坏死。医生阳国钧立刻就对残端进行了低温保存，然后拍下照片，做好术前准备，将病人推进病房。

随后，有着多年从医经验的外科医生刘宝恒，赶到了病房。

虽然刘医生对陈会春的情况已经有了简单的了解，然而，当他打开被纱布层层包裹的断臂时，发现情况远远比他想象得还要严重。“肘关节 10 厘米以上，除了骨骼、肘关节、骨芯关节还在，软组织都没有了，包括皮肤、肌肉、血管、神经，都缺损毁坏了。”

由于经过打钻机强力地旋转挤压，陈会春的右臂损伤严重，整个右臂肘部上方都已经毁损，没有一点肌肉和神经，直接把断臂接回的可能性微乎其微。在医生看来，断臂再植手术是很困难的，因为接上之后有可能不活，感染之后血管就容易栓塞，容易痉挛，最后还得截肢。如果不控制感染，再加上大量肢体的坏死，对生命也有危险。

医生的顾虑让陈会春近乎绝望：40 岁的他是家里的主要劳动力，家里就靠他挣钱；两个小孩，一个还在读书，一个没有书读，在学理发，也攒不了钱；老婆就打点零工。全家都靠他啊，要是没有了手，以后该怎么办？他无论如何也不能接受自己没有右手的事实。没有想到，一个小时前还在工地干活的他，此时此刻，因为一时的大意，竟然要永远地失去右臂。他露出了很痛苦、很绝望的表情。

和陈会春近乎同龄的刘宝恒，非常理解此时他焦急的心情。他决定想尽各种办法留住他的右臂。那么，怎样才能安全地保留住右臂？“最简单的办法就是，直接把多余的骨头去掉，去掉之后再植。”

为了避免感染的危险，刘医生需要把突出的骨头截掉，然后再将两端的血管神经缝合。但是这个方法会使手臂比原来短上十厘米，更为严重的是右臂将失去运动的能力。这对全家人来说仍然是个惨痛的打击。

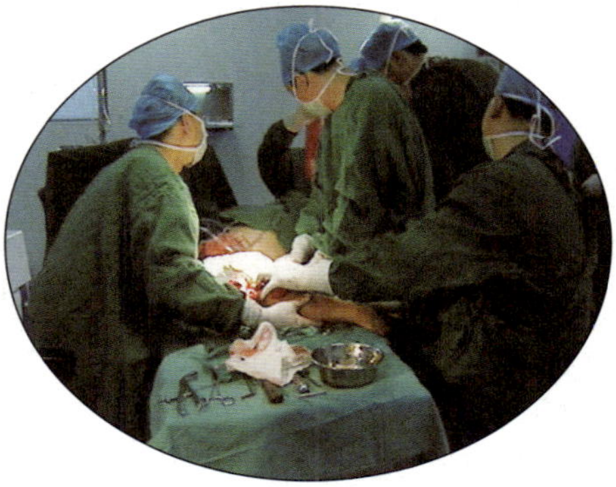

医生将手臂的残断缝合

陈会春的妻子也在一旁抹泪：“那以后怎么办？我们一个孩子还在读书，大的那个现在还没能赚到钱。”

听了这番话，刘医生对其他医生说，“我一定要保住这只手，因为这只手是要劳动的手。”怎样才能既保住手臂，又可以恢复手臂的功能，还能减少感染的发生呢？这让刘宝恒左右为难。时间一分一秒地过去了，忽然，刘医生想到一个令大家陌生的概念。

长沙市中心医院

2. 寄养的手臂

“我以前听别人说起过这个概念，就是寄养，把肢体先寄养到其他地方，然后再把它植回去。”所以当时那一瞬间，他就想到了这个办法。

什么是寄养呢？我们从字面上就可以理解，就是寄存养护。像这种因为毁损严重无法直接接回，而且感染可能性很大的断肢，我们可以先把它放在一个相对比较清洁的环境里，给它提供血液，养活它，像鱼要有水一样，不让它缺血坏死。就像树长出树根一样，想让它活，依靠其他部位的组织给受损肌体提供足够而且必需的营养，让残损严重的手臂进行暂时性的休整。等它自己能够健康生长，具备旺盛的生命力后再回植原位。这样，不但减少了感染，而且再植成功的可能性也比较大。

刘医生就曾经听说过一个在腹部寄养手臂的例子。一个十几岁的小女孩，因为手臂的皮肤全都脱掉了，没有办法重新植皮，面临截肢的危险。最后医生就尝试着把病人的手臂埋在腹部，等到皮肤长好了以后再拿出来，最后挽救了小女孩的一只左手。那么，像陈会春这种情况，在什么位置寄养最合适呢？医生决定也在腹部试一试。

但是随后医生很快发现，如果手臂寄养在腹部，感染的可能性会更大，相当于一次更大的冒险。原来陈会春这个病人比较特殊，年轻时在腹部曾经做过三次开腹手术。陈会春手术后的腹部很有可能会造成血管的堵塞粘连，如果将手臂寄养在那儿，不仅会影响植入手臂的存活，一旦发生血管的堵塞，很可能会破坏身体里靠腹部血管提供营养的其他地方。因此，在腹部寄养似乎是不可能的。

那么，除了腹部，究竟在什么地方寄养才合适呢？

医生们最后决定选择一个更好的地方——左侧大腿腹股沟的位置。先将断肢的残端埋入腿部，再将大腿中的三根血管和断肢毁损的血管相连，等到断肢的血管养好之后，进行第二次手术，带着已经长好的这部分血管和皮肤，植回原来的位置。

陈会春腿上的血管跟上臂的胳膊粗细差不多，比较匹配，两个血管吻合接好之后，血流非常好。其次他的大腿皮肤相对比较薄，不是很厚，同时比较软，所以颜色相对好看，比较适宜将来移植。最后一个条件就是，大腿这个创面的肌肉比较丰富，以后即使把大腿肉搬一块到胳膊上，创面上再

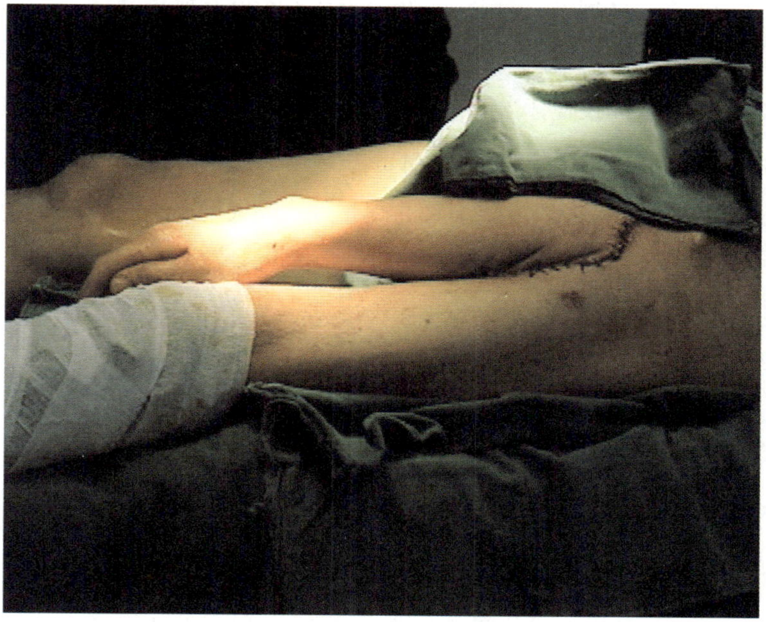

埋在腿上的手臂已经接活了

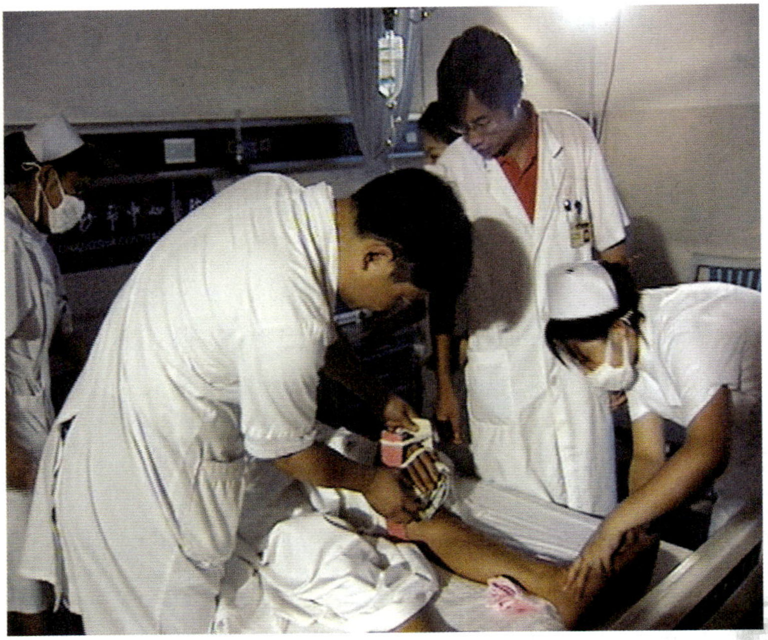

经过医护人员精心的照顾，伤口没有感染

植皮也容易活。

随后，陈会春被推进了手术室，进行手术前的准备。

然而，在大腿里寄养手臂还存在着更大的风险。如果手术后血管堵塞，同样要面临截肢，而且术后一旦发生感染，不仅寄养的手臂没办法保留，大腿也可能不保。

对于刘医生来说，他从来没有做过这种类型的手术。最后效果好不好，他也没有十分的把握。但是，为了最大可能地留住断裂的手臂，恢复手臂的功能，刘医生只能竭尽所能。这是一个不眠的夜晚，当街上华灯初放的时刻，在长沙市中心医院的手术室里，一场关乎病人后半生的重要手术正在进行。

手术中，刘医生尽量细致彻底地清理已经严重污染的伤口，因为任何丝毫的闪失都会让手臂因为感染而前功尽弃。接下来，医生先将手臂的残断缝合，然后把手臂放在大腿内侧，把大腿的血管和手臂相连。每一个动作都要细致入微，小心翼翼。因为这并不是简单的连接，要想从大腿得到手臂需要的营养，就必须要保证血管的通畅，让它成为一只有生命的手臂。经过九个多小时的手术，医生们终于接通了大腿与手臂相连的血管，顺利地将手臂埋在了大腿内侧。饱受生活折磨的陈会春，还能重新拥有自己的右手吗？妻子对此并没有太大信心：“不知道能不能活。”

手术一周后的情况很好，经过医护人员精心的照顾，伤口没有感染，埋在腿部寄养的手臂渐渐露出了血色，摸起来也跟另一只手的体温差不多，这就说明埋在腿上的手臂已经接活了，血运也很好。

这一步仅仅是个开始，随后，医护人员还要定时换药，察看手臂的最新生长情况，避免感染的发生。虽然前途未卜，陈会春仍然乐观坚强。接下来，如何将长好的手臂再植回去，还要继续等待。

3. 第二次移植手术

4 周后，刘医生召集了外科和麻醉科的医生进行第二次手术前的最后会诊。能不能恢复手臂原来的功能，在此一举。第二次手术比第一次手术还要谨慎。那么，怎样才能把埋在大腿的手臂移植回去并且恢复它的功能呢？

我们知道，一条正常的手臂，神经、肌肉、骨骼、皮肤，一样都不能缺少，这样才能具备运动和感觉的基本功能。最重要的是，肢体必须要有血液的供应，保持它是活体，就像大树在泥土里生根，要不断地灌溉一样。之前医生们把断裂的手臂寄养在大腿里，就是为了让手臂先长活。等到缺损的那块骨头长出新的血管和皮肤以后，把手臂再植回去。除了血管的营养，还需要有神经的支配，有了神经，手臂对冷热疼痛才能有所感觉。还要有肌肉，有了肌肉才能恢复它的运动功能。那么，之后如何才能让这条胳膊恢复运动感觉等这些基本的功能呢？首先是把手臂从大腿里取出来，把原来断裂的骨头接上；然后转移胸大肌和背阔肌过去，再把血管接上；然后在小腿上取下一条次要的神经，在不影响小腿的情况下，将神经植入手臂；最后将需要植皮的地方缝合。这样才算是一条完完整整的手臂。那么，

寄养的手臂摸起来也和另一只手的体温差不多

陈会春的手臂最后能复原么？

9月5日上午8点，陈会春在病房已经做好了手术的准备。问他紧张么？他说不紧张："把这条胳膊交给他们，随他们怎么处理。"

上午9点，手术开始。陈会春究竟还能不能植回自己的右臂？

医生首先在需要做手术的地方画上标记。这不仅仅是一个手术，更像是画一份大工程的图纸，医生的手术刀就是画笔，不同的是，手术刀一旦下去，就没有任何悔改的余地，因此所有动作都不敢有丝毫的马虎。

按照预先制订好的方案，手术按部就班，有条不紊地进

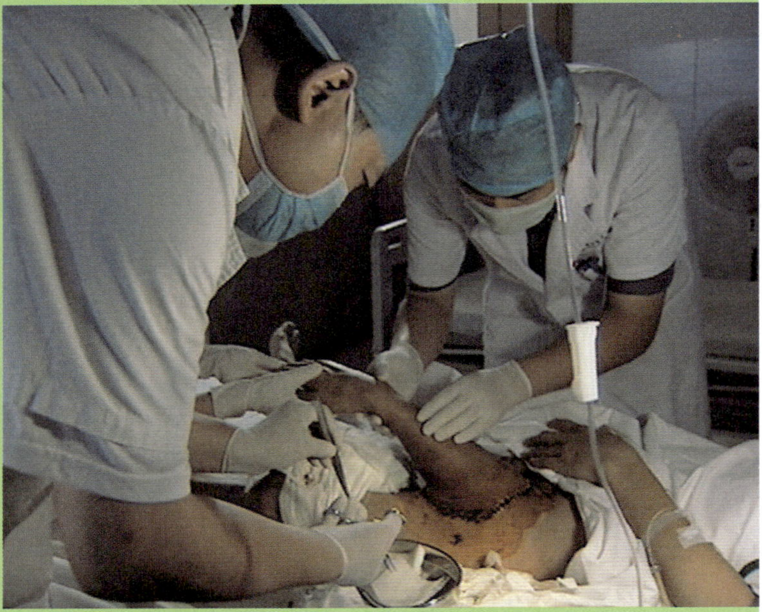

刘医生将带着一部分腿部皮肤和血管的右臂，从大腿内侧取出

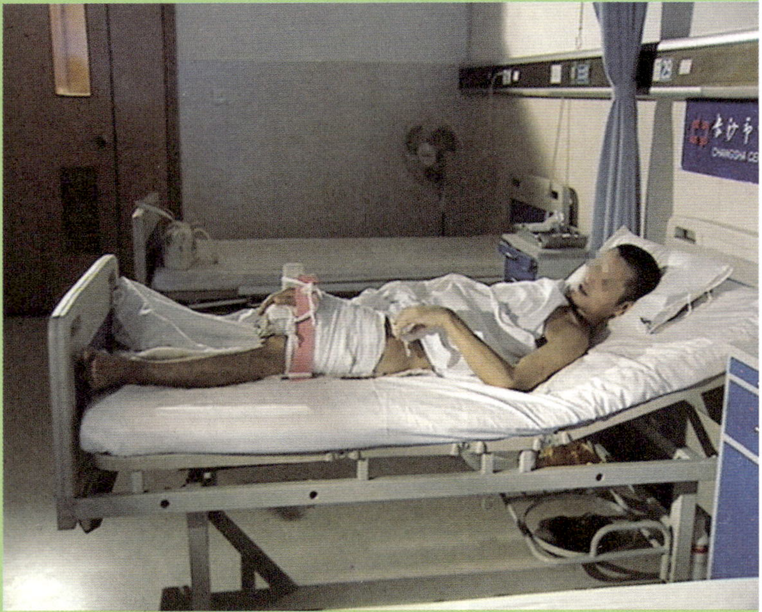

手术一周后的情况很好

行着。

首先刘医生将带着一部分腿部皮肤和血管的右臂，从大腿内侧取出，和残端的骨骼相接；然后，将胸大肌和背阔肌两块肌肉转移到右臂缺损的位置；取出两条小腿的神经，植入右臂；再对大腿和肌肉等缺少皮肤的地方进行植皮；最后全部缝合。

由于手术过程复杂精细，妻子在手术室外整整等待了18个小时。凌晨3点，一只完整的手臂终于又重新回到了陈会春的身上。

那么，这只特殊的手臂能成活么？

刘医生对此很乐观："效果很好，功能重建上了，挺好的，还要进行观察、继续治疗。"

早晨清醒过来的陈会春，就像刚刚进行完一场殊死搏斗，静静地休养。所

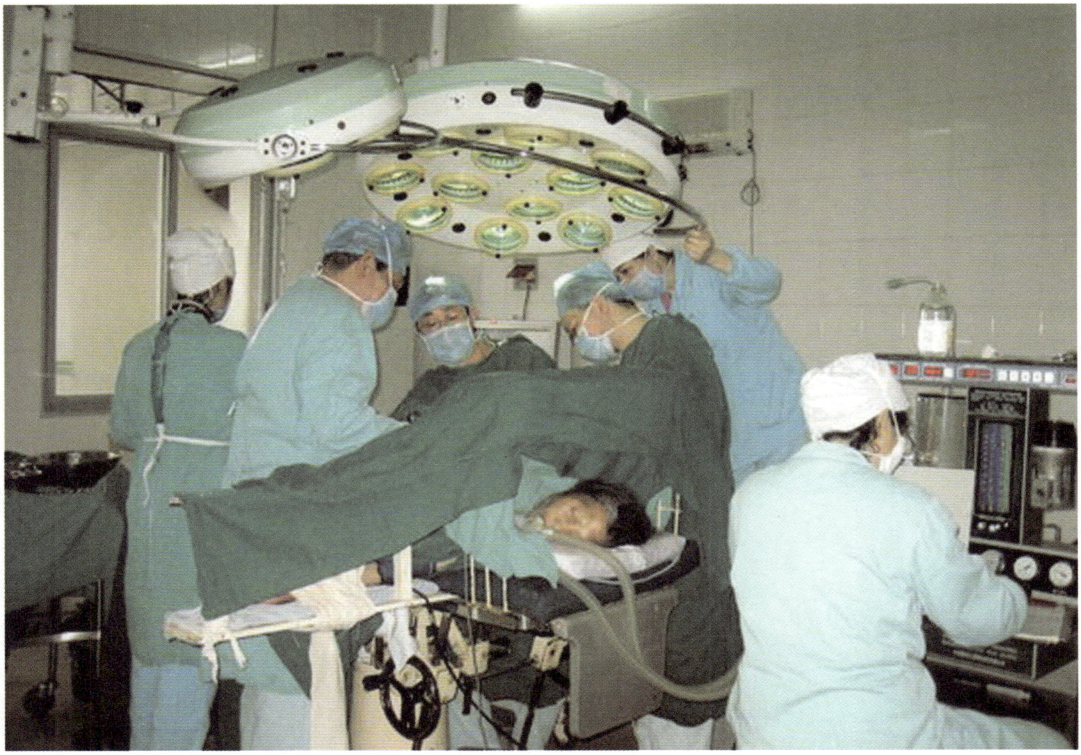

紧张的手术在进行中

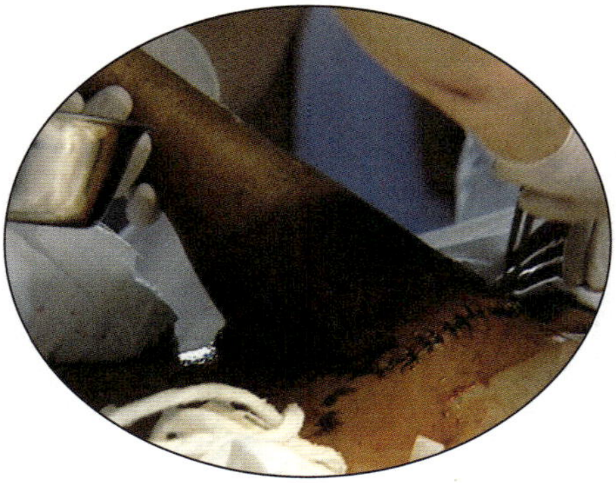
失而复得的手臂再植成功

有人都期待着这只失而复得的手臂能够再植成功。

现在陈会春手术后恢复得非常好，医生说只要进行康复锻炼，相信过不了几个月，就能够进行简单的活动了。由于一个小小的疏忽，陈会春遭受了身心的巨大伤痛，给自己和家人带来了沉重的负担和压力。医生说，这次陈会春能够接上断臂并且恢复功能，也算是不幸中的万幸了，如果手臂脱离肢体的时间过长，超过 8 个小时，或者离断的肢体没有进行比较好的处理，特别是在夏天，没有降温或者保护好，就算想进行断肢的再植也是不可能的。不过，这次腿部寄养再植的成功，给今后和陈会春病情类似的患者也提供了一个新的方法。但是，话说回来，还是要提醒一句：一定要注意安全，特别是从事危险劳动的人们，千万要谨慎小心，说不定在平静的背后，就隐藏着危机。

（李慧）

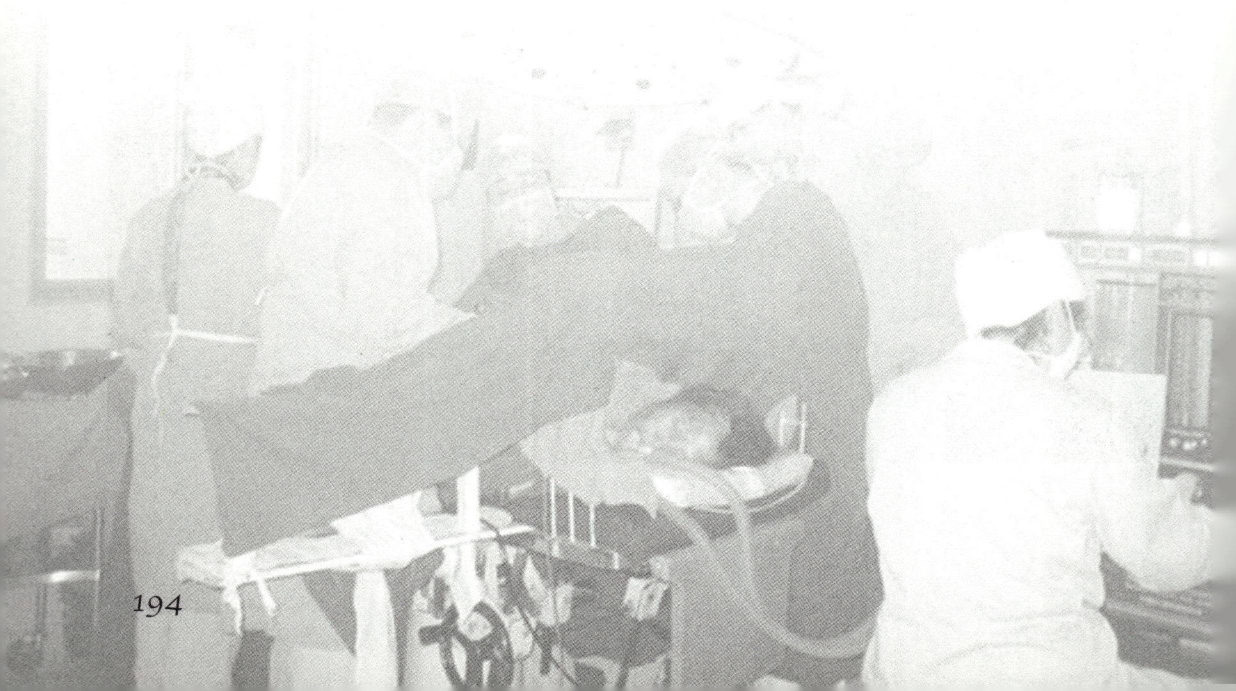

她 5 年不吃饭？

她 5 年不吃饭，
却声称过着和正常人一样的生活。
她是靠什么来维持生命的？
5 年来她奇特的变化又该如何解释？
事情的真相究竟怎样？

1. 只喝冷水的女人

人能够多少天不吃饭？可能大多数人都知道，只要有水，正常人大概能够坚持 7 天不吃饭。7 天，是一个极限，达到了这个极限之后，人体的各个内脏器官就可能进入衰竭状态，进而最终导致生命的终结。因此说，7 天之内只喝水不吃饭是我们人类能够承受的生理极限。但是有这样一位女士，她不但 7 天不吃饭没事，就是 3 个月不吃饭也没事。事实上，照她自己的说法，她已经有足足 5 年没吃过饭了！

生活中真的可能有人 5 年不吃饭却仍然健康存活吗？她与我们其他人有什么不同吗？是特异功能，还是有其他什么说法呢？

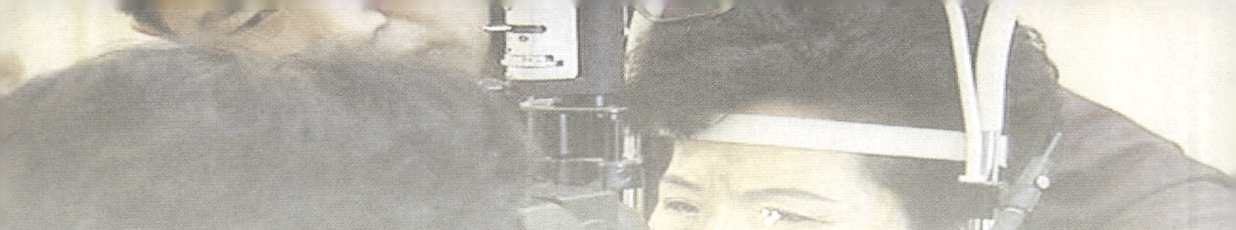

冷云，大连瓦房店的一位理发师，5 年来她一直经营着自己的理发店，凭着一把好手艺，店里的生意非常红火。生意一忙起来，顾不上吃饭也就是常事了。

事情要从 5 年前的一天说起。这天，冷云照常一大早起来就赶着和爱人黎玉春一起出门上班了。那天理发店生意很好，顾客来来往往的，冷云根本停不下手脚来。这一忙就忙到了下午 2 点，好容易忙活得差不多可以歇口气了，她这才想起来还没吃过饭，于是叫徒弟上市场去买两个小饼吃。谁知小饼刚吃下去胃就开始不舒服，后来还全都吐掉了。以为只是饿过了头胃不太好，冷云并没有把这当回事。

然而，接下来的几天里，冷云仍然一点食欲也没有，每次吃饭，她都只是看着。因为冷云平常吃饭就没什么规律，所以头两天家人也就没太在意。但连

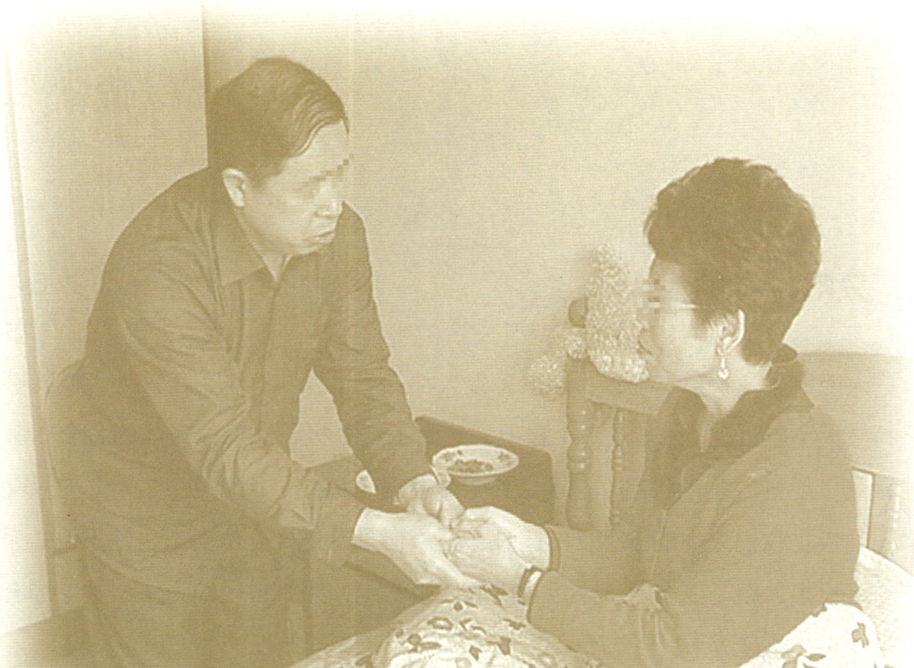

冷云和她的丈夫

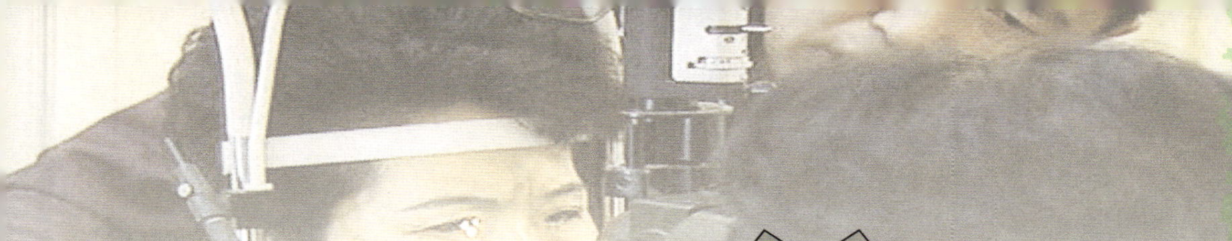

着好几天都是这样，丈夫这下可急了。

老这样不吃饭怎么行，人是铁饭是钢，一顿不吃还饿得慌呢，何况这么多天！老黎开始变着花样做一些妻子平常爱吃的食物，希望能引起妻子的食欲。可是无济于事。无论面对怎样香喷喷的饭菜，冷云依旧提不起一点兴趣。

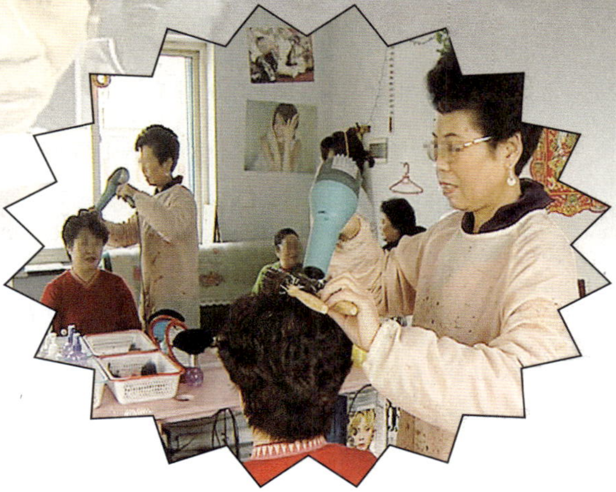

冷云是大连瓦房店的一位理发师

好端端的一个人，怎么突然就不吃饭了？老黎又是奇怪又是着急，既然自己没有办法，就只有去医院了。老黎领着妻子跑遍了瓦房店的大小医院，验血验尿验一切可以验的项目，可是结果却显示各项功能都正常。对此，医生也给不出个合理的解释。

没有办法，家人只有想方设法逼着冷云吃饭，就算不肯吃饭，能多少吃点菜喝点汤也好啊。女儿天天劝，丈夫天天逼，可是都没有用。老黎还清楚地记得当初的情形："刚开始的时候，她不吃饭，想了很多办法，有时候给她熬小米粥，有时候熬大米粥，有时候喝大米米汤，都试过，就是想不管怎样让她能吃一点是一点。可是到后来，只要吃一点东西进去，她就脸涨得通红，喘不上气，身上到处都疼，腿肚子也疼，有时候眼睛还不好使，总之就是憋得非常难受的那种样子。"老黎一看，这也确实太难受，只好不再逼她。从此以后，每次吃饭冷云

冷云一大早就和爱人黎玉春一起出门上班

都在一边静静地看着。

可冷云不但不吃饭，连喝的水都很怪，“我每天就是喝点自来水或者矿泉水，什么热水、茶水、饮料还有奶，全都不能喝”。更确切地说，她所喝的还是在冰箱里冻过的冰水。每次老黎都要在灶台上把冰敲碎然后加入矿泉水。5 年来，她就只喝这种水。

每天就喝点凉水，不但能维持生命，还能过正常人的生活？这听上去简直就是天方夜谭。如此神奇的功能，在自然界里只有植物才能做到，因为植物能够实现奇特的光合作用，只要有阳光和水就能生长。那么冷云这些年究竟是靠什么能量生存的呢？难道这点冰水就真的能够提供一个大活人日常生活所需的能量？

2. 高尿酸血症

沈阳的中国医科大学附属第一医院的医生们听说了这个消息，顿时产生了很大兴趣，一个人居然 5 年之内只喝水不吃饭还能活下来，这到底是怎么回事呢？他们希望能给冷云做一个全面的检查，来揭开这个“不吃饭的秘密”。

电视台的记者找到冷云，和她朝夕相处了两天，冷云真的是一口饭都没有吃。但是没有想到的是，到了第 3 天的早上却发生了一件事情，把所有人都吓了一大跳。

跟记者相处的第 3 天，一大早冷云被发现昏倒在了床上。难道是因为 5 年不吃饭，到这时终于坚持不住了？老黎急忙把冷云送到中国医科大学附属第一医院。

这个时候的冷云，单看手是绝对的皮包骨头，反而脸上看起来好像还不是那么瘦。可是，只要用手按一按，脸上就会凹下去一个很深的坑，久久恢复不起来，就好像人们通常所知道的水肿的感觉。要说不是病，这明显不正常，可要说是病，她自己却一点也不觉得。

医护人员立刻为冷云进行了一系列的检查。然而，外科医生的检查结果却进一步加重了人们的疑惑。检查结果显示：肢体反射挺好，不像长时间体质虚弱无力的，相对结果还比较不错，没查出什么阳性体征。

5 年来，冷云不光只喝冷水，而且还有一些其他的异常状况，其中最突出的就是大小便极不正常。

丈夫黎玉春："这么多年来，她大小便很不正常。小便虽然有，只是每次很少很少，没有大便。但是她 1 个月也会有那么 1–2 次想大便，坐在便池上面，可是排出来的只是气体，不是大便，就是气体，没有一点东西排出来。" 这意味着冷云 5 年来几乎没有大便。这个情况似乎和 5 年不吃饭是对应的。

5 年没有饮食没有排泄，在医生们看来，这简直就是一件匪夷所思的事情。任何人都必须从日常饮食中摄取足够的能量，无论吃何种食物，碳水化合物、蛋白质、脂肪、维生素、无机盐和水都是人体每日必须摄取的物质。没有这些物质的摄入，就无法提供人类最基本的生命活动所需要的能量。难道冷云不需要摄入能量就能维持生命吗?

中日友好医院从事临床营养研究 10 余年的杨勤兵主任认为，以冷云的个人情况来看，即使只维持生命的基本活动，每天最低也需要 1 000 千卡的能量。

所谓能量的概念，举个例子来说，2 个馒头所提供的热量大约是 200 千卡。像冷云这种情况，最基本的能量消耗也需要 5 个馒头，她的饮食也不可能光吃馒头来提供能量，还需要一些肉、鱼、蛋、奶、蔬菜以及水果等等。

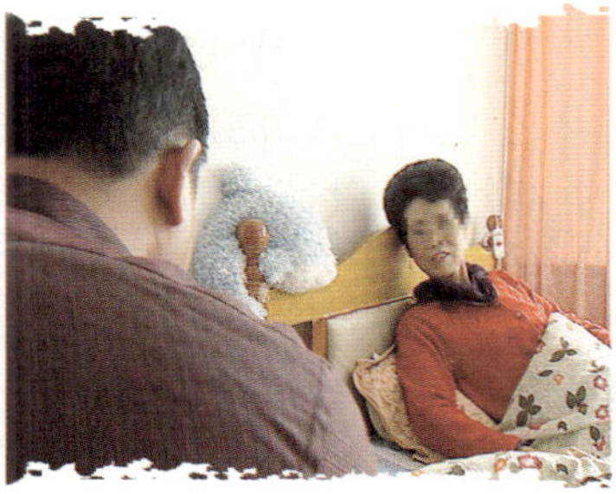
冷云仍然一点食欲也没有

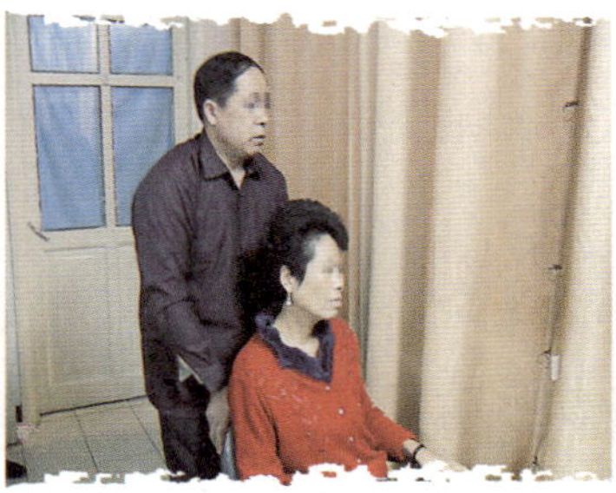
丈夫细心照顾

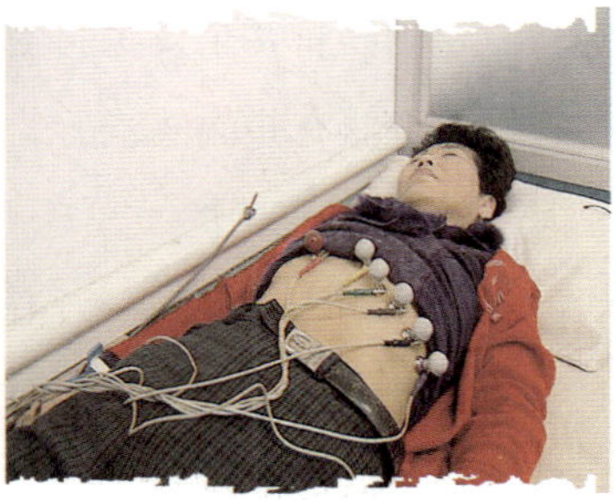
冷云在医院检查

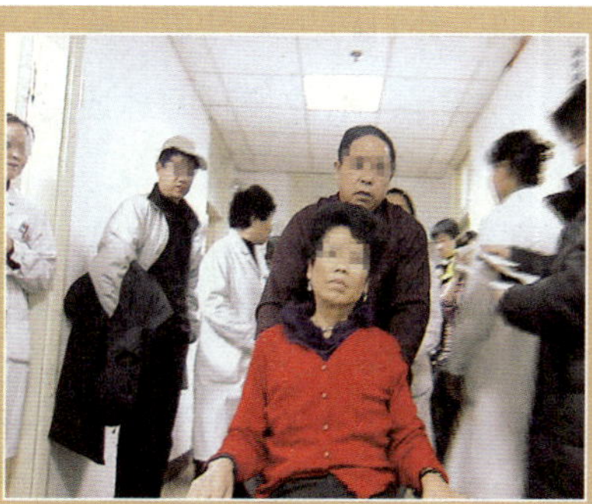

他们去了瓦房店好几个医院

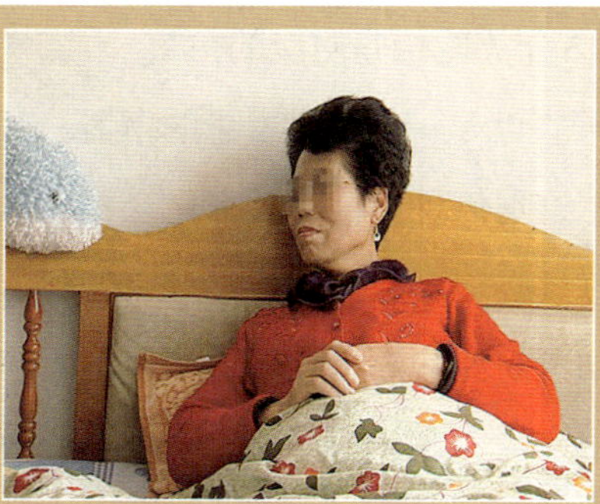

每次吃饭，冷云都在一边静静地看着

那么，单靠喝水能提供多少能量呢？如果一个人长期只喝水不吃饭，到底会出现什么样的后果呢？

杨勤兵主任："水同样是人体代谢的最重要的物质，也是不可缺少的，但是水本身不提供能量，如果单靠喝水来维持生命，像冷云这样的情况，几乎是不可能发生的。一个人长期只喝水不吃饭，他摄入的能量几乎为零，那么肌体就会动用自身的能量储备，甚至消耗自身组织来维持最基本的生理活动。一个人如果长期这样，则会出现消瘦、活力消失、脏器功能衰竭，直至死亡。"

既然冷云最爱喝的水并不能给人体提供任何的能量，那她为什么就能 5 年不吃饭？在她的身体里究竟隐藏着何种秘密？检查正在紧张地进行着。

基于冷云的身体状况，暂时不宜进行诸如胃镜这类复杂的检查。医生们选择了等待常规检查结果出来以后再做判断。

检查结果出来了。令医生们大吃一惊的是，彩超结果显示，冷云身体内的重要器官并未发生病变，她的胃里也的确没有残留物，唯一不太正常的仅仅是血糖值有些偏低，正常人的血糖值应该在 3.8~5.8 毫摩 / 升之间，而冷云的只有 2.86 毫摩 / 升。

一般来说，一个正常人 3–5 天内不进食如米饭、面、谷类等主食的话，人体就会动员自身储备的脂肪来产生能量，脂肪动员的结果就是引发轻微的酸血症，造成低血糖。而 5 年的食物空白远远不能用这个简单的理论来解释。她的器官是怎样保持正常的呢？

这时，冷云的尿检结果也出来了，这次有了突破：冷云的尿液是偏酸性的，最奇怪的是其中有一种特殊的成分——酮体。医生由此断定冷云患有高尿酸血症。

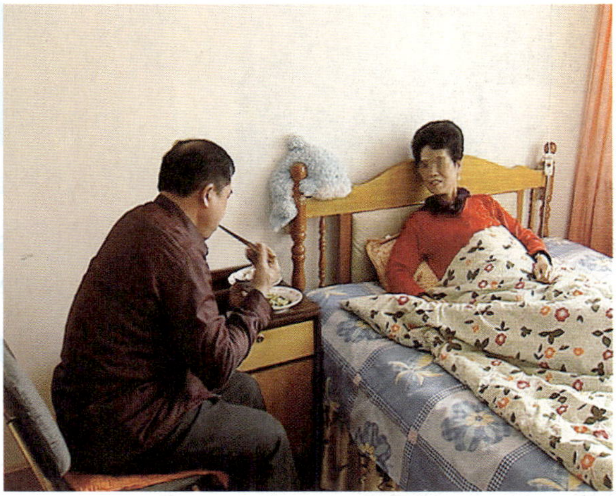

家人想方设法逼着冷云吃饭

高尿酸血症通常由两种原因造成。一种是遗传，但冷云的家族并没有该病的遗传史。那么剩下的解释就只有一个了，那就是饮食。事实上，绝大部分的高尿酸血症都和饮食有密切关系，如长期饮酒，嗜食海鲜、动物内脏以及一些发酵类食品等，这些都容易引起血中的尿酸升高。

高尿酸血症表明，冷云并非5年不吃饭，相反她很可能长期进食海鲜、动物内脏等食品，否则她体内的尿酸不可能这么高。看来，5年不吃饭的说法在冷云身上并不成立。而对于冷云目前的身体状况，中日友好医院副主任营养医师杨勤兵认为："3～5天不吃饭就足以造成这样的一种后果，如果再长她就绝对不是这种情况了，有可能出现器官和脏器的衰竭。像她所说的5年没吃饭，这种可能性是绝对不会有的！"

医生们判断冷云是长期偏食或短期未进食。可冷云却坚持说自己已经5年没有吃饭了，这究竟又是怎么回事呢？

冷云的丈夫认为，冷云5年不吃饭身体仍然保持正常，靠的是打嗝："她打嗝的声音还不像其他一般人打嗝，她就像敲鼓似的。"

冷云自己也这么认为："我每天就是靠3遍打嗝儿，早上6点来钟打一遍嗝儿，10分钟到20分钟就饱了；中午11点再打一遍嗝儿，20分钟到半个小时又饱了；下午4点20分左右再打10分钟到半个小时，又饱了。每天就靠3

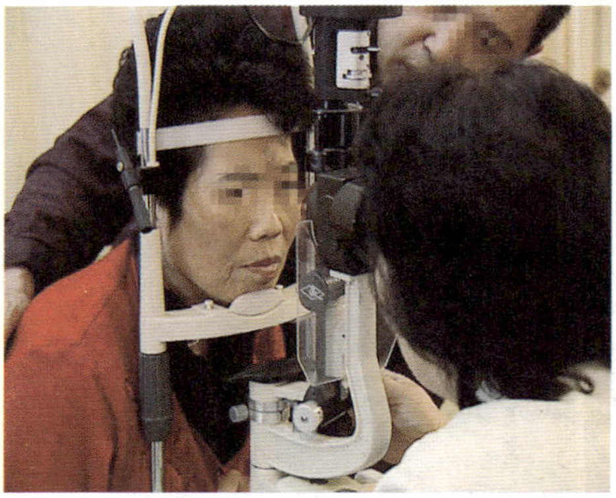

眼科专家对冷云进行检查

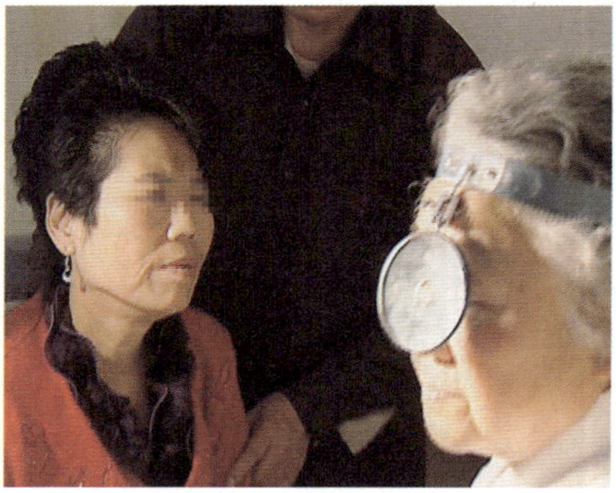

耳鼻喉科专家对冷云进行检查

医生询问具体情况

遍打嗝儿就能维持生命，每天照常上班都一样。”

打嗝的经历谁都有过，吃饭的时候太快太急，或者喝了冷饮之类刺激性的东西，都会让人打起嗝来。那滋味并不舒服，可一般情况下，只要几分钟就能停下来了。像冷云这样每天定时打嗝，靠打嗝来补充能量，可能吗？

杨主任：“人打嗝的时候膈肌和喉部都在运动，是要消耗能量的，怎么能够去提供能量呢？何况定时打嗝这种可能性也是不可能发生的。”

3. 暗示性心理

医生确定定时打嗝是不可能的，靠打嗝维持生存更是不可能的。可是冷云却偏偏有这种奇怪的表现，这又是怎么回事呢？就在医生们对冷云的行为感到困惑的时候，丈夫老黎又提供了一个细节。

那是两年前的一天。冷云突然发现自己的眼睛睁不开了。

“就从那天开始，在前两天眼睛是充血通红，后来接着两天眼睛就闭上看不见东西，就像盲人一样，在屋里就让我扶着她走。”

冷云的眼睛似乎暂时失明了，但更奇怪

老黎开始变着花样做一些妻子
平常爱吃的食物，希望能引起妻子的食欲。

的事情还在后面。差不多1个月以后，她的眼睛又在突然之间自然而然就睁开了，睁开以后跟正常人一样。可是，过了不长时间，又出现另一个状况，那就是声音又没有了，不能说话。那些日子里，冷云与老黎的交流全靠笔来完成。而这种症状在1个月后也是自然而然就痊愈了。

这些奇怪的现象会不会为调查提供一些新的线索呢？

眼科和耳鼻喉科的专家们分别对冷云进行了检查，结果并没有发现器质性的病变。对于冷云的奇怪症状，医生提供了这样一种解释："有的时候就是供血不足，一过性的，神经性的。"

医生所谓的"一过性的"，实际上就是癔症。癔症属于歇斯底里的范畴，是一种精神和心理类的疾病，这种人特别容易受到心理暗示，再加上环境的压力、外界的刺激，往往就会表现为突然的失音或者失明。这种病本身并不是器质性病变，而是一种精神性的异常。看起来，冷云就是这样的情况。

医生决定为冷云进行一个心理测试，看看究竟是什么原因导致她出现了这种癔症症状。或许，通过这个测试就可以解开她多年不吃饭的秘密。

第二天，沈阳下起了大雪，天气非常寒冷，一大早，医大一院的心理测试师乔智敏就为冷云进行了心理测试。她的情况到底怎么样呢？

结果显示，冷云存在着中度的焦虑和抑郁，并且躯体化症状分值达到了重度。

所谓"躯体化症状"，也叫躯体转换症状，是一个心理学概念，具体指的就是，当一个人出现重大的心理压力的时候，比如焦虑或抑郁，会导致躯体出现一些不适反应。

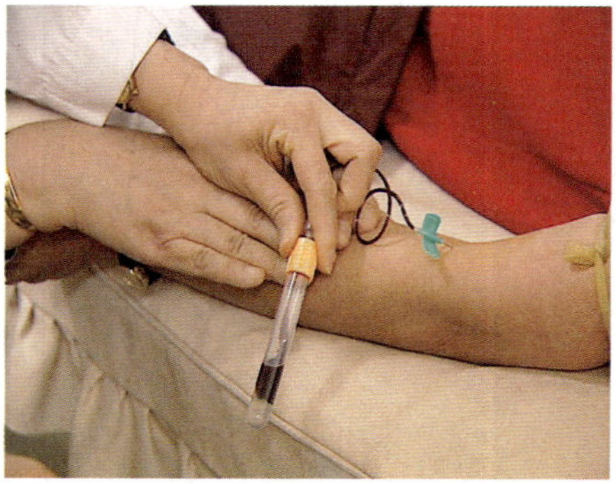

验血

同时，医生发现，冷云的心理状态暗示性很强。这种暗示性心理的形成，除了遗传因素，还与周围环境有关。通常暗示性强的人，面对问题时往往缺乏主见，很容易受周围环境的影响。但一般来说，年龄越大也就越不容易接受暗示，可冷云已经55岁，为什么她还这么容易受到暗示呢？医生认为，这应该与她的一些心理方面的压力有关系，比如说事业方面的压力，或者父母的相继去世等打击的连续发生等等。

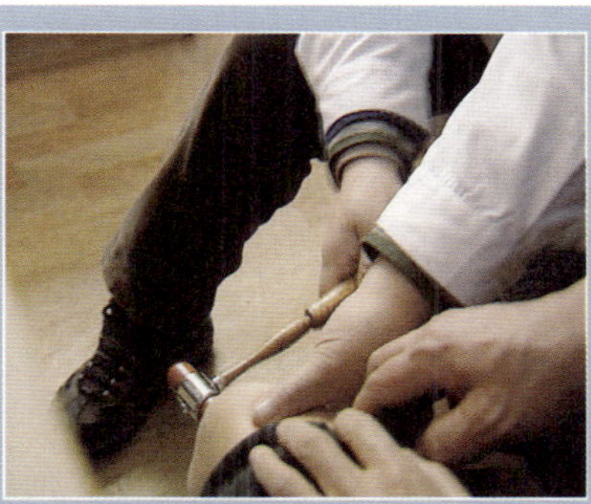
医生在进行检查

奇怪的是，通常癔症发作时都会伴有记忆丧失或无法行动的症状，但都不会持续很长时间，像冷云这样反复坚持说自己5年不吃饭的情况却十分罕见。

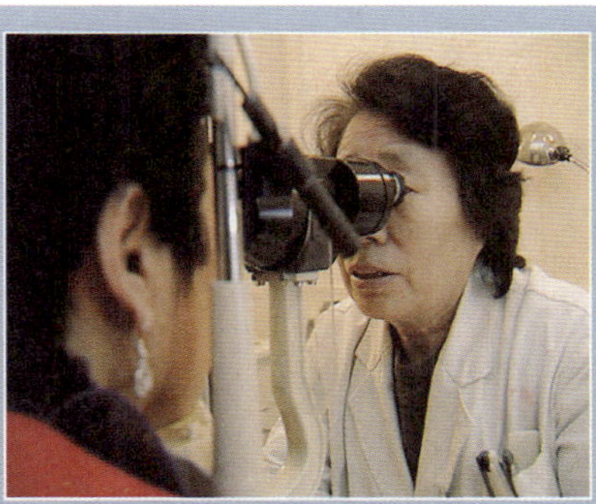
眼科专家发现冷云眼睛一过性供血不足

医生们断定，引发冷云厌食或偏食的原因很可能就是5年前她吃的那个小饼，但一次呕吐并不足以导致她对食物的抵触心理，在冷云周围一定有诱发她得癔症的其他因素。在反复询问了冷云发作的过程后，医生们怀疑冷云的丈夫老黎可能对冷云有暗示。对老黎进行心理测试后，果然证实了医生们的推测，老黎也是一位癔病患者，他也具有很强的暗示性。医生们相信在冷云身上发生的这些看似不可解释的行为，就是他们夫妻互相暗示的结果。

冷云本身心理上就是一个容易接受别人暗示的人，父母去世后，为了经营好美发店，她一直承受着巨大的心理压力。在她吃小饼引发呕吐之后，这种心理上的压抑终于爆发出来。而在随后的日子里，每当冷云对绝食犹豫的时候，老黎又会暗示她。如此反复，终于使冷云的癔症越来越严重，直接导致了她长期的厌食、偏食，以及暂时失明、失声等躯体化症状。

病因找出来了，治疗就并不复杂了。对于这种情况，只要把患者安置在一个心理安全的环境里，再通过循序的语言暗示和诱导，将其心理上的不良情绪宣泄出去，就能逐步矫正过来。

“5 年不吃饭”的奇女子原来只是一位需要治疗和帮助的病人，而她身上的一些症状实际上只是长期偏食和短期不进食造成的营养不足。食物，仍然是人类生存必需的物质能量来源。

（赵怀瑾）

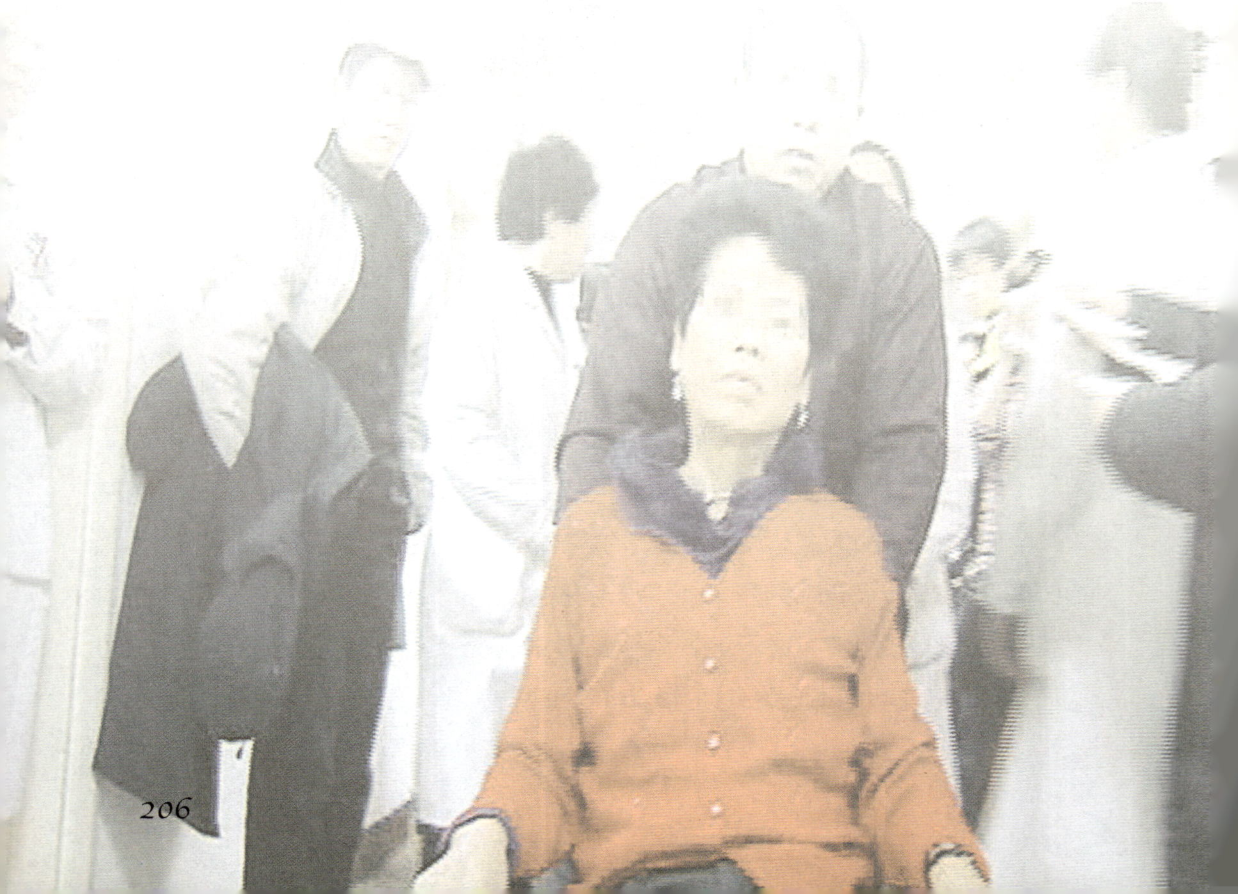

马桶 爸爸 我

一个非常特殊的单亲家庭，一种常人无法想象的生活困境，13岁的女儿、高位截瘫的父亲。是什么让他们如此快乐？又是什么让他们与众不同？

“我9岁的时候，
也不知道为什么那么做，
只要和爸爸在一起我就开心，
爸爸是个残疾人，
为了他，我什么都愿意。”

1. 相依为命的父女

每天早上五点半刘鸣就必须起来接水

辽宁本溪市有一个六年级的小女孩叫刘鸣。4年前，她的父母离异了，当法庭上法官问她愿意跟爸爸还是愿意跟妈妈时，刘鸣说“我愿意跟爸爸”，这令在场的所有人都大吃了一惊。原来，刘鸣的父亲高位截瘫，生活根本无法自理，9岁的

敬请收看走近科学《马桶·爸爸·我》

刘鸣的父亲只能靠着自己的手一点点挪动

刘鸣居然说要跟自己的父亲一块儿过，难怪很多人都为这个小女孩今后的命运担忧。但是没有想到这 4 年来，刘鸣跟她的爸爸生活得充实快乐，那么他们是从什么地方找到了生活中的快乐，这 4 年又是怎样度过的呢？

刘鸣和爸爸刘恩来住在辽宁省本溪市溪湖区的一个正在改造的棚户区里。每天早上 5 点 30 分刘鸣就必须起来接水。因为那一片正在动迁，工地的工人把管道挖断了，有些时候可能好几天都不来一滴水，所以每天早上只有 4 点到 7 点这一段时间才有水，那叫“限时水”。这一大早的事儿忙完以后，刘鸣就要赶着去上学了。紧张的上午课程一结束，中午 11 点 40 分，刘鸣就要赶紧回家给爸爸做中饭。虽说每天中午只有一个小时的休息时间，而小刘鸣却毫不犹豫地把这仅有的一个小时都给了爸爸。下午 5 点 40 分放学以后，刘鸣又出现在离学校最近的菜市场，熟练地张罗好柴米油盐后，她要把晚饭和第二天中午的饭一次做好。吃完晚饭，做完作业，再照顾爸爸洗漱之后，直至晚上 11 点 30 分，一天才终于结束了。

这就是刘鸣和爸爸一天的生活。对刘鸣来说，这也是爸爸妈妈离婚后 4 年来她全部的生活。不管生活当中有多少琐碎繁杂和艰难的事情，她都咬咬牙，一笑而过，但如何帮爸爸上厕所的问题一直困扰着她。

父女俩搬到这个棚户区之前，刘鸣的父亲曾使用过抽水马桶、坐便器。那时候他们在自家住的平房里安了一个坐便器，而且还接上了水，使用起来也挺方便。当时刘鸣的父亲经过一段时间的治疗，手活动起来还算比较方便。那时候他就使用拐杖，靠着自己一点点挪动，争取大小便都是自己来完成。就在那段日子里，他对这个抽水马桶的用水量产生了一些疑问，那就是他发现不论是大便小便，用水量都是一样的。于是他就一直琢磨着怎么把它改进一下，让抽水马桶变得更加节水。在他想来，每天洗漱用水也不过就是一两次，而用厕后每次均要冲厕一次，可想而知这个坐便器太费水。

需要补充说明的是，刘鸣家每月只有 343 元的低保收入，家里用水不方便还要费水冲厕，这对于他们来说不是小事。爸爸决定要研究节水坐便器。从那以后，每逢周六、周日，只要刘鸣忙完功课和手里的家务，她都会推着爸爸到大大小小的洁具市场去考察。为了省钱，不管远近刘鸣都是一路推着爸爸走。虽然推起轮椅来刘鸣已经很有经验，但瘦弱的刘鸣要时刻让接近 200 斤重的爸爸安然端坐在轮椅里，却并不是一件容易的事。有一天在去市场的路上就出了事。

“那天下坡的时候我也不知道怎么搞的，正好遇到那沟底下有好多石头什么的，就一下给摔翻了。”年幼体弱的刘鸣在回顾这段经历时流露出了自责与无助。

刘鸣一家也曾有过幸福生活。爸爸刘恩来从小患有小儿麻痹，28 岁那年，又因为一次意外造成了高位截瘫。但是在那样的情况下，他仍然没有放弃追求幸福，36 岁那年他结婚了。两年以后有了孩子，真如天降大喜，让他对生活充满了信心。

父亲争取大小便都能自己完成

随着孩子渐渐长大，刘恩来又坚持要做自己的研究。没有收入、钱还要往外花，他觉得不能这样耽误了一个好女人，于是一年后他主动向妻子提出了离婚。“我是这样想的，孩子妈妈走进我的生活，给我生了一个宝贝女儿，可以说我这一生都很感激她。但是要她总是守着这个家这样过下去，我觉得耽误了人家的幸福。”淳朴的刘恩来明事理、重恩义。他没有坚持要孩子跟他，而孩子当时选

刘鸣和爸爸在家具市场

他们只能把别人入住新楼后换下来的或商店里的残次坐便器当宝贝一样搬回家

择了他，这让他欣喜之余无法释然。

就这样，9 岁的小刘鸣在爸妈离婚后开始挑起了照顾爸爸的全部重担。生活非常艰难，而小刘鸣却承受了一个普通孩子所不能承受的一切。但她却依然坚信自己的选择是对的：“因为我妈妈她一个人自己可以生活，而我爸爸不能。”

2. 千辛万苦的实验过程

选择爸爸就意味着承担责任。那次摔倒以后，刘鸣更坚定了要照顾爸爸并帮他做研究的决心。当时市场上一般的坐便器都是从几十到上千元不等，要拿现成的坐便器做研究，他们就只能把别人入住新楼后换下来的或商店里的残次坐便器当宝贝一样搬回家。

每次均要冲厕一次，可想而知这个坐便器太费水。

需要补充说明的是，刘鸣家每月只有 343 元的低保收入，家里用水不方便还要费水冲厕，这对于他们来说不是小事。爸爸决定要研究节水坐便器。从那以后，每逢周六、周日，只要刘鸣忙完功课和手里的家务，她都会推着爸爸到大大小小的洁具市场去考察。为了省钱，不管远近刘鸣都是一路推着爸爸走。虽然推起轮椅来刘鸣已经很有经验，但瘦弱的刘鸣要时刻让接近 200 斤重的爸爸安然端坐在轮椅里，却并不是一件容易的事。有一天在去市场的路上就出了事。

“那天下坡的时候我也不知道怎么搞的，正好遇到那沟底下有好多石头什么的，就一下给摔翻了。”年幼体弱的刘鸣在回顾这段经历时流露出了自责与无助。

刘鸣一家也曾有过幸福生活。爸爸刘恩来从小患有小儿麻痹，28 岁那年，又因为一次意外造成了高位截瘫。但是在那样的情况下，他仍然没有放弃追求幸福，36 岁那年他结婚了。两年以后有了孩子，真如天降大喜，让他对生活充满了信心。

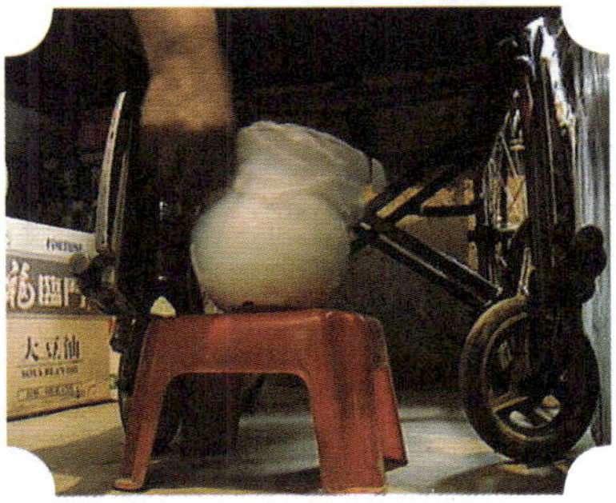

父亲争取大小便都能自己完成

随着孩子渐渐长大，刘恩来又坚持要做自己的研究。没有收入、钱还要往外花，他觉得不能这样耽误了一个好女人，于是一年后他主动向妻子提出了离婚。“我是这样想的，孩子妈妈走进我的生活，给我生了一个宝贝女儿，可以说我这一生都很感激她。但是要她总是守着这个家这样过下去，我觉得耽误了人家的幸福。”淳朴的刘恩来明事理、重恩义。他没有坚持要孩子跟他，而孩子当时选

刘鸣和爸爸在家具市场

他们只能把别人入住新楼后换下来的或商店里的残次坐便器当宝贝一样搬回家

择了他，这让他欣喜之余无法释然。

就这样，9 岁的小刘鸣在爸妈离婚后开始挑起了照顾爸爸的全部重担。生活非常艰难，而小刘鸣却承受了一个普通孩子所不能承受的一切。但她却依然坚信自己的选择是对的：“因为我妈妈她一个人自己可以生活，而我爸爸不能。”

2. 千辛万苦的实验过程

选择爸爸就意味着承担责任。那次摔倒以后，刘鸣更坚定了要照顾爸爸并帮他做研究的决心。当时市场上一般的坐便器都是从几十到上千元不等，要拿现成的坐便器做研究，他们就只能把别人入住新楼后换下来的或商店里的残次坐便器当宝贝一样搬回家。

为了初步了解坐便器的内部构造，坐便器一搬回家就被他们统统砸开。而抽水马桶为什么费水，他们发现这与它里面的一个重要结构有很大关系。

抽水马桶首先是由英国人发明的。据说一发明之后就提供给英国王室使用。它是由一个马桶座、一个水箱以及连接它们的S弯管组成。它的工作原理是这样的：往里加水，当S形弯管当中的水位达到一定高度的时候就会形成虹吸现象，马桶里面的水就自然往外跑，污物同时被带走。水位一旦降低到某种程度即最低的时候，虹吸现象自动就停止了，同时形成水封防止异味泛上来。

抽水马桶最早有13升的、10升的，但是现在人们家里一般使用的也就是6升的，怎么会一下减少了将近一半的用水量呢？其实抽水马桶要让它既省水，又能够用最少的水完成最好的工作状态，这就跟它的很多设计有关。比如S弯管的形状、水箱水下来之后水本身的自重、冲刷便池的动力以及各部分的细小结构等。所以后来经过人们的一再改进之后，最早的那种13升的抽水马桶就被

刘鸣在菜市场

刘鸣的爸爸在研究马桶

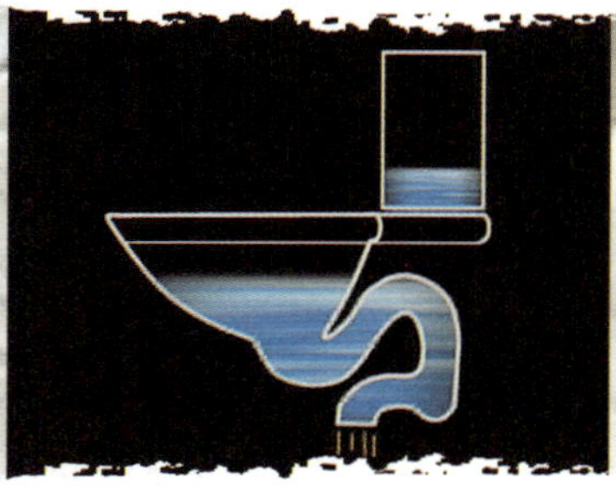

抽水马桶的工作原理

父女俩研究怎样使马桶省水

改成了现在 6 升的抽水马桶，用水量是越来越少了。刘鸣和她的爸爸在砸开了一些抽水马桶之后发现，抽水马桶底下的 S 弯管很多都太长了，他们就想如果把这个弯管改得短一点的话，也许就会更省水。

然而马桶下面的这个弯管到底要减掉多少才合适呢？

敲坏了很多辛苦弄回家的坐便器，又经过多次实验以后，刘鸣和爸爸终于确定了马桶里的 S 形弯管应该减掉的尺寸。当时他们的实验品是黄瓜把儿，只用少量清水注入，黄瓜把儿就被冲走了。但与此同时，新的设想又随之而来——市面上常见的 3/6 升两档使用的马桶，最少也要使用 3 升清水，能不能比 3 升更节水，能不能把又占地方又浪费材料的水箱也一起省掉呢？

父女俩又继续琢磨了。小刘鸣干完家务、写完作业就看着爸爸研究，当当帮手，有时候甚至还能提供一些奇思妙想。一天，她问爸爸“这弯管里面是空的吗”？而当时刘恩来正在揣摩能否把这个水箱给拿掉，他就给女儿比画了个弧度，女儿说“怎么的，你想让它宽点啊？”就这一句话，给刘恩来提供了一个新思路：“对，可以给它换个双层的水套！”

水箱改水套的想法是一个很大胆的创意，不仅可以卸掉水箱节省空间，同时还可以存上废水来冲厕。经过一年多的理论验证后，父女俩决定开始动手制作模型。然而生活的极端困窘逼得要强的爸爸也不得不向别人伸手了。

为了做模型，刘恩来当时借了 300 元钱买材料，买镀锌板和焊锡，这可是他们近一个月的收入。如果出现计算差错或失误，可能一整张镀锌板都被毁掉。此外，那种材料非常难找。别人看他们全买些稀奇古怪的东西，买个管子非得

要特粗或特细的，根本就不符合寻常规格，还把那些白给别人都不要的东西当宝贝，这都引来了周围人怪异的目光。父女俩所承受的压力可想而知。

既要过日子，又要到处想办法省钱买材料，刘鸣和爸爸只能一分钱掰成两半花。通常由父亲把总账支给女儿，然后刘鸣再去买菜。最苦的一次是有一年国庆节和中秋节刚好赶到一起过，双节喜相逢，这本是件值得高兴的事，可家里的总账只剩 3 元钱了，就 3 个钢镚儿！小姑娘就推着爸爸去市场，那里的月饼非常漂亮，黄澄澄的。到底还是个孩子，瞅着特别馋。爸爸看她这个样子，实在于心不忍，就咬咬牙掏出 1 元钱买了一个，自己什么都没有吃。做女儿的也不忍心，坚持先让爸爸咬一口，然后自己吃下半块，再把另一半月饼也分给爸爸一口，之后才把剩下的都吃了。一小块月饼倒是吃了半天。日子虽然贫寒了一点，但是过得充实。小姑娘在生活的磨砺中执着地相信："既然让我生到这个世界就必须是有所作为的，不是让我来到这个世界吃白饭的"。

慢慢地，连老师都明显地感觉到小刘鸣干活特别麻利，动手能力也很强，特别是水电节约这些方面她都特别细，俨然是一个小管家。然而家务重、学习紧，一有时间刘鸣还要帮爸爸搞实验、做模型，由于长时间睡眠不足和营养不良，很长一段时间，刘鸣上课时都精神恍惚、视力模糊。学校老师发现了这个问题，也开始从各方面关心她，但倔强的刘鸣还是坚持自己动手照顾爸爸的一切，甚至在大冬天零下十几度的天气里，她还是要早起，一盆一盆地打水。因为如果不这样，不仅一天的正常用水不够，更糟糕的是可能连爸爸的实验用水也无法保证。

多次实验以确定马桶里的S形弯管应该减掉的尺寸

缺资金、缺材料、缺实验条件，但父女俩互相鼓励互相支持，他们还是在很短的时间里用按比例剪切出的镀锌板一块一块拼接出了一个简单的模型。然而万万没有想到的是，这个倾注了他们心血的模型带

女儿有时候也给父亲提供一些奇思妙想

来的却是失败。

为何会失败？前文也已提及，一个马桶如果要让它省水，可能涉及很多方面，包括水的自重、它冲刷马桶力量的大小，另外就是整体结构的改变。现在父女俩取消了水箱，在便池周围做了一个水套，这样确实可以存水，但是他们却没想到开口问题很重要。试想若开在上面的话，就根本没有压力差，这个水就压根不会往下流。所以说要想做到原先父女俩设想的那一步，看来这个出水孔的位置非得调整不可。

出水点在高处，这种人为的流速并不够用，刘恩来已经意识到了这一点。正在他为此苦思冥想琢磨不透时，正好中央电视台的《零距离报道》做了个相关报道，这给了刘恩来启示。之后他就想，若把这个放水的孔直接对着便污物那个接触点上去冲，把水套的水集中在一圈的时候，瞬间打开阀门，套里的水就会集中在距离污物最近的点把它冲出去，这便会形成一个爆发力，从理论上这构思是可行的。

想法一旦确立，刘鸣和爸爸便立即着手干了起来。此时最让刘鸣心疼的是，爸爸常常不听劝告，把自己关在家里一干就是一整天。最严重的一次是有一年冬天，为了做模型，刘爸爸就一直坐在那，忙碌地做着焊接，最后他发现自己的一只脚特别疼，后来发展得很严重，还化了脓，脚趾甲都冻掉了。到现在他的那只脚还肿得像馒头，皮肤还有点发黑。由于超负荷工作，刘恩来的健康状况已大不如从前，冻坏的脚反复化脓溃疡，经常引起全身低烧，还面临着败血症的危险。现在他已经不能再用双拐，而是只能整天坐在轮椅上，在那狭小的空间里来回活动。

父女俩把水箱去除后做了一个水套

但只要看到小刘鸣健康快乐地成长，看到两人齐心协力做出来的节水坐便器成功在即，刘恩来就心满意足了。

3. 节水二分之一的马桶

经过3个月艰苦打造，承载着父女俩3年悲苦喜乐的节水坐便器终于实验成功了。这是个很特别、很新颖的抽水马桶。父女俩去除了水箱这个装置，做了一个水套，这个水套包裹在便池的周围，这样新的、干净的水和废水都可以储存在这个水套之中。另外，为了保证能够用零距离、零高度把污物冲走，他们还调整了出水口的位置，将它调整到了下部，以致只需很少的水就可以把马桶冲干净了，这个设计真可谓是非常巧妙。

节水二分之一的马桶

诚如前文所言，如果想要一个马桶使用起来省水的话，要算出水的自重、水的冲力以及整个坐便器的结构，若要改变其中的一个量，剩下两个量的参数都要跟着改变，所以说能够完成这个设计真的是很不容易。现在刘鸣和她的父亲已经为这个新型的马桶申请了专利。这个马桶的用水量大概在1.5～2升，而目前普遍使用的是

3～6升的双键马桶，这样一来，这个马桶的用水量也就相当于过去那种的二分之一。

出水口被调整到下部，能够用零距离、零高度把污物冲走

现在再回顾起那段研究实验的日子，小刘鸣仍然觉得挺幸福。尤其是那个新坐便器的模型做好了的时候，邻居们都跑来试一试看好不好使，特有意思。对刘爸爸而言，最值得高兴的是那天做实验时，找了3块黄瓜把儿扔到便池里头，一开盖，一下就冲了出去，女儿反复调试出水口高度终于成功了，当时女儿一蹦老高，父女俩都高兴极了。

这就是一个节水马桶、一个坐在轮椅上的父亲以及小刘鸣的故事。这父女俩的生活的的确确让人感到非常敬佩。在这么困难的条件下，完全靠低保生活的父女俩居然能够把自己脑子当中的节能意识转化为现实，中间受了多少苦，走过多少弯路，不是常人所能忍受的。在相关部门以及好心人的帮助下，据说他们很快就要有新房子住了。虽然目前他们还没有使用上自己设计的马桶，但是相信这个马桶今后会走进千家万户。

刘鸣跟她的爸爸生活得充实快乐

（唐中柳）

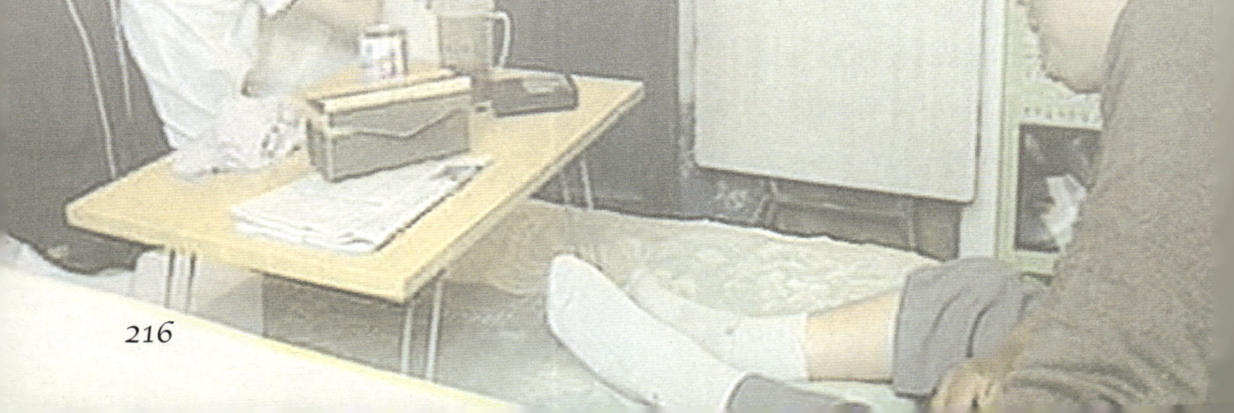

麻将牌运之谜

东西南北中，吃碰杠花和。
方城之战并非天意安排，
手气盛衰全由你掌控自如。
如何才能成为真正的麻坛高手？

1. 不确定的麻将牌运

小小麻将牌，浓缩了三千年的中国智慧。一场牌局是游戏也是人生，方城里是朋友也是对手。牌已洗好人已入局，谁在掌控谁是被动，牵制你的是规则是技巧还是机缘，来一场解密麻将牌运之旅，你会是最后的赢家吗？

片头

据说，这个世界上只要有人的地方就会有中国人，有中国人的地方就少不了麻将。可见，麻将在中国人当中的影响力有多大。然而，虽说麻将运动参与的人多，

打麻将

但是对于麻将大家又了解多少呢？以麻将的历史为例，单是它的骰子，其历史就能够追溯到三千多年前的商纣王朝时期；而对于麻将本身，有一种说法认为，它是由唐朝的名僧一行发明创造出来并流传至今的。可惜的是，发展到后来这个娱乐工具逐渐变成了赌博的工具。所以说，麻将在相当长的时间里给人的感觉和印象都非常不好，似乎总是跟一些不良嗜好联系在一起。直至1998年，国家体育总局正式颁布实施了《中国竞技麻将竞赛规则》，之后在很多有识之士的努力下，麻将这项集娱乐、竞技为一体的运动才逐渐走上了一条健康之路。不过，不管对于比赛现场的竞技高手还是对于普通百姓来说，麻将最神奇的地方恐怕就在于手气，也就是专业人士所说的牌运。牌运这个东西到底是什么？究竟能不能人为地去控制它？

2005年10月，中华麻将公开赛的会场里，来自各个国家的100名麻将高手要汇聚于此大赛3天，一决高下，他们此行的目的绝非赌博，而是真正的竞技。这里有黑马也有高手，甚至还有一些国家派出的职业牌手。然而，麻将本身是一种机会型游戏，对他们而言，要争取胜利是否也全凭运气呢？

中国著名学者于光远："麻将是一种游戏。它的特点就是，既要靠机遇，又要动脑筋，也就是说，要有运气，还得知道怎么打。"

国家体育总局社会体育指导中心培训管理部主任邢小泉则说得更直白："你和聂卫平下棋，我敢说下一千盘下一万盘你都会输，但你和他打麻将就不一定。

也就是说，他可能会赢，而你可能也有赢的机会。”

严格说来，麻将应该属于牌类游戏，但是它的不确定性却是其他牌类游戏远不能及的。而为了摆脱它的不确定性，很多人就开始依赖手气。

宋平，来自青岛的牌手，牌龄 30 多年。从 1984 年开始，为了追求好手气，她每逢初一、十五都要上山诚心求神，一局牌要烧一炷香。她认为菩萨能让自己在牌桌上每次都要风得风要雨得雨，总是“和和和”。然而好日子总是飞逝而过。到了 1996 年宋平却不再得意了，因为她通过朋友结识了一个比她更能呼风唤雨、手气更旺的人。用宋平的话说就是“此人和起来的牌很神奇”。

宋平的这位新朋友其实是位老千（骗子），他们经常通过两人联手、做手势、洗叠牌、偷换牌等手段，使一场原本难以捉摸的牌局变得毫无悬念。除此以外，老千们通常还会采取什么手段作弊呢？据福州泰顺棋牌俱乐部棋牌大师郑泰顺介绍，常见的有。

显影药水作弊：用显影药水在牌上写字留下记号，再戴上特殊的隐形眼镜，然后随便洗牌。无论怎么洗，特殊的眼镜总能识别带药水的牌。

红外眼镜看牌作弊：将一副全部写好的牌用红外线扫描，然后戴上红外眼镜才能看到。

自动麻将桌作弊：洗得再乱的牌仍旧可以要什么牌来什么牌，玄机就在于色子的机芯里安装了遥控设置，一按，要多少点就是多少点。

对于麻将牌运，其实老千们也是不能真正掌控的，不然他们也不致使出老

2005年10月，中华麻将公开赛的会场

来自各个国家的麻将高手

小小麻将牌浓缩了三千年的中国智慧

千的下招。郑泰顺却还有一手连老千都惊叹的绝活。通常人们在偏光镜下才能看到的六条，郑泰顺却可以不借助任何工具从反面直接看到牌面。为了验证他的这手绝活，有人特地去商场买了一副全新的麻将并做了记号。结果，他竟认得毫无差错。

郑泰顺之所以能从反面直接认牌，实际上靠的是他惊人的记忆力，在拆牌、盖牌、洗牌的全过程中，其实他早已记住了每张牌的位置。他的这手绝活可是花了 30 多年的时间苦练出来的，别说普通常人，就连比赛现场 100 多位来自世界各地的麻将高手，也难以企及。

当然，不是每个人都练就了参赛水准的，所以说有的人在打麻将的时候，往往会唠叨牌运实在不好，或者手气实在不好，导致牌太臭了，甚至人们在心目当中，总是把牌运想象成一种上天的安排，类似“宿命”的东西，是根本不可能靠人为来控制它的。还有人说它跟你上不上厕所，坐什么位置都有很大的关系。于是，人们为了让自己的牌运变得更好、手气变得更好一些，就想出了各种各样听起来匪夷所思的办法。当然，也有一些不法之徒，或者奸佞小人，他们会采取一些作弊的手段（就是“出老千”），来获得好的牌运。那么牌运这个东西到底是不是上天安排好的呢？说到底，它肯定不是。因为麻将本身就是人发明的嘛。

在《辞海》中关于麻将的解释是：麻将牌，也作“麻雀”牌，始于清代，由明代的马吊牌演变而成。明代，马吊牌全副 40 张，分 4 种花色，万字牌面上大多有水浒人像，其余的牌面画钱、索的图形。明末清初，在马吊牌盛行的同时，又派生出一种纸牌，长 2 寸，宽不到 1 寸，一共 60 张。后来人们感到纸牌张数太少打起来不过瘾，于是把两副合成

为了追求好手气，每逢初一、十五都上山诚心求神

宋平认为菩萨能让她在牌桌上每次都要风得风要雨得雨

她和起来的牌很神奇

显影药水作弊

红外眼镜看牌作弊

自动麻将桌也可以用来作弊

一副来打。由于纸牌数量变多以后，在取舍牌和组合牌时很不方便，于是人们从骨牌中受到启发，慢慢地把纸牌改成长方体的立在桌上打，于是正宗的麻将牌就此诞生。

此后麻将迅速发展，并从1920年起被流传至世界各地。然而可能令麻将发明人也万万没想到的是，麻将发展成型至今，它其中所蕴藏的牌运现象竟然和数学当中一个非常复杂的概念——“概率”密切相关，而概率居然是牌运存在的最大客观条件。

一个两人竞赛的游戏，谁会赢呢？答案出来以前谁也不能确定，所以他们每个人取胜的概率都是50%。麻将是一个四人竞赛、各自为战的游戏，每个人和牌的机会均等，赢的概率都是25%，然而光是这25%的概率就能说明这扑朔迷离、由来已久的牌运现象吗？144张完整的麻将牌，每人起手抓取13张，而光是这13张牌的抓取就是随机的。有人做过计算，它组合出来的结果有8 000万种之多。换句话说，即使你一生都在打麻将也可能不会抓到2副同样的牌，因为这种可能发生的概率实在是微乎其微。因此可想而知，要起手就是天和牌，那它的概率更是太小，也许一辈子都碰不上一回。

除起手牌外，那么和大牌的机会又是多少呢？以拼清一色为例来做个近似计算。假设一个人从144张牌中拿到全部的36张拼牌，这个机会是0.25，而实战是4人取牌，这个机会就平均为0.06。如果144张牌被全部摸完，那清一色就有100盘中成和6盘的可能。但实战中有黄庄和牌手吃碰干扰，和大牌的概率还会大大降低。

由此可见，麻将本身的设置和玩法产生了它的随机性，也导致了牌运无常。打麻将，开局往往需要一定的

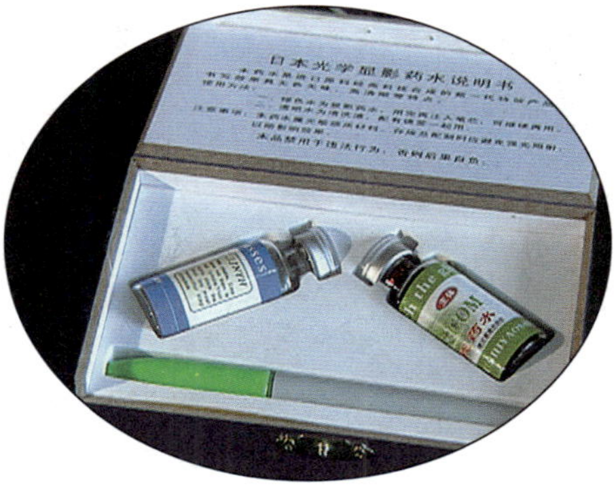
日本光学显影药水

概率和运气才能抓到好牌，而行牌过程中如果排除掉抓牌手气、是否作弊等干扰因素，高手们要出奇制胜，又该如何控制牌运呢？

2. 方位效应

初音舞是日本最受追捧的职业麻将牌手，学会算牌是他们通过脑力对牌势牌运进行控制的一种方法。在日本打麻将，如果要当职业选手，必须通过麻将协会笔试，通过之后才能进入协会职业化。所谓麻将笔试，就是看什么牌怎么计算，计算方法很复杂，和什么牌、几种和法都有很多的算法。

日本职业牌手通常会进行这样的训练来提高算牌技巧：4 人入局，另外 4 人分别站在他们后面，对入局的牌手每一张进张、舍张和吃碰张都进行记录，牌局结束后，再根据刚才的记录恢复整个牌墙，然后换刚才站着的四人入局。通过对同一局牌不同人的打法，他们可以算出最有效的组牌方式和和牌番种。因此对高手来说，算牌技巧提高，胜算也就高人一筹。高手究竟会如何算牌呢？

很多人一定会对香港电影里刘德华的一场麻将实战记忆犹新。3 个对手都想和清一色，而刘德华利用他们的心理，根据他们亮出的牌和打出的牌，不断推算哪张是安全牌，哪张是废牌，经过一番艰难运作，自己的一手坏牌最终通过精准的算牌技巧自摸成和。

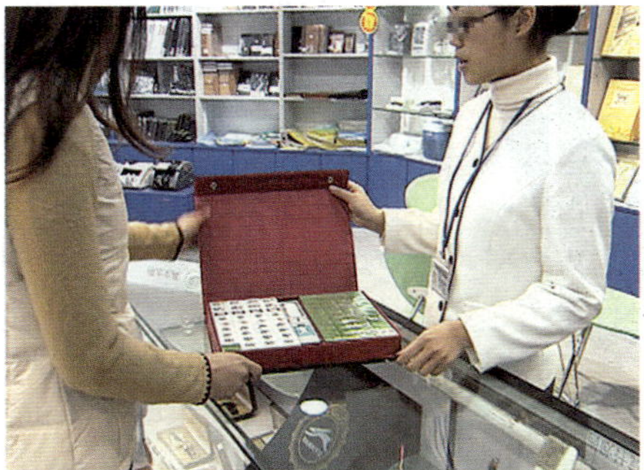

记者特地去商场买了一副全新的麻将并做了记号

虽然高手的技巧在常人看来也只是运气好，但宋平却认为高手就是高手。被千之后，在一个偶然的机会下她接触了竞技麻将，于是也开始苦练技巧。经过长期练习再加上自己的悟性，很快宋平就在青岛麻将协会里打出了名气。

此时，宋平已经不再迷信手气了。但是在一次协会组织的麻将赛中，她还是感到了令人百思不得其解的运气现象——方位效应。打竞技麻将，一局一共是 16 盘，每打完 8 次以后，2 小圈就换一次风。宋平在前面 8 把输了 200 多分，她就期待着第 3 把当东。果然不出所料，她换东的时候，8 把和了 6 把，自摸了 1 把。方位效应的确是一个让很多人大感困惑的现象，但是它真能决定手气的好坏吗？

王汝南（中国棋院院长）：“从客观上讲是没有影响的。坐在什么方位是影响不大的。”

历届竞技麻将大赛仲裁高育亭：“这不是方位的问题，而是跟坐在谁的上家、谁的下家有关系。我如果坐在一个高手的下家我肯定吃亏。”

中国管理科学研究院终生研究员盛琦也持同样的观点：“有卡牌一说。有人卡着我四圈牌，我一张牌都没吃上，就是说埋怨上家多狠多抠门。但换个位置，

麻将

那么控制就又变成被控制了。”

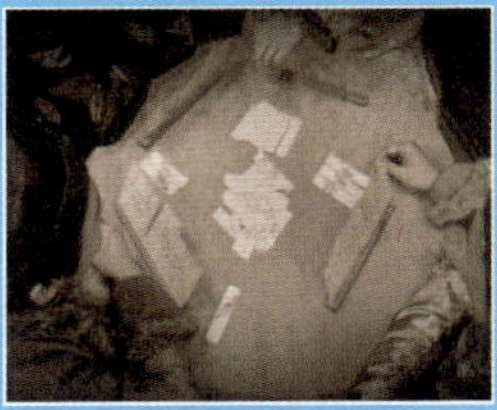
明代马吊牌全副40张，分四种花色

明末清初，正宗的麻将牌诞生了

马吊牌的牌面画钱、索的图形

所以方位效应，其实是因另外3家打牌时都会无形中对某一方位实施干扰或帮助而产生的。但即使如此，多数人还是觉得方位很灵，并且在很多次的实践中人们仍然感觉到方位效应大量存在，这到底是为什么呢？

国家体育总局体育科学研究所心理研究员丁雪琴说：“比如有一些运动员在某次比赛，他穿一件红色的衣服，然后他赢了，所以他就认为，可能穿红衣服就能赢。还有一些运动员迷信某个日子，迷信器材摆放的方位等等，其实这些都和比赛的胜负没有必然的联系，是他们自己把它建立成一种条件反射，有这个条件，马上就可以有一种反应，比如说就有信心，就感到能赢了。”

到底坐在哪个位置手气才会更冲、牌运才会更好呢？过去人们总觉得这是一种很玄的事情，但是现在这么一分析之后不难发现：原来它是靠我们的心理暗示，以及一些条件反射来影响的。恐怕最重要的还是场上的那3个对手，他们的牌如何、技巧如何，再者就是自己的判断能力和算牌技巧了。如此说来打麻将俨然从一个娱乐活动已经变成了一场智力上的角逐。其实，除了智力的角逐之外，如何控制好牌运的周期性对人的影响也是非常重要的。

3．与人体生物钟密切相关

牌运呈现周期性，手气会时好时坏，这确实是让人匪夷所思的一种现象。但很多人并不知道，它竟然和人们与生俱来的一种生理现象——人体生物钟密切相关。

中国首席健康专家洪昭光介绍说：“以人来讲吧，一天24小时，我们睡眠的时候，包括人的意识、情绪、血压、心跳、呼吸、体温和血糖，都处在一种低潮的状态，基本就是上午上升，一直上到10点、11点，然后中午低一点，到了下午好一些，到晚上七八点以后又慢慢下降，直至10点以后，这是一个人一天的生物钟。有的人生物钟的月周期大概是33天左右。一个人从出生之日起，就受地球、天体等物理周期的影响。因此几乎每个人的每一人体功能，包括体温、心搏、精力和睡眠等等，都以其本身的节奏进行波动式运作。当体力、情绪、智力三种生物节律都同时进入旺盛期时，他就完全可能得到最佳手气。”

打麻将牌的好坏是一种随机现象，扑克牌也是一样。但是每一个人的自身状况都会有一段时间很好，有一段时间不好。这就跟一个人的情绪、智力、体力大有关系。第一次参加如此大规模的比赛，宋平的状态却明显不佳，3天的比赛接连2天连连失利，人体生物钟低谷的表现使她在体能和精力上已处于劣势。要最终扳回落后的局势，是否只能靠运气了呢？

最后一天关键局，没想到宋平竟然和日本高手初音舞狭路相逢，如果再发挥失常的话就没希望了。宋平那天晚上打的是绿一色，初音舞打了个十三幺，两人都是88番。事后宋平回忆道：“最后那一局是锁定胜局了，她要不打的话，如果说我能和个大牌，她一样也不一定是第一。她那个牌也是88番，她也叫听了，但她不可能成和，因为我那个牌在手里有暗的也有明的。她也许有点儿抱着侥幸的心理吧，因为她牌也很大，她也想和，所以最后她打了，我和了。”

马吊牌面图案

马吊牌面图形

由此可以看出，对牌运影响最大的是心态。应当说牌运的好坏，很大程度上取决于能否控制住自己的心理状态。美国最著名的田径运动员刘易斯就曾经说过，比赛的时候就是比心态。他觉得，如果实力相当，这时候就看谁的心理素质比较强，他甚至强调心理因素可以占到90% ～ 99%。

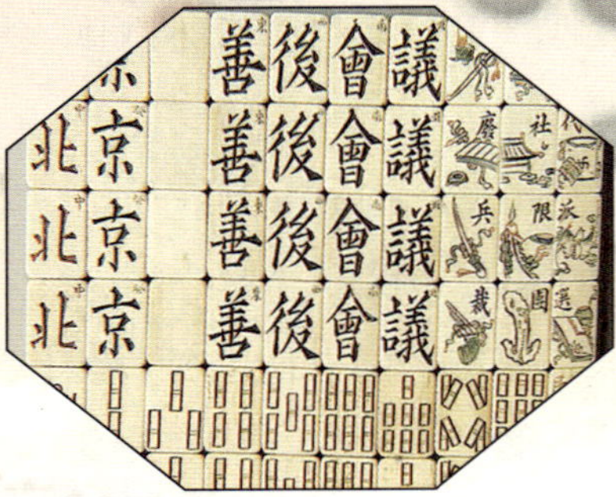

马吊牌面图形

麻将有着非常广泛的群众基础，作为一个具有巨大生命力的文化现象，它在世界范围内的影响正在逐渐地被扩大着。以前人们总会觉着一副牌的好坏直接影响到手气和牌运，但是由前文所述，牌场上无论拿到什么样的牌，调整好自己的体力、脑力、生物钟以及心理对个人的影响，任何一副牌都是会带来好牌运的。

说到底，麻将本来就是一种娱乐工具，只是后来有些心术不正的人把这些麻将变成了赌博的工具，真的是违背了老祖先发明麻将的意愿。因此最后还是要提醒大家，健康娱乐，拒绝赌博，珍爱国粹。

（唐中柳）